Sven Loose

Bürgerliches Recht auf einen Blick

Ein Lehr- und Arbeitsbuch für angehende Juristen und Jurastudierende im Nebenfach

LEIPZIGER UNIVERSITÄTSVERLAG 2020

Bibliografische Information der Deutschen Nationalbibliothek
Die Deutsche Nationalbibliothek verzeichnet diese Publikation in der
Deutschen Nationalbibliografie; detaillierte bibliografische Daten
sind im Internet über http://dnb.d-nb.de abrufbar.

Das Werk einschließlich aller Abbildungen ist urheberrechtlich geschützt.
Jede Verwertung außerhalb der engen Grenzen des Urheberrechtsgesetzes
ist ohne Zustimmung des Verlages unzulässig und strafbar.
Das gilt insbesondere für Vervielfältigungen, Übersetzungen, Mikroverfilmungen
und die Einspeicherung und Bearbeitung in elektronischen Systemen.

© Leipziger Universitätsverlag GmbH 2020

Satz: Sven Loose, Dresden
Umschlag: Annett Jana Berndt | Grafikdesign, Radebeul
Druck: docupoint GmbH, Barleben

ISBN 978-3-96023-368-8

Vorwort

Seit mittlerweile sechs Jahren lehre ich Bürgerliches Recht an der Universität Leipzig im Rahmen des Lehrexports. Dabei wird mir immer wieder bewusst, wie unterschiedlich Studierende an die Bearbeitung eines juristischen Falles gehen, je nachdem wie sehr sie juristisch vorgeprägt sind. Gerade Studienanfänger und Studierende anderer Studienfächer, die Jura im Nebenfach studieren, tun sich zu Beginn schwer damit, einen Einstieg in die juristische Denkweise zu finden. Dieses Buch soll Ihnen dabei helfen und neben einem Überblick über den Stoff auch einen Anhaltspunkt geben, wie Juristen an die Bearbeitung eines Sachverhalts gehen. Es ist als Vorlesungsbegleiter konzipiert und soll Ihnen ermöglichen, in der Vorlesung Gelerntes nochmal nachzuschlagen und anzuwenden. Zu diesem Zweck sind die folgenden Kapitel mit einem etwas breiteren Seitenrand versehen als Sie es vielleicht von anderen Lehrbüchern gewohnt sind, damit Sie sich in der Vorlesung oder bei der Arbeit mit dem Buch Notizen machen können.

Thematisch orientiert sich das Buch am Aufbau des Bürgerlichen Gesetzbuches (BGB). In einem als Einführung zu begreifenden ersten Kapitel werden Sie zunächst mit der juristischen Methodik vertraut gemacht und lernen, wie Rechtsnormen aufgebaut sind, wie Sie einen Fall gutachterlich lösen und diese Lösung logisch und stringent in Ansprüche gliedern. Diese Arbeitsweise ist der Grundstein für die meisten Abschlussklausuren, in denen es darum geht, einen einfach gelagerten juristischen Sachverhalt gutachterlich zu bearbeiten und einer vertretbaren Lösung zuzuführen. Besondere Betonung liegt dabei auf der vertretbaren Lösung, denn es gibt in der Rechtswissenschaft häufig kein „richtig" oder „falsch". Vielmehr werden Sie im Laufe Ihrer Ausbildung feststellen, dass es vielfach Lösungen gibt, die Ihnen in der Begründung argumentativ mehr abverlangen als andere, den Fall aber dennoch zu einem akzeptablen Ergebnis führen. Dies ist auch nicht verwunderlich, immerhin streiten in einem Zivilrechtsfall stets zwei Parteien miteinander und beide tragen für ihre jeweilige Auffassung triftige Gründe vor.

Bevor es überblicksartig um die fünf Bücher des BGB und deren Inhalt geht, werden in Kapitel 2 die Systematik und die Prinzipien des BGB erläutert. Ziel ist es, Ihnen ein grundlegendes Verständnis vom Aufbau des Gesetzes zu vermitteln, damit Sie bei der Arbeit mit dem Gesetz schnell und zielstrebig die richtigen Normen finden und anwenden können. Mit dem Wissen um die Systematik und die Prinzipien des BGB im Hinterkopf lassen sich Fragen weit besser und argumentativ ansprechender beantworten.

Da dieses Lehrbuch Ihnen einen Überblick über das BGB verschaffen soll, werden viele Themenkomplexe nur sehr kurz und für manche Person vielleicht nicht ausführlich genug behandelt. Um dieses Manko zumindest teilweise auszugleichen, finden Sie zu Beginn eines jeden Kapitels einige Literaturempfehlungen zur vertieften Aufarbeitung des Stoffes.

Am Ende des Buches finden Sie Beispielsklausuren sowie die Lösungen der im Buch verteilten Beispielsfälle und Verständnisfragen. Um einen optimalen Lerneffekt zu erzielen, sollten Sie beides zunächst eigenständig unter Zuhilfenahme des Gesetzes lösen, um sodann Ihre Lösung mit der Musterlösung zu vergleichen. Zu jedem größeren Themenkomplex gibt es Abschlussfragen, mit denen Sie testen können, ob Sie den Stoff dieses Themenkomplexes verinnerlicht haben.

Zur leichteren Unterscheidung und Auffindung im Buch werden für die Bereiche des Selbststudiums folgende Symbole verwendet:

   Literaturempfehlungen zur Vertiefung des Stoffes

   kleines Anwendungsbeispiel oder weiterführender Hinweis/Exkurs

   Beispielsfall zum selbständigen Lösen (vorzugsweise im Gutachtenstil)

   Übungsaufgaben

Sollten Sie bei Ihrer Arbeit mit dem Buch einen Fehler finden, Anregungen haben oder schlichtweg eine Frage nicht beantworten können, zögern Sie bitte nicht, mit mir in Kontakt zu treten.

Dresden, im September 2020   Dr. Sven Loose

Inhaltsverzeichnis

Angegeben sind jeweils die Seitenzahlen.

Kapitel 1		**Juristische Methodik**	18
	I.	Darstellung von Rechtsnormen	18
	II.	Aufbau von Rechtsnormen	20
	III.	Auslegung von Rechtsnormen	24
		1. grammatikalische Auslegung	25
		2. systematische Auslegung	25
		3. historische Auslegung	26
		4. teleologische Auslegung	27
		5. europarechtskonforme Auslegung	27
	IV.	Der juristische Stil	28
		1. Gutachtenstil	29
		2. Urteilsstil	31
		3. Der Anspruchsaufbau	31
Kapitel 2		**Systematik und Prinzipien des BGB**	35
	I.	Geschichte des BGB	35
	II.	Systematik des BGB	35
		1. Allgemeiner Teil	36
		2. Recht der Schuldverhältnisse	37
		3. Sachenrecht	37
		4. Familienrecht	37
		5. Erbrecht	37
	III.	Prinzipien des BGB	38
		1. Privatautonomie	38
		2. Treu und Glauben	39
		3. Trennungs- und Abstraktionsprinzip	39
Kapitel 3		**Allgemeiner Teil**	43
	I.	Rechtssubjekt und Rechtsobjekt	43
	II.	Am Rechtsverkehr beteiligte Personen	43
		1. Natürliche und juristische Personen	44
		a) Juristische Personen des Privatrechts	44

		b)	Juristische Personen des öffentlichen Rechts	45
	2.		Rechtsfähigkeit	46
		a)	Natürliche Personen	46
		b)	Juristische Personen	47
		c)	Sonderfall: Personengesellschaften	47
	3.		Unternehmer und Verbraucher	47
III.			Das Rechtsgeschäft	49
	1.		Die Geschäftsfähigkeit	49
	2.		Die Willenserklärung	52
		a)	Tatbestand der Willenserklärung	52
			aa) Äußerer Tatbestand	52
			bb) Innerer Tatbestand	53
		b)	Wirksamwerden von Willenserklärungen	54
			aa) Die Abgabe von Willenserklärungen	54
			bb) Der Zugang von Willenserklärungen	55
		c)	Willensmängel	55
		d)	Auslegung von Willenserklärungen	56
		e)	Form	57
	3.		Die Anfechtung	58
	4.		Der Vertrag	61
		a)	Vertragsfreiheit	61
		b)	Angebot und Annahme	62
		c)	Vertragsarten	63
	5.		Die Stellvertretung	63
		a)	Zulässigkeit	63
		b)	Eigene Willenserklärung	64
		c)	Im fremden Namen	65
		d)	Vertretungsmacht	66
		e)	Vertretung ohne Vertretungsmacht	66
IV.			Fristen und Termine	67
V.			Verjährung	70
VI.			Die Selbsthilferechte im BGB	71
	1.		Notwehr	71
	2.		Notstand	72
	3.		Selbsthilfe	73

Kapitel 4		**Schuldrecht**		75
A.		Allgemeiner Teil		75
	I.	Das Schuldverhältnis		75
		1.	Begriff	75
		2.	Entstehung	75
		3.	Inhalt	76
			a) Leistungspflichten	76
			b) Nebenpflichten	77
			c) Obliegenheiten	77
		4.	Beendigung	78
	II.	Das Leistungsstörungsrecht		78
		1.	Verantwortlichkeit des Schuldners	78
		2.	Nichtleistung	79
			a) Unmöglichkeit	79
			aa) Tatsächliche/rechtliche Unmöglichkeit	80
			bb) Faktische Unmöglichkeit	83
			cc) Persönliche Unmöglichkeit	84
			dd) Sekundäransprüche des Gläubigers bei Unmöglichkeit	84
			ee) Erlöschen der Gegenleistungspflicht	86
			b) Verzögerung der Leistung (Schuldnerverzug)	87
		3.	Schlechtleistung	88
		4.	Nebenpflichtverletzung	88
		5.	Pflichtverletzung durch Verschulden beim Vertragsschluss	89
		6.	Schadensersatzpflicht	90
			a) Schadensersatz nach § 280 I	90
			b) Schadens- oder Aufwendungsersatz nach § 311a II	91
			c) Art und Umfang des Schadensersatzes	91
	III.	Das Recht der Allgemeinen Geschäftsbedingungen		92
	IV.	Widerrufsrecht bei Verbraucherverträgen		96
		1.	Vertriebsformen	96
			a) Außerhalb von Geschäftsräumen geschlossene Verträge	97
			b) Fernabsatzverträge	98
		2.	Das Widerrufsrecht	98
			a) Grund für die Ausübung des Widerrufs	98
			b) Erklärung durch den Verbraucher	98

		c)	Frist	99
		d)	Rechtsfolge	99
	V.		Gläubiger- und Schuldnerwechsel	100
	1.		Die Abtretung	100
		a)	rechtsgeschäftlicher Forderungsübergang	100
		b)	gesetzlicher Forderungsübergang	101
		c)	Forderungsübergang durch Hoheitsakt	101
	2.		Die Schuldübernahme	101
	VI.		Mehrheit von Schuldnern und Gläubigern	101
	1.		Schuldnermehrheit	102
	2.		Gläubigermehrheit	102
B.			Besonderer Teil	103
	I.		Vertragliche Schuldverhältnisse	104
	1.		Der Kaufvertrag	104
		a)	Das kaufrechtliche Mängelgewährleistungsrecht	104
		aa)	Begriff des Sachmangels	104
		bb)	Ausschluss der Haftung	105
		cc)	Rechte des Käufers	106
		b)	Der Verbrauchsgüterkauf	108
	2.		Der Mietvertrag	109
		a)	Zustandekommen	110
		b)	Inhalt	110
		c)	Haftung für Mängel	111
		aa)	Erfüllungsanspruch auf Mangelbeseitigung	111
		bb)	Minderung und vollständige Befreiung von der Miete	112
		cc)	Schadensersatz	112
		dd)	Aufwendungsersatz bei Selbstvornahme	112
		ee)	außerordentliche fristlose Kündigung aus wichtigem Grund	112
		d)	Beendigung	112
	3.		Der Dienstvertrag	113
	4.		Der Werkvertrag	114
		a)	Haftung für Mängel	114
		b)	Abgrenzung von Dienst- und Kaufvertrag	114
	5.		Leasing, Factoring und Franchising	115
		a)	Der Leasingvertrag	115

	b)	Der Factoringvertrag	116
	c)	Der Franchisevertrag	117
6.		Kreditsicherungsrechte im Schuldrecht	119
	a)	Gesetzlich geregelte Personalsicherheiten	119
		aa) Die private Schuldübernahme	119
		bb) Die Bürgschaft	119
	b)	Gesetzlich nicht geregelte Personalsicherheiten	121
		aa) Der Garantievertrag	121
		bb) Die Patronatserklärung	121
II.		Gesetzliche Schuldverhältnisse	121
1.		Geschäftsführung ohne Auftrag	121
	a)	Berechtigte Geschäftsführung ohne Auftrag	122
		aa) Geschäftsbesorgung	122
		bb) Fremdgeschäftsführungswille	122
		cc) Ohne Auftrag oder sonstige Berechtigung	123
		dd) Berechtigungsgrund	123
		ee) Rechtsfolgen	123
	b)	Unberechtigte Geschäftsführung ohne Auftrag	124
	c)	Irrtümliche und vorsätzliche Eigengeschäftsführung	124
2.		Ungerechtfertigte Bereicherung	125
	a)	Anspruchsgrundlagen des § 812	126
		aa) Condictio indebiti	126
		bb) Condictio ob causam finitam	128
		cc) Condictio ob rem	128
		dd) Nichtleistungskondiktion	128
	b)	Kondiktionssperren	129
	c)	Rechtsfolge	129
3.		Unerlaubte Handlung	130
	a)	Grundtatbestand, § 823 I	132
		aa) Rechtsgutsverletzung	132
		bb) Verletzungshandlung	132
		cc) Haftungsbegründende Kausalität	133
		dd) Rechtswidrigkeit	133
		ee) Verschulden	133
		ff) Schaden	134

		gg)	Haftungsausfüllende Kausalität	134
	b)		Verletzung eines Schutzgesetzes, § 823 II	134
	c)		Vorsätzliche, sittenwidrige Schädigung, § 826	135
	d)		Andere Haftungstatbestände	135
		aa)	Produkthaftung	135
		bb)	Haftung des Kfz-Halters	136
		cc)	Haftung des Kfz-Fahrers	136

Kapitel 5 Sachenrecht 139

I. Die Sache 139
II. Prinzipien des Sachenrechts 140
   1. Numerus clausus der Sachenrechte 140
   2. Absolutheitsprinzip 140
   3. Publizitätsprinzip 140
   4. Spezialitätsprinzip 140
III. Besitz und Besitzschutz 141
   1. Begriff 141
   2. Besitzformen 141
      a) Mittelbarer Besitz 141
      b) Besitzdiener 142
   3. Besitzschutz 142
      a) Besitzwehr 142
      b) Besitzkehr 143
IV. Das Eigentum 143
   1. Eigentum mehrerer 143
   2. Eigentumserwerb bei beweglichen Sachen 144
      a) Rechtsgeschäftlicher Eigentumserwerb 144
         aa) Erwerb vom Berechtigten 144
         bb) Erwerb vom Nichtberechtigten 145
      b) Gesetzlicher Eigentumserwerb 145
   3. Eigentumserwerb an Grundstücken 146
      a) Erwerb vom Berechtigten 146
      b) Erwerb vom Nichtberechtigten 146
      c) Die Vormerkung 147
V. Der Herausgabeanspruch des § 985 147
VI. Das Eigentümer-Besitzer-Verhältnis 148

Inhaltsverzeichnis

	VII.		Kreditsicherungsrechte im Sachenrecht	149
		1.	Grundpfandrechte	149
			a) Die Hypothek	149
			b) Die Grundschuld	149
			c) Die Rentenschuld	150
		2.	Das Fahrnispfandrecht	150
		3.	Die Sicherungsübereignung	150

Kapitel 6 Familienrecht 152

- A. Die Bürgerliche Ehe 152
  - I. Das Verlöbnis 154
  - II. Eingehung der Ehe 154
  - III. Ehewirkungen 155
  - IV. Güterstände 156
    1. Zugewinngemeinschaft 156
        - a) Verfügungsbeschränkungen 157
            - aa) Verfügung über Vermögen im Ganzen 157
            - bb) Verfügungen über Haushaltsgegenstände 157
            - cc) Abdingbarkeit durch Ehevertrag 157
        - b) Zugewinnausgleich 158
            - aa) Im Todesfall 158
            - bb) In anderen Fällen 158
            - cc) Berechnung 159
            - dd) Abdingbarkeit 161
    2. Gütertrennung 162
    3. Gütergemeinschaft 162
  - V. Beendigung der Ehe 163
- B. Verwandtschaft 163
  - I. Mutterschaft 163
  - II. Vaterschaft 164

Kapitel 7 Erbrecht 166

- A. Gesetzliche Erbfolge 167
  - I. Parentelsystem 167
  - II. Stammesprinzip 167
  - III. Linienprinzip 168

	IV.	Gradualprinzip	169
	V.	Gesetzliches Erbrecht des Ehegatten	170
B.		Gewillkürte Erbfolge	171
	I.	Das Testament	171
	1.	Öffentliches Testament	172
	2.	Eigenhändiges Testament	172
	II.	Der Erbvertrag	173
	III.	Das Vermächtnis	173
Kapitel 8		**Beispielklausur**	176
Kapitel 9		**Lösungen der Übungsaufgaben**	182
	I.	Übungsaufgaben „Juristische Methodik"	182
	II.	Übungsaufgaben „Systematik und Prinzipien des BGB"	183
	III.	Übungsaufgaben „Allgemeiner Teil"	184
	IV.	Übungsaufgaben „Schuldrecht"	187
	V.	Übungsaufgaben „Sachenrecht"	190
	VI.	Übungsaufgaben „Familienrecht"	191
	VII.	Übungsaufgaben „Erbrecht"	193
Kapitel 10		**Lösungen der Beispielsfälle**	196
	I.	Fall 1: Taschengeld	196
	II.	Fall 2: Die fleißige Reinigungsfachkraft	198
	III.	Fall 3: Verflixtes Norwegisch	199
	IV.	Fall 4: Kostenoptimierung	201
	V.	Fall 5: Urlaubsgeschäfte	204
	VI.	Fall 6: Die Trikotbestellung	206
	VII.	Der große Juwelenraub	208
	VIII.	Fall 8: Der unachtsame Maler	211
	IX.	Fall 9: Probleme mit dem Eigenheim	213
	X.	Fall 10: Lesen bildet	217
	XI.	Fall 11a: Segel setzen!	220
	XII.	Fall 11b: Segel setzen! – zweiter Versuch	221
	XIII.	Fall 12: Auf zum Nürburgring!	223
	XIV.	Fall 13: Frikadellenfranchising	225
	XV.	Fall 14: Rettung in höchster Not	228
	XVI.	Fall 15: Undercut	230
	XVII.	Fall 16: Überschwängliche Freude	232

XVIII.	Fall 17: Nachgesetzt	234
XIX.	Fall 18: Ein toller Freund	236
XX.	Fall 19: Her damit	238
XXI.	Fall 20: Ehe oder nicht Ehe?	240
XXII.	Fall 21: Was wäre, wenn…	241
XXIII.	Fall 22: Hier kommt Kurt!	245
XXIV.	Fall 23: Ende im Gelände	246

Literaturverzeichnis

Creifelds (Begr.)	Rechtswörterbuch, 23. Edition 2019
Fulchiron/Eck	Introduction au droit français, 2016
Gsell/Krüger/Lorenz/Reymann (Hrsg)	Beck-Online Großkommentar zum Bürgerlichen Recht, 2020 Zitiert als: BeckOGK-BGB/*Bearbeiter*
Heckschen/Herrler/Münch (Hrsg)	Beck'sches Notar-Handbuch, 7. Auflage 2019 Zitiert als: Beck'sches Notar-Handbuch/*Bearbeiter*
Medicus/Petersen	Grundwissen zum Bürgerlichen Recht, 11. Auflage 2019
Mugdan	Die gesammten Materialien zum Bürgerlichen Gesetzbuch für das Deutsche Reich, 1899
Muscheler/Schewe	BGB III: Kreditsicherungsrecht, 2011
Musielak/Hau	Grundkurs BGB, 16. Auflage 2019
Olzen/Maties	Zivilrechtliche Klausurenlehre, 8. Auflage 2015
Säcker/Rixecker/Oetker/Limperg (Hrsg)	Münchener Kommentar zum Bürgerlichen Gesetzbuch, 8. Auflage 2019 Zitiert als: MüKo-BGB/*Bearbeiter*
von Savigny	System des heutigen Römischen Rechts, Band 1, 1840
Staake	Gesetzliche Schuldverhältnisse, 2014
von Staudinger (Begr.)	J. von Staudingers Kommentar zum Bürgerlichen Gesetzbuch, Buch 2. Recht der Schuldverhältnisse, § 823 A-D, Neubearbeitung 2017 Zitiert als: Staudinger/*Bearbeiter*

Abkürzungsverzeichnis

aA	andere Ansicht
ABl. EU	Amtsblatt der Europäischen Union
aE	am Ende
aF	Alte Fassung
AG	Aktiengesellschaft, Amtsgericht
AGB	Allgemeine Geschäftsbedingungen
AktG	Aktiengesetz
BAG	Bundesarbeitsgericht
BB	Betriebsberater
BGB	Bürgerliches Gesetzbuch
BGH	Bundesgerichtshof
BGHZ	Entscheidungen des Bundesgerichtshofes in Zivilsachen
BT-Drucks.	Bundestagsdrucksache
BVerfG	Bundesverfassungsgericht
BVerwG	Bundesverwaltungsgericht
BVerwGE	Entscheidungen des Bundesverwaltungsgerichts
CC	Code Civil (Frankreich)
c.i.c.	culpa in contrahendo (Verschulden bei Vertragsschluss; vorvertragliches Schuldverhältnis)
d.h.	das heißt
EGBGB	Einführungsgesetz zum Bürgerlichen Gesetzbuche
FamFG	Familienverfahrensgesetz
FamRZ	Zeitschrift für das gesamte Familienrecht
f.	Folgende
ff.	Fortfolgende

GbR	Gesellschaft bürgerlichen Rechts
GenG	Gesetz betreffend die Erwerbs- und Wirtschaftsgenossenschaften
GG	Grundgesetz
GmbH	Gesellschaft mit beschränkter Haftung
GmbHG	Gesetz betreffend die Gesellschaften mit beschränkter Haftung
GoA	Geschäftsführung ohne Auftrag
GVG	Gerichtsverfassungsgesetz
i.S.d.	im Sinne des
i.S.v.	im Sinne von
i.V.m.	in Verbindung mit
JA	Juristische Arbeitsblätter (Zeitschrift)
Jura	Juristische Ausbildung (Zeitschrift)
JuS	Juristische Schulung (Zeitschrift)
KG	Kommanditgesellschaft
lat.	Lateinisch
MüKo-BGB	Münchener Kommentar zum Bürgerlichen Gesetzbuch
mwN	mit weiteren Nachweisen
nF	Neue Fassung
NJW	Neue Juristische Wochenschrift
NJW-RR	NJW-Rechtsprechungs-Report
o.g.	oben genannt/e/r
OHG	Offene Handelsgesellschaft
ProdHaftG	Produkthaftungsgesetz
RGBl.	Reichsgesetzblatt
RGSt	Entscheidungen des Reichsgerichts in Strafsachen
RGZ	Entscheidungen des Reichsgerichts in Zivilsachen

Rn.	Randnummer
S.	Seite/Satz
s.o.	siehe oben
sog.	sogenannte/r/s
StGB	Strafgesetzbuch
StVG	Straßenverkehrsgesetz
Var.	Variante
vgl.	vergleiche
WM	Zeitschrift für Wirtschafts- und Bankrecht
z.B.	zum Beispiel
ZHR	Zeitschrift für das gesamte Handelsrecht und Wirtschaftsrecht
ZPO	Zivilprozessordnung

Kapitel 1   Juristische Methodik

 Engisch, Einführung in das juristische Denken, 12. Auflage 2018; *Musielak/Hau*, Grundkurs BGB, 16. Auflage 2019; *Walter*, Kleine Stilkunde für Juristen, 3. Auflage 2017

1   Das deutsche Recht ist ein kodifiziertes, also in Gesetzeswerken zusammengefasstes, geschriebenes Recht. Es steht in der Tradition der kontinentaleuropäischen Rechtsfamilie, die geprägt ist durch die Rezeption des römischen Rechts. Anders als das den angloamerikanischen Raum prägende *Common Law* stützt sich das deutsche Recht nicht maßgeblich auf richterliche Entscheidungen in sog. Präzedenzfällen. Vielmehr werden Entscheidungen durch Anwendung der Rechtsnormen auf den speziellen Sachverhalt getroffen. Der dazu notwendige hohe Grad an Abstraktheit der Rechtsnormen, die für möglichst viele Sachverhalte Anwendung finden sollen, kennzeichnet das deutsche Recht, das sich vor allen Dingen durch seine Systematik auszeichnet. Im Gegensatz zu dem stark vom naturrechtlichen Pathos der französischen Revolution geprägten romanischen Rechtskreis wird das deutsche Recht bestimmt durch ein abstraktes, rationales und begriffliches Denken.[1] Entsprechend schwierig gestaltet sich zuweilen die von einem Juristen erwartete Anwendung der abstrakten Rechtsnorm(en) auf einen Sachverhalt.

I. Darstellung von Rechtsnormen

2   Bezieht man sich auf eine Rechtsnorm, so muss diese korrekt bezeichnet werden. Oftmals steht der maßgebliche Teil in einem bestimmten Absatz oder Satz der Norm, sodass die klare Unterscheidung zwischen der Nummer der Norm, dem entsprechenden Absatz und Satz notwendig ist, um dem Leser das Auffinden zu ermöglichen. Das Zitat einer Norm beginnt immer mit der Angabe, ob es sich um einen Artikel oder einen Paragrafen handelt. Bis auf wenige Ausnahmen (so z.B. das Grundgesetz (GG) oder das Einführungsgesetz zum Bürgerlichen Gesetzbuche (EGBGB)) werden Sie es mit Paragrafen zu tun haben, für deren Bezeichnung man das Zeichen § verwendet. An diese Angabe schließen sich die zu bezeichnende Nummer sowie – in dieser Reihenfolge – Absatz und Satz an. Am Ende müssen Sie angeben, um welches Gesetz es sich handelt. Dies geschieht durch Verwendung der üblichen Gesetzesabkürzung.

 Geht es um die Pflicht des Käufers, den Kaufgegenstand frei von Mängeln zu übergeben, würden Sie wie folgt zitieren:

---

[1] In Frankreich liest man beispielsweise, dass das Recht als Ausdruck des Gemeinwillens („expression de la volonté générale") vom revolutionären Gesetzgeber genutzt wurde, um eine auf den Prinzipien der Freiheit und Gleichheit basierende Rechtsordnung zu schaffen, *Fulchiron/Eck*, Rn. 15; schlägt man den Begriff „Recht" in *Creifelds Rechtswörterbuch* nach, so liest man, dass damit im objektiven Sinne die Rechtsordnung gemeint ist, d.h. die Gesamtheit der Rechtsvorschriften, durch die das Verhältnis einer Gruppe von Menschen zueinander oder zu den übergeordneten Hoheitsträgern oder zwischen diesen geregelt ist.

> § 433 Absatz 1 Satz 2 BGB

Da es umständlich ist, Absatz und Satz auszuschreiben, verwendet man die Abkürzungen „Abs." und „S.". Noch kürzer und weit verbreitet ist die Variante, Absätze mit römischen Ziffern und Sätze mit arabischen Ziffern zu bezeichnen.

> Für das soeben verwendete Beispiel würde das Zitat dementsprechend wie folgt aussehen:
>
> § 433 Abs. 1 S. 2 BGB oder § 433 II 2 BGB
>
> *Achtung:* Verfügt der genannte Paragraf über keine Absätze, aber mehrere Sätze, so bleibt es bei der Abkürzung „S.", man schreibt in diesem Fall keine zwei arabischen Zahlen nacheinander!

In den gängigen Textausgaben werden zur Vereinfachung für den Leser die Absätze einer Norm zusätzlich durch Zahlen in Klammern und die Sätze durch kleine, hochgestellte Zahlen kenntlich gemacht.

Im Zuge Ihrer Beschäftigung mit verschiedensten Gesetzen wird Ihnen auffallen, dass es noch weitere Gliederungsmöglichkeiten neben Absatz und Satz gibt. Einige Normen weisen z.B. Nummerierungen auf, die ebenfalls zitiert werden sollten, um ein genaues Auffinden zu ermöglichen. In einem solchen Fall kürzen Sie die entsprechende Nummer mit „Nr." ab.

> Wenn wir beim Beispiel des kaufrechtlichen Mängelrechts bleiben, so begegnet Ihnen mit § 434 BGB ein solcher mit Nummerierung versehener Paragraf.
>
> Kommt es auf die Mangeleigenschaft einer Sache im Falle der im Vertrag vorgesehenen Verwendung an, so müssten Sie § 434 Abs. 1 S. 1 Nr. 1 BGB oder § 434 I 1 Nr. 1 BGB zitieren.

Zum Teil sind die Nummerierungen noch weiter untergliedert in einzelne Buchstaben. In diesem Fall wird häufig entweder mit dem lateinischen „litera", abgekürzt „lit.", oder dem deutschen „Buchstabe", abgekürzt „Buchst.", zitiert.

> Im AGB-Recht finden Sie den § 309 BGB. Geht es um einen klauselartigen Ausschluss des Leistungsverweigerungsrechts, würden Sie § 309 Nr. 2 lit. a) BGB oder § 309 Nr. 2 Buchst. a) BGB zitieren. Zulässig ist aber auch § 309 Nr. 2 a) BGB.

II. Aufbau von Rechtsnormen

4 Rechtsnormen in Deutschland sind abstrakt und generell: Abstrakt im Hinblick auf die Sache und generell in Anbetracht der Person. Eine Vielzahl konkreter Lebensvorgänge wird durch Typisierung und Konzentration auf das Wesentliche geregelt.

Wenn Sie in Ihrem Gesetz blättern, wird Ihnen auffallen, dass es häufig Normen mit angehängtem Buchstaben gibt. Dies ist ein Anzeichen dafür, dass die betreffende Norm neueren Datums ist und man sie zwischen zwei bestehende Paragrafen eingefügt hat. Vergleichen Sie doch mal Normen, die in dieser Form bereits im Reichsgesetzblatt von 1896 standen mit den eben genannten – fällt Ihnen etwas auf?

Sehr häufig erkennt man bei neueren Paragrafen im BGB die Tendenz des Gesetzgebers zu einer sehr ausführlichen Formulierung der Norm, die möglichst jede Eventualität abdeckt. Der Gesetzgeber des 19. Jahrhunderts hat anders gearbeitet: Er verallgemeinerte und abstrahierte viel mehr, wodurch kürzere Normen entstanden.

5 Die in einer Norm enthaltenen abstrakten Merkmale nennt man Tatbestandsmerkmale. Sind all diese Tatbestandsmerkmale erfüllt, so knüpft der Gesetzgeber daran in der Regel eine bestimmte Rechtsfolge. Man spricht daher häufig auch von der Tatbestandsseite und der Rechtsfolgenseite einer Norm.

Schlagen Sie bitte § 823 I auf. Diese Norm gewährt demjenigen einen Anspruch auf Schadensersatz, der durch eine unerlaubte Handlung eines anderen einen Schaden erlitten hat. Anhand des § 823 I können Sie gut die Unterscheidung zwischen Tatbestand und Rechtsfolge sehen:

Tatbestand: „Wer vorsätzlich oder fahrlässig das Leben, den Körper, die Gesundheit, die Freiheit, das Eigentum oder ein sonstiges Recht eines anderen widerrechtlich verletzt, ..."

Rechtsfolge: „... ist dem anderen zum Ersatz des daraus entstehenden Schadens verpflichtet."

Ein weiteres Beispiel ist § 985, der dem Eigentümer einen Herausgabeanspruch gegen den Besitzer gewährt:

Tatbestand: „Der Eigentümer kann von dem Besitzer ..."

Rechtsfolge: „... die Herausgabe der Sache verlangen."

Dieser Grundstruktur folgen aber nicht alle Paragrafen des BGB. Man unterscheidet deswegen zwischen Anspruchsnormen, Hilfsnormen und Gegennormen.² Die soeben dargestellten Anspruchsnormen bilden die Grundlage der gutachterlichen Prüfung eines Anspruchs (dazu später mehr) und werden daher auch Anspruchsgrundlagen genannt.

Der Anspruch ist in § 194 I legaldefiniert als „das Recht, von einem anderen ein Tun oder Unterlassen zu verlangen".

Häufig enthalten Anspruchsnormen Tatbestandsmerkmale, die einer näheren Bestimmung bedürfen. Normen, die diese Tatbestandsmerkmale ausfüllen, werden Hilfsnormen genannt. Schließlich gibt es noch Normen, die die Wirksamkeit der Anspruchsnorm hindern können. Sie werden Gegennormen genannt.

M lebt in einer Mietwohnung in Leipzig. Diese hat er von E auf unbestimmte Zeit gemietet. Eines Tages verlangt E von M die Herausgabe der Mietwohnung.

E könnte hier gegen M einen Anspruch aus § 985 geltend machen. Danach kann der Eigentümer vom Besitzer die Herausgabe der Sache verlangen. § 985 ist also eine Anspruchsnorm, deren Tatbestand die Merkmale „Eigentümer" und „Besitzer" umfasst. Diese Merkmale werden in den §§ 873, 925 sowie §§ 854 ff. näher beschrieben. Die genannten Paragrafen sind also Hilfsnormen, die die Tatbestandsmerkmale des § 985 konkretisieren. Im Beispielsfall ist E Eigentümer der Wohnung und M als Mieter, der die tatsächliche Sachherrschaft über die Wohnung ausübt, deren Besitzer. Damit könnte E grundsätzlich die Wohnung von M herausverlangen. Es gibt allerdings noch den § 986. Diese Gegennorm verhindert den Herausgabeanspruch des E, sofern M ein Recht zum Besitz zusteht. Hier ergibt sich das Recht zum Besitz aus dem Mietvertrag zwischen E und M, der M dazu berechtigt, die Wohnung auf unbestimmte Dauer zu nutzen. Das Verlangen des E nach Herausgabe der Wohnung ist also nicht begründet.

Man mag sich an dieser Stelle fragen, warum der Gesetzgeber nicht den § 986 einfach in § 985 hineingeschrieben hat. So hätte man § 985 auch wie folgt formulieren können: „Der Eigentümer kann von dem unberechtigten Besitzer die Herausgabe der Sache verlangen."

Der Grund für die Trennung liegt in der Beweislastverteilung: Wenn E von M die Herausgabe der Wohnung verlangt, so obliegt ihm der Beweis, dass er

---

² Begriffe nach *Medicus/Petersen*, Rn. 16 f.

> Eigentümer und M Besitzer der Wohnung ist (klassische Regel: Was mir nützt, muss ich auch beweisen). Den Beweis, dass er als Mieter zum Besitz der Wohnung berechtigt ist, soll aber M erbringen.[3]

8 Zum großen Bedauern vieler Rechtsanwender gibt es zusätzlich zu den im Gesetz ausdrücklich festgehaltenen Merkmalen auch noch die sogenannten „ungeschriebenen Tatbestandsmerkmale". Dadurch, dass das Recht eine lebendige, sich ständig wandelnde Materie ist, haben sich teilweise über die Jahre Interpretationen zu einzelnen Normen herausgebildet, sei es durch die Rechtsprechung oder die Literatur, die von Belang sind, wenn es um die Anwendung dieser Rechtsnormen geht.

> Wenden wir uns nochmal § 823 aus dem obigen Beispiel zu: Versuchen Sie, aus dem Wortlaut der Vorschrift alle Tatbestandsmerkmale zu extrahieren!
>
> „§ 823 Schadensersatzpflicht
>
> (1) Wer vorsätzlich oder fahrlässig das Leben, den Körper, die Gesundheit, die Freiheit, das Eigentum oder ein sonstiges Recht eines anderen widerrechtlich verletzt, ist dem anderen zum Ersatz des daraus entstehenden Schadens verpflichtet.
>
> (2) [...]"
>
> | | |
> |---|---|
> | „Wer ... verletzt" | Verletzungshandlung |
> | „vorsätzlich oder fahrlässig" | Verschulden |
> | „das Leben, den Körper, etc" | Rechtsgut |
> | „widerrechtlich" | Rechtswidrigkeit |
> | „Ersatz" | Rechtsfolge: Schadensersatz |
> | „daraus entstehenden" | Ursachenzusammenhang zwischen Rechtsgutsverletzung und Schaden; haftungsausfüllende Kausalität[4] |
> | „Schadens" | ersatzfähiger Schaden |
>
> Die geschriebenen Tatbestandsmerkmale des § 823 sind also in geordneter (Prüfungs-)Reihenfolge:

---

[3] Zur Vertiefung: *Olzen/Maties*, S. 55.
[4] Kausalität ist vereinfacht ausgedrückt die Beziehung zwischen Ursache und Wirkung; eine Handlung ist dann kausal für einen Erfolg, wenn die Handlung nicht hinweggedacht werden könnte, ohne dass damit der Erfolg entfiele (sog. „conditio sine qua non – Formel"); näher dazu im Deliktsrecht.

1. Rechtsgutsverletzung
2. Verletzungshandlung
3. Rechtswidrigkeit
4. Verschulden
5. Schaden
6. haftungsausfüllende Kausalität

In Rechtsprechung und Literatur hat sich über die Jahre jedoch ein weiteres (ungeschriebenes) Tatbestandsmerkmal herausgebildet: die *haftungsbegründende Kausalität*. § 823 schreibt vor, dass der Handelnde den aus seinem Handeln entstandenen Schaden zu ersetzen hat und fordert damit eine Kausalität zwischen der Rechtsgutsverletzung und dem Schaden. Dies allein genügt jedoch nicht. Es bedarf zusätzlich auch eines Zusammenhanges zwischen der Pflichtverletzung (Verletzungshandlung) und der Rechtsgutsverletzung. Letztere muss gerade aus der Pflichtverletzung resultieren.

Beispiel 1: A schlägt den B ins Gesicht, der eine Woche lang mit einem blauen Auge durch die Gegend läuft.

Ohne den Schlag des A hätte B kein blaues Auge. Der Schlag des A war also kausal für die Körperverletzung des B.

Beispiel 2: A schlägt den B ins Gesicht. Wenige Stunden später stürzt B und bricht sich das Bein.

Zwar hat A den B geschlagen und es liegt mit dem gebrochenen Bein auch eine Körperverletzung des B vor. Selbige beruht aber nicht auf dem Schlag des A, womit die Voraussetzungen für einen Schadensersatz nach § 823 nicht vorliegen.

Wir müssen unser oben zusammengestelltes Schema also um das ungeschriebene Tatbestandsmerkmal „haftungsbegründende Kausalität" ergänzen:

1. Rechtsgutsverletzung
2. Verletzungshandlung
3. *haftungsbegründende Kausalität*
4. Rechtswidrigkeit
5. Verschulden
6. Schaden
7. haftungsausfüllende Kausalität

III. Auslegung von Rechtsnormen

9 Art. 20 III GG ordnet an, dass vollziehende Gewalt und Rechtsprechung an Recht und Gesetz gebunden sind. Dieser Grundsatz wirkt sich maßgeblich auf die juristische Fallbearbeitung aus. So gilt es, durch bestimmte Methoden der Rechtsanwendung, die Auslegung von Rechtsnormen und juristische Argumentation zu einer nachvollziehbaren und rationalen Fallentscheidung zu gelangen. Wichtigstes Werkzeug des Juristen ist die Sprache. So kommt es auch nicht von ungefähr, dass Juristen sich den Vorwurf gefallen lassen müssen, bei der Auslegung und Interpretation von Begriffen über die Maßen penibel zu sein. Diese Gründlichkeit ist jedoch Bedingung für eine saubere Rechtsanwendung.

Jede Rechtsnorm besteht aus Begriffen, die teilweise eine ganz andere Bedeutung als im Alltag haben können. So mag man umgangssprachlich vom Besitzer eines Buches sprechen und tatsächlich den Eigentümer meinen.[5] An diesem Punkt kommt die sogenannte Auslegung ins Spiel. In der Rechtswissenschaft versteht man unter diesem Begriff die Ermittlung des Sinnes einer Rechtsnorm, einer Willenserklärung (vgl. § 133) oder eines Vertrages (vgl. § 157). Da Rechtsnormen – wie soeben gelernt – abstrakt sind, bedürfen sie der Konkretisierung. Erreicht wird dieses Ziel durch das Auslegen, also die Ermittlung der genauen Bedeutung der betreffenden Norm. Dabei unterscheidet man verschiedene Auslegungsmethoden, derer es im Wesentlichen vier gibt, die auf die sogenannten „Canones" von Friedrich Carl von Savigny[6] zurückgehen:

- grammatikalische Auslegung (Wortlaut)
- systematische Auslegung (Zusammenhang)
- historische Auslegung (Entstehungsgeschichte)
- teleologische Auslegung (Sinn und Zweck)[7].

10 Das Ziel Savignys war die Rekonstruktion des dem Gesetze innewohnenden Gedankens.[8] Ausgangspunkt ist also stets das Gesetz selbst, sodass äußere Faktoren eine höchstens untergeordnete Rolle spielen können. Einfach ausgedrückt, wird durch die Auslegung eines Gesetzes die anfängliche Verschlüsselung in eine möglichst abstrakte und allgemein gültige Norm wieder zu einer auf den speziellen Sachverhalt anwendbaren Regelung „entschlüsselt".

---

[5] Zur Unterscheidung zwischen Eigentümer und Besitzer später eingehend im Sachenrecht.
[6] Rechtsgelehrter, 21.02.1779 – 25.10.1861.
[7] Von Savigny bezeichnet diese Methode der Auslegung als „logische Auslegung", *von Savigny*, S. 213.
[8] *Von Savigny*, S. 213.

1. grammatikalische Auslegung

Ausgangspunkt einer jeden Auslegung ist der Wortlaut des Gesetzes. Eine Norm besteht aus Wörtern, deren Bedeutung man bei der Wortlautauslegung analysiert. Im Gegensatz zur teleologischen Auslegung wird nicht danach gefragt, was der Gesetzgeber meinte, sondern untersucht, was der Gesetzgeber sagte.

Sehr häufig verwendet das Gesetz die Wörter „kann", „soll" und „muss". Durch Auslegung nach dem Wortlaut gelangt man zu folgender Erkenntnis: Eine Kann-Vorschrift erlaubt dem Anwender eine Abweichung von der Norm. Handelt es sich um eine Soll-Vorschrift, so steckt bereits in der Formulierung mehr Verbindlichkeit. In diesem Fall verlangt das Gesetz etwas verbindlich, sanktioniert einen Verstoß aber üblicherweise nicht mit der Nichtigkeit. Die Nichtbefolgung einer Muss-Vorschrift führt indes zur Nichtigkeit.

Problematisch ist, dass manchen Wörtern im alltäglichen Sprachgebrauch eine andere Bedeutung zukommt, als in der juristischen Fachsprache oder Wörter in Alltags- und Fachsprache mehrdeutig sind.

Das Wort „Partei" kann sowohl die politische Partei, als auch die Partei im Rahmen eines Zivilprozesses meinen. Wenn im Parteiengesetz dieses Wort benutzt wird, so wäre das Ergebnis einer Wortlautauslegung, dass aus dem Kontext heraus im Zweifel die politische Partei gemeint ist.

Lässt sich nicht ermitteln, welche Bedeutung einem Begriff zukommt oder bleibt ein Begriff auch nach Bestimmung des Kontextes mehrdeutig, so muss durch eine andere Auslegungsmethode die Bedeutung der Norm ermittelt werden.

2. systematische Auslegung

Bei der systematischen Auslegung geht es darum, das Normensystem des Gesetzes zu betrachten, um die genaue Bedeutung der Norm zu ermitteln. Wo steht die Norm im Gesetz? Welche Bedeutung kommt ihrer Stellung zu? Jedes Gesetz folgt einer gewissen Struktur und ist in sich stringent. Eine Norm, die im Mietrecht steht, soll also nur im mietrechtlichen Kontext gelten, während der Begriff des Verbrauchers in § 13 für das gesamte Bürgerliche Recht Anwendung findet. Ebenso wie die Stellung innerhalb des Gesetzes können auch einzelne Absätze einer Norm bei der Auslegung helfen.

Schlagen Sie bitte wieder § 823 auf. Sie werden feststellen, dass bei den aufgezählten Rechtsgütern auch das „sonstige Recht" erwähnt wird. Was aber ist nun unter einem sonstigen Recht zu verstehen? Lässt sich darunter auch eine Forderung oder das Vermögen an sich fassen? Wie schaut es mit dem Besitz aus?

> Der Gesetzgeber zählt in § 823 I verschiedene Rechtsgüter auf, bevor das sonstige Recht seine Erwähnung findet. Alle aufgezählten Rechtsgüter sind absolute Rechte und damit umfassend geschützt und von jedermann zu beachten. Aus dieser Systematik ergibt sich, dass das sonstige Recht ebenfalls ein absolut geschütztes Recht sein muss, womit eine Forderung oder das Vermögen an sich nicht erfasst sein kann. Beim Besitz wiederum muss man differenzieren, ob es sich um berechtigten oder unberechtigten Besitz handelt. Der berechtigte Besitz wird als sonstiges absolutes Recht im Sinne des § 823 I anerkannt.

3. historische Auslegung

14 Die historische Auslegung bezieht die Motive des Gesetzgebers in die Frage nach der Bedeutung einer Norm oder eines Begriffes ein und analysiert die Entstehungsgeschichte. Bevor ein Gesetz dem Bundespräsidenten zur Ausfertigung vorgelegt wird, muss es das Gesetzgebungsverfahren erfolgreich abgeschlossen haben. Dieses Verfahren fördert etliche Ansatzpunkte für die Auslegung zutage. Schon der Gesetzesentwurf enthält eine Begründung, die meist aus einem allgemeinen, das gesamte Gesetz betreffenden Teil sowie einem besonderen, die einzelnen Normen erläuternden Teil besteht. Hinzu kommen die Protokolle der einzelnen Beratungen in Bundestag und Bundesrat sowie die Ausschussberichte. All diese Dokumente können Anhaltspunkte zur Ermittlung des Willens des Gesetzgebers bieten.

> A will im Wald reiten. Am Waldrand befindet sich jedoch ein Schild, dass das „Reiten im Walde"[9] wegen naturschutzrechtlichen Gründen untersagt ist. Verletzt dies sein Grundrecht aus Art. 2 I GG?
>
> In Art. 2 I GG steht: „Jeder hat das Recht auf die freie Entfaltung seiner Persönlichkeit, soweit er nicht die Rechte anderer verletzt und nicht gegen die verfassungsmäßige Ordnung oder das Sittengesetz verstößt." Was bedeutet nun „freie Entfaltung seiner Persönlichkeit"? Wenn man die Formulierung liest, könnte man annehmen, dass lediglich der Kern der Persönlichkeit betroffen ist. Das Reiten in einem Wald betrifft jedoch nicht diesen Kern der Persönlichkeit, womit das Grundrecht nicht verletzt wäre. Nun wollte der Verfassungsgeber aber ursprünglich folgende Formulierung verwenden: „Jedermann hat die Freiheit, zu tun und zu lassen, was die Rechte anderer nicht verletzt und nicht gegen die verfassungsmäßige Ordnung oder das Sittengesetz verstößt." Weil es eleganter klingt, hat man sich für die heutige Formulierung entschieden, wollte damit aber nichts anderes zum Ausdruck bringen. Durch historische Auslegung

---

[9] BVerfG NJW 1989, 2525.

> gelangt man also zu dem Schluss, dass A in seinem Grundrecht verletzt ist (was allerdings nichts daran ändert, dass er nicht im Wald reiten darf, da der Eingriff in sein Grundrecht wegen landesrechtlicher Naturschutzgesetze verfassungsrechtlich gerechtfertigt ist).

4. teleologische Auslegung

Die in der Praxis wichtigste Auslegungsmethode ist die nach Sinn und Zweck einer Norm. Gefragt wird danach, welches Ziel der Gesetzgeber mit der Norm zu erreichen versuchte. Nach herrschender Meinung wird dabei nicht auf den Willen des Gesetzgebers abgestellt (wie bei der historischen Auslegung), sondern auf den objektiv in der Norm zum Ausdruck kommenden Zweck. Da das Recht – wie oben bereits erwähnt – Veränderungen der Wertevorstellungen unterliegt, kann sich der objektive Zweck einer Norm im Laufe der Zeit auch ändern.

> Das Reichsgericht hat dies in einer Entscheidung aus dem Jahre 1885 wie folgt erklärt: „Der Gesetzgeber vermag nicht zum voraus die reiche Mannigfaltigkeit des Lebens zu fixieren, das Gesetz gilt für alle Fälle, auf welche es nach richtiger Auslegung paßt, mag der Gesetzgeber an dieselben gedacht haben oder nicht".[10] Anlass war die Frage, ob auch eine elektrische Eisenbahn, die nicht mit Dampf betrieben wird, eine Eisenbahn im Sinne der damaligen §§ 315, 316 StGB ist, die die Beschädigung von Eisenbahnanlagen unter Strafe stellten. Das Reichsgericht beantwortete die Frage im Rahmen einer teleologischen Auslegung so: „Die elektrische Eisenbahn [...] ist eine Eisenbahn, sie hat mit der dampfbetriebenen nicht allein die Geleise, sondern auch die Anwendung einer elementaren, der menschlichen Führung nicht unbedingt unterworfenen Naturkraft gemein, welche entfesselt gefährlich werden kann".

5. europarechtskonforme Auslegung

Durch das stetig voranschreitende Zusammenwachsen der europäischen Staaten hat sich in den letzten Jahren eine weitere Auslegungsform herausgebildet, die europarechtskonforme Auslegung (auch unionskonforme oder richtlinienkonforme Auslegung genannt). Weil EU-Recht Vorrang vor nationalem Recht hat, sind die Organe aller Mitgliedstaaten verpflichtet, nationales Recht im Sinne der EU-Vorgaben auszulegen, um den Gleichklang in der EU zu gewährleisten. Schwierig wird dies, wenn Normen, die im Zuge einer Richtlinienumsetzung Eingang in das Gesetz fanden, richtlinienkonform ausgelegt werden sollen. Da Richtlinien im Gegensatz zu Verordnungen nicht direkt Geltung entfalten, sondern in nationales Recht

---

[10] RGSt 12, 371 (372 f.).

umgesetzt werden müssen, würde das stete Heranziehen der Richtlinie bei Abweichungen in der nationalen Umsetzung diesen Mechanismus unterwandern.

> Durch die Verbraucherrechterichtlinie[11] wurde der Verbraucherbegriff in § 13 neu gefasst. Problematisch ist dabei, dass der deutsche Gesetzgeber den Verbraucher als natürliche Person definiert, die „ein Rechtsgeschäft zu Zwecken abschließt, die überwiegend weder ihrer gewerblichen noch ihrer selbständigen beruflichen Tätigkeit zugerechnet werden können." Verbraucher ist also derjenige, der zu mindestens 51% privat handelt. Der EU-Gesetzgeber hat nun jedoch in Erwägungsgrund (17) der Verbraucherrechterichtlinie festgehalten, dass bei diesen gemischten Verträgen jede natürliche Person Verbraucher sein soll, die einen Vertrag schließt, in dem „der gewerbliche Zweck im Gesamtzusammenhang des Vertrags nicht überwiegend" ist. Der gewerbliche Zweck ist dann nicht überwiegend, wenn er genau 50% des Vertrages ausmacht. Durch die unterschiedlichen Formulierungen entstehen damit unterschiedliche Grenzwerte, sodass man hier im Zweifelsfall eine richtlinienkonforme Auslegung des § 13 vorzunehmen hätte.

IV. Der juristische Stil

17 Juristen arbeiten tagtäglich mit der Sprache. Im Idealfall sollten sie also wissen, wie man damit umgeht. Für juristische Texte gelten drei allgemeine Grundsätze[12]:

- Inhalt vor Schönheit
- Klarheit vor Schönheit
- Schönheit vor Schund.

18 Diese Grundsätze fassen gut zusammen, worauf es ankommt: Klare und strukturierte Texte, die der Leser schnell verstehen kann. Die im Alltag oft erwünschte Verwendung von Synonymen kann in einem juristischen Text z.B. schnell zu Missverständnissen führen. Dies ist etwa dann der Fall, wenn der Leser nicht mehr weiß, welche Person gemeint ist, nur weil der Autor sie, um seinen Text abwechslungsreich zu gestalten, unterschiedlich benennt. Juristen müssen ein sehr ausgeprägtes Gespür für Formulierungen entwickeln, da jedes Wort und jede Wendung von Bedeutung sein kann. Entsprechend verwirrend wird es, wenn plötzlich ein Synonym auftaucht und man nicht weiß, ob es sich um eine andere Person oder tatsächlich nur um eine abweichende Bezeichnung der bereits bekannten Person

---

[11] Richtlinie 2011/83/EU des Europäischen Parlaments und des Rates vom 25. Oktober 2011 über die Rechte der Verbraucher, zur Abänderung der Richtlinie 93/13/EWG des Rates und der Richtlinie 1999/44/EG des Europäischen Parlaments und des Rates sowie zur Aufhebung der Richtlinie 85/577/EWG des Rates und der Richtlinie 97/7/EG des Europäischen Parlaments und des Rates, ABl. EU L 304 vom 22.11.2011, S. 64.
[12] *Walter*, JURA 2006, 344.

handelt. Dazu folgendes Beispiel: „Der vom Bestohlenen erwischte Dieb schlägt sein Opfer nieder."[13] Auf den ersten Blick treten hier drei Personen in Erscheinung: Bestohlener, Dieb und Opfer. Bei genauerer Betrachtung könnten Opfer und Bestohlener jedoch ebenso gut ein und dieselbe Person sein.

1. Gutachtenstil

Aufgabe des Juristen ist es, Rechtsfragen zu beantworten. Dies tut der Jurist, indem er zu der aufgeworfenen Frage ein Gutachten verfasst. Dieses Gutachten wiederum folgt einem vorgegebenen Aufbau, den man als Gutachtenstil bezeichnet. Er dient dazu, dem Leser eine logische und in sich stimmige Lösung zu präsentieren. Der Autor beginnt sein Gutachten stets damit, dass er sich gedanklich die Frage: „Wer will was von wem woraus?" stellt. Die Beantwortung dieser Frage gibt die Richtung des Gutachtens vor und resultiert im sogenannten Obersatz. Dieser zeigt dem Leser, welche konkrete Frage gerade untersucht wird und ist stets als Aussagesatz im Konjunktiv formuliert.

Zur besseren Veranschaulichung ein kleines Beispiel anhand des Ihnen bereits bekannten § 823 I: Autofahrer A fährt den Fahrradfahrer F beim Rechtsabbiegen an, weil er vergessen hat, vor dem Abbiegen nach rechts zu schauen. F bleibt unverletzt, sein Fahrrad wurde jedoch derart beschädigt, dass es nicht mehr benutzbar ist. Der Schaden ist mit 500,- € zu beziffern. Kann F von A Schadensersatz verlangen?

Wer	Anspruchsteller	F
will was	Anspruchsziel	Schadensersatz
von wem	Anspruchsgegner	A
woraus?	Anspruchsgrundlage	§ 823 I

Die gutachterliche Beantwortung der Fallfrage würde man wie folgt beginnen:
I. Schadensersatzanspruch des F
[Obersatz] F könnte von A Schadensersatz nach § 823 I verlangen.

Nachdem nun festgelegt ist, was untersucht werden soll, müssen nacheinander die Voraussetzungen der Anspruchsgrundlage geprüft werden. Dies geschieht erneut durch Anwendung des Gutachtenstils, indem nach dem soeben gebildeten *Obersatz* das zu prüfende Tatbestandsmerkmal *definiert* und anschließen der Sachverhalt mit dieser

---
[13] *Walter*, JURA 2006, 344 (346).

Definition verglichen (*Subsumtion*) wird. Schließlich wird das *Ergebnis* festgehalten und das nächste Tatbestandsmerkmal geprüft.

21 Die Prüfung wird solange fortgesetzt, bis entweder alle Voraussetzungen der Anspruchsgrundlage erfüllt sind oder ein Tatbestandsmerkmal nicht erfüllt ist. Das Gutachten endet schließlich mit einem Ergebnis, welches den Obersatz widerspiegelt. Im Idealfall wird also aus dem Satz: „F *könnte* von A Schadensersatz nach § 823 I verlangen." das Ergebnis: „F *kann* von A Schadensersatz nach § 823 I verlangen."

Weiter mit unserem Beispiel:

[…]

1. Rechtsgutverletzung

Dazu müsste zunächst ein Rechtsgut des F verletzt sein. In Betracht kommt hier eine Verletzung des Eigentums des F an dem Fahrrad. Eigentum ist das Recht zur umfassenden Sachherrschaft über eine Sache, das demjenigen zusteht, dem die Sache als Eigentümer gehört. F fuhr mit seinem Fahrrad. Dieses steht folglich in seinem Eigentum. Durch den Unfall mit A wurde das Fahrrad und damit das Eigentum des F beschädigt. Eine Rechtsgutsverletzung liegt vor. […]

22 Häufig kommt es vor, dass der Sachverhalt derart klar ist, dass eine Formulierung im Gutachtenstil lächerlich wirkt. Es ist beispielsweise vollkommen abwegig, bei einem Totschlag zu prüfen, ob das Opfer ein Mensch ist, wenn der Sachverhalt nur darüber informiert, dass A den B mit einem Eisenrohr auf den Kopf geschlagen hat und dieser daraufhin stirbt. Anders sieht die Lage allerdings aus, wenn B eine schwangere Frau ist, die aufgrund einer Gewalteinwirkung seitens des A ihr Kind verliert. Hier ist also durchaus zu prüfen, ob es sich bei dem Embryo schon um einen Menschen handelt (Nein, das Menschsein beginnt strafrechtlich gesehen mit dem Einsetzen der Eröffnungswehen; A wäre also nicht wegen Totschlags, wohl aber wegen Schwangerschaftsabbruchs strafbar).

Für unser Beispiel bedeutet das, dass Sie unproblematische Prüfungspunkte kurz und zusammengefasst prüfen können. Anschließend können Sie wie zuvor gezeigt mit der Prüfung fortfahren.

[…]

2. kausale, rechtswidrige Verletzungshandlung

Weil ohne den Abbiegevorgang das Fahrrad nicht beschädigt worden wäre, war das Abbiegen des A kausal für die Beschädigung des Fahrrads. Da keine Rechtfertigungsgründe vorliegen, handelte A zudem auch widerrechtlich.

3. Verschulden

A müsste vorsätzlich oder fahrlässig gehandelt haben. Vorsatz scheidet vorliegend aus. Fahrlässig handelt, wer die im Verkehr erforderliche Sorgfalt außer Acht lässt, § 276 II. Will man als Autofahrer nach rechts abbiegen, so hat man sich zu vergewissern, dass kein Fußgänger oder Fahrradfahrer durch den Abbiegeprozess gefährdet wird. Diese Pflicht hat A nicht beachtet und damit die im Verkehr erforderliche Sorgfalt außer Acht gelassen. Er handelte mithin fahrlässig.

4. Schaden, haftungsausfüllende Kausalität

F müsste ein Schaden entstanden sein. Vorliegend wurde das Fahrrad des F derart beschädigt, dass es unbrauchbar ist. Durch die Eigentumsverletzung ist F demzufolge ein Schaden entstanden. Dieser Schaden ist mit 500,- € zu beziffern.

II. Ergebnis

F kann von A Schadensersatz in Höhe von 500,- € nach § 823 I verlangen.

2. Urteilsstil

Das Gegenteil des Gutachtenstils ist der Urteilsstil. Er wird, wie der Name schon vermuten lässt, von Gerichten verwendet. Beim Lesen eines Urteils kommt es entscheidend auf das Ergebnis an. Im Gegensatz zum Gutachtenstil wird das Ergebnis daher beim Urteilsstil der Begründung vorangestellt.

Zur Veranschaulichung ein Beispiel anhand folgender zwei Aussagen: „A beschädigt das Fahrrad des F. F kann von A Schadensersatz verlangen."

Gutachtenstil: Weil A das Fahrrad des F beschädigt hat, kann F von A Schadensersatz verlangen.

Urteilsstil: F kann von A Schadensersatz verlangen, weil A das Fahrrad des F beschädigt hat.

3. Der Anspruchsaufbau

In der juristischen Falllösung wird stets nach Anspruchsgrundlagen gegliedert. Stehen mehrere davon zur Verfügung, so werden hierarchisch zunächst die vertraglichen, im Anschluss die quasivertraglichen Ansprüche (Vertragsanbahnung) und solche aus Geschäftsführung ohne Auftrag geprüft. Danach folgen dingliche Ansprüche und deliktische Ansprüche, bevor schließlich bereicherungsrechtliche Ansprüche geprüft werden. Diese Hierarchie folgt aus dem *Spezialitätsgrundsatz*, der Sie durch das gesamte BGB begleiten wird: Speziellere Regelungen gehen den allgemeinen Regelungen vor. Ein Vertrag zwischen zwei Personen ist die speziellste Regelung, weshalb stets die Ansprüche aus einer etwaigen vertraglichen Regelung zuerst geprüft werden.

25 Innerhalb einer Anspruchsprüfung prüft man in drei Schritten:

- Anspruch entstanden
- Anspruch untergegangen (erloschen)
- Anspruch durchsetzbar

Kauft jemand beim Bäcker zwei Brötchen für 0,50 € und fragt Sie im Anschluss, ob er vom Bäcker die Übergabe und Übereignung der Brötchen verlangen kann, so ist zunächst zu klären, ob beide einen wirksamen Kaufvertrag geschlossen haben (Anspruch entstanden). Anschließend muss geprüft werden, ob es möglicherweise Gründe gibt, die die Entstehung des Anspruchs hindern. Man nennt sie *rechtshindernde Einwendungen*. Zu dieser Prüfung gehört dann z.B. die Frage, ob beide Parteien geschäftsfähig sind, etwaige Formvorschriften eingehalten wurden und ob es eventuell inhaltliche Mängel der abgegebenen Willenserklärungen gibt und diese eventuell wirksam angefochten worden ist.

26 Ist der Anspruch entstanden, so ist zu überprüfen, ob Gründe vorliegen, die zu seinem Untergang (Erlöschen) geführt haben. Diese nennt man *rechtsvernichtende Einwendungen*. Hat beispielsweise der Bäcker dem Käufer die Brötchen bereits gegeben, so liegt ein Fall der Erfüllung vor, der den Anspruch des Käufers gegen den Bäcker auf Übergabe und Übereignung der Brötchen zum Erlöschen bringt. Neben der Erfüllung könnte dem Anspruch auch die Unmöglichkeit entgegenstehen, beispielsweise, weil der Bäcker ohne dies bei Vertragsschluss zu wissen, bereits alle Brötchen verkauft hat. Zum Erlöschen eines Anspruchs führt auch die Aufrechnung, die beispielsweise der Käufer erklären kann, wenn ihm gegen den Bäcker ein fälliger Gegenanspruch zusteht. Auch der Rücktritt, die Kündigung oder ein Erlass können den Anspruch untergehen lassen.

27 Zu guter Letzt gilt es, die Durchsetzbarkeit des Anspruchs festzustellen. Gegen die Durchsetzbarkeit sprechen die *rechtshemmenden Einwendungen*, die man auch *Einreden* nennt.

Im Gegensatz zu den rechtshindernden und den rechtsvernichtenden Einwendungen müssen die rechtshemmenden Einwendungen erhoben werden. Ein Richter hat die rechtshindernden und die rechtsvernichtenden Einwendungen stets zu berücksichtigen. Die rechtshemmenden Einwendungen nur, wenn der Begünstigte sich darauf beruft. Man nennt sie daher auch Einreden. Als Eselsbrücke können Sie sich merken: „Bei der Einrede muss man reden."

Durchsetzbar ist der Anspruch erst, wenn er auch fällig ist. Der Durchsetzbarkeit entgegenstehen kann auch die Verjährung: Ist es bereits vier Jahre her, dass Bäcker und Käufer den Kaufvertrag geschlossen haben, so ist bereits Verjährung eingetreten und der Käufer kann seinen Anspruch gegen den Bäcker nicht mehr durchsetzen, sofern dieser sich auf die Verjährung beruft. Eine weitere Einrede ist die des nicht erfüllten Vertrages aus § 320. Erst wenn der Anspruch auch durchsetzbar ist, können Sie in Ihrem Gutachten einen Anspruch des Käufers gegen den Bäcker bejahen.

Übungsaufgaben „Juristische Methodik"

1. Erläutern Sie den Begriff „Tatbestandsmerkmal"! Warum gibt es ungeschriebene Tatbestandsmerkmale?

2. Was versteht man unter „Auslegung"? Auf welchen Rechtswissenschaftler gehen die Auslegungsmethoden zurück? Nennen Sie alle Auslegungsmethoden und beschreiben Sie kurz, was Gegenstand der jeweiligen Auslegungsmethode ist!

3. Angenommen, Sie sollen gutachterlich den Anspruch Ihres Mandanten auf Schadensersatz gegen seinen Nachbarn prüfen, der ohne Zustimmung einen Baum auf dem Grundstück des Mandanten gefällt hat: Wie gehen Sie bei der Prüfung vor? Welche Fragen müssen Sie beantworten, bevor Sie mit der konkreten Anspruchsprüfung beginnen?

4. Vervollständigen Sie den Anfang des Beispielgutachtens, dem folgender Sachverhalt zugrunde liegt: Heinrich kauft im Supermarkt ein und parkt sein Fahrzeug auf dem dazugehörigen Parkplatz. Als er wiederkommt bemerkt er eine Beule und etliche Kratzer in der Fahrertür. Die Videoüberwachung des Parkplatzes fördert zutage, dass der Einkaufswagen eines anderen Kunden weggerollt und gegen Heinrichs Auto gestoßen ist. Der Kunde ist anschließend weggefahren und Heinrich mittlerweile bekannt.

    „Heinrich _____ gegen den anderen Kunden einen Anspruch auf _____ nach § 823 I haben. Dazu müsste dieser ein _____ Heinrichs durch eine _____, von ihm verschuldete Handlung verletzt haben und Heinrich dadurch ein _____ entstanden sein."

5. Nennen Sie Gründe, die
    - der Entstehung eines Anspruchs entgegenstehen,
    - einen Anspruch erlöschen (untergehen) lassen,
    - die Durchsetzbarkeit eines Anspruchs hindern!

Kapitel 2   Systematik und Prinzipien des BGB

I.   Geschichte des BGB

Das BGB ist die wichtigste Quelle des Zivilrechts in Deutschland. Es entstand nach der Reichsgründung 1871 aus dem Bedürfnis heraus, die bestehende Rechtszersplitterung zu überwinden. So galt zu diesem Zeitpunkt in Preußen das „Preußische Allgemeine Landrecht" von 1794, im Rheinland größtenteils der französische „Code Civil" von 1804 und im Übrigen das sogenannte „gemeine Recht". Letztere Bezeichnung beschreibt das von Rechtslehre und Rechtsprechung weiterentwickelte römische Recht. Ab 1874 begannen die Arbeiten am neuen Bürgerlichen Recht, das die erste privatrechtliche Kodifikation war, die für das gesamte Reichsgebiet Gültigkeit besaß. Im Zuge dieser Gesetzgebungsarbeiten ergingen drei Entwürfe:

28

- 1888: „Erster Entwurf" nebst Begründung in fünf Bänden („Motive")
- 1895: „Zweiter Entwurf" nebst Begründung („Protokolle")
- 1896: „Dritter Entwurf" mit Begründung („Denkschrift") des Reichsjustizamtes.

Am 18.08.1896 schließlich wurde das BGB im Reichsgesetzblatt (RGBl. S. 195) verkündet und trat zum 01.01.1900 im ganzen Reich in Kraft. Begleitet wurde es vom Einführungsgesetz zum Bürgerlichen Gesetzbuche (EGBGB). Dieses enthielt Übergangsregelungen zum bis dahin geltenden Recht und Öffnungsklauseln für die Gesetzgebung in den einzelnen Bundesstaaten des Reiches (Landesprivatrecht). Noch heute enthält das EGBGB Regelungen zum internationalen Privatrecht und bildet damit die Grundlage der Beurteilung von Fällen mit auslandsrechtlichem Bezug. Überdies wurden und werden in das EGBGB die jeweiligen Übergangsregelungen bei Änderungen des BGB eingearbeitet (z.B. die Übergangsregelungen durch den Einigungsvertrag mit der DDR in den Art. 230 ff. EGBGB).

29

II.   Systematik des BGB

Das BGB besteht aus fünf Büchern:

30

- Buch 1. Allgemeiner Teil (§§ 1 – 240)
- Buch 2. Recht der Schuldverhältnisse (§§ 241 – 853)
- Buch 3. Sachenrecht (§§ 854 – 1296)
- Buch 4. Familienrecht (§§ 1297 – 1921)
- Buch 5. Erbrecht (§§ 1922 – 2385).

Auffällig ist die ausgefeilte Systematik des Gesetzes. Neben einer umfangreichen Verweisungstechnik fällt z.B. auf, dass den Büchern zwei bis vier ein allgemeiner Teil vorangestellt ist, dessen Vorschriften für alle anderen vier Bücher gelten. Dieses Prinzip des

31

„vor die Klammer Ziehens" resultiert aus dem Bedürfnis, möglichst umfangreich alle Lebensbereiche in einem Gesetzbuch zu regeln. Vorschriften, die sich im ersten Buch des BGB finden, finden also in allen anderen Büchern des BGB Anwendung, sofern selbige nicht speziellere Regelungen treffen. Damit führt das Klammerprinzip sogleich zu einem weiteren Grundsatz: Das speziellere Gesetz geht dem allgemeinen vor (lat.: „lex specialis derogat legi generali"). Fällt also ein Tatbestand unter zwei Regelungen, so ist stets die speziellere Regelung anzuwenden. Auch das zweite Buch des BGB (Recht der Schuldverhältnisse) enthält in den §§ 241 – 432 einen allgemeinen Teil, dessen Vorschriften auf alle Schuldverhältnisse anwendbar sind, sofern es keine spezielleren Regelungen gibt.

Schlagen Sie bitte § 314 auf. Sie werden feststellen, dass dieser Paragraf im zweiten Buch des BGB (Recht der Schuldverhältnisse) im „Abschnitt 3. Schuldverhältnisse aus Verträgen" steht. Wie Sie bereits wissen, ist dies der allgemeine Teil des Schuldrechts. § 314 betrifft die Kündigung von Dauerschuldverhältnissen aus wichtigem Grund. Als Dauerschuldverhältnis bezeichnet man einen Vertrag, der nicht einen einmaligen Leistungsaustausch zum Gegenstand hat, sondern aus einem dauerhaften Verhalten oder wiederkehrenden, sich über einen gewissen Zeitraum erstreckenden (Einzel-) Leistungen besteht. Ein solches Dauerschuldverhältnis ist auch der Dienstvertrag in den §§ 611 ff. Nichtsdestotrotz wendet man bei einer fristlosen Kündigung eines Dienstvertrages aus wichtigem Grund nicht § 314 an. Der Grund dafür liegt in der spezielleren Norm des § 626. Als einer der im BGB normierten Vertragstypen befindet sich der Dienstvertrag im „Abschnitt 8. Einzelne Schuldverhältnisse" des zweiten Buches des BGB (der sogenannte „besondere Teil" des Schuldrechts). Die Regelungen der §§ 611 ff. sind speziell auf diesen Vertragstypus ausgelegt und gehen daher den Regelungen des allgemeinen Teils vor.

1. Allgemeiner Teil

32 Der allgemeine Teil des BGB beinhaltet, wie schon erwähnt, eine Reihe von allgemeinen Regeln. Insbesondere das Personenrecht, die Vorschriften über die Willenserklärungen und Rechtsgeschäfte sowie die Geschäftsfähigkeit und das Recht der Stellvertretung sind hier geregelt. Daneben finden sich Normen zu Fristen und Verjährung sowie die Selbstverteidigungs- und Selbsthilferechte des BGB.

2. Recht der Schuldverhältnisse

Das Schuldrecht regelt die Rechtsverhältnisse zwischen dem „Gläubiger" und dem „Schuldner". In einem ersten, allgemeinen Teil, der die §§ 241 – 432 umfasst, finden sich Regelungen zum Inhalt, zur Gestaltung und zum Erlöschen von Schuldverhältnissen. Der zweite, die §§ 433 – 853 umfassende Teil des zweiten Buches wird auch besonderer Teil des Schuldrechts genannt. Hier sind zunächst all diejenigen Vertragstypen geregelt, die besonders häufig wiederkehren (z.B. der Kauf- und der Mietvertrag). Im Anschluss finden sich Regelungen zu den gesetzlichen Schuldverhältnissen (z.B. das Deliktsrecht in den §§ 823 ff.).

33

3. Sachenrecht

Das Sachenrecht regelt die Beziehungen von Personen zu Sachen und Rechten. Es enthält Vorschriften zu Eigentum und Besitz und regelt deren Erwerb und Schutz. Zudem finden sich hier die Regelungen zum sogenannten Eigentümer-Besitzer-Verhältnis und die Sicherungsrechte (Hypothek, Grund- und Rentenschuld).

34

4. Familienrecht

Das Familienrecht regelt die Rechtsverhältnisse der durch Verlöbnis, Ehe und Verwandtschaft verbundenen Personen. Daneben enthält es Regelungen zu gesetzlichen Vertretungsfunktionen, wie Vormundschaft, Pflegschaft und Betreuung. Das Familienrecht im BGB geht auf einen langwierigen Streit zwischen Staat und Kirche zurück, der die Regelungskompetenz in Ehesachen betraf. 1875 schließlich war dieser Streit zugunsten des Staates entschieden und die Zuständigkeit für Eheschließungen ging auf das Reich über. Mit Einführung des BGB wurde diese Materie einheitlich und konfessionell neutral für alle Angehörigen des Reiches geregelt.[14]

35

5. Erbrecht

Im fünften und letzten Buch des BGB ist das Erbrecht geregelt. Es umfasst diejenigen Rechtssätze, die das Schicksal des privatrechtlichen Vermögens einer natürlichen Person nach deren Tod regeln.[15] Ein wesentlicher Teil bezieht sich dabei auf die Verfügungen von Todes wegen (Testament und Erbvertrag), mit denen der Erblasser die Zukunft seines Vermögens nach seinem Tod bestimmt.

36

---

[14] MüKo-BGB/*Koch*, Einleitung zum Familienrecht, Rn. 1.
[15] MüKo-BGB/*Leipold*, Einleitung zum Erbrecht, Rn. 1.

III. Prinzipien des BGB

1. Privatautonomie

37 Das BGB basiert auf dem Gedanken, dass jeder seine Lebensverhältnisse nach seinem Willen selbst regelt. Dieses Prinzip nennt man Privatautonomie. Verfassungsrechtlich ist die Privatautonomie in Deutschland in Art. 2 I GG verankert (allgemeine Handlungsfreiheit). Ausprägungen sind z.B. die Vereinigungsfreiheit im Vereinsrecht, die Vertragsfreiheit im Schuldrecht, die Eigentumsfreiheit im Sachenrecht, die Eheschließungsfreiheit im Familienrecht und die Testierfreiheit im Erbrecht. Auf die einzelnen Ausprägungen wird in diesem Buch an entsprechender Stelle näher eingegangen.

38 Kern der Privatautonomie ist, dass sich die Parteien an ihrem Willen festhalten lassen müssen.[16] Es ist daher nicht Aufgabe des Gesetzgebers oder der Rechtsprechung, bei jeder inhaltlichen Unangemessenheit oder jedem Missverhältnis einzugreifen. Im Vertragsrecht gilt deshalb der Grundsatz *pacta sunt servanda* (lat: Verträge sind einzuhalten). Dennoch unterliegt die Privatautonomie Einschränkungen. Solche erfährt sie insbesondere dort, wo ungleiche Kräfte ausgeglichen werden müssen. Dies ist z.B. dann der Fall, wenn eine Partei der anderen unterlegen ist. Für diese Situationen gibt es im BGB Sonderbestimmungen, wie den § 138, der als Grenze des Erlaubten die Sittenwidrigkeit festlegt. Ein anderer Fall ist das Verbraucherrecht, wo der „unerfahrene" Verbraucher gegen den „geschäftserprobten" Unternehmer geschützt wird und ihm zu diesem Zwecke verschiedene Sonderrechte eingeräumt werden (z.B. das Widerrufsrecht). Einschränkungen sind auch unabhängig von einem Ungleichgewicht möglich, wenn sich äußere Umstände gravierend ändern und eine Vertragsanpassung wegen der sog. Störung der Geschäftsgrundlage notwendig wird.

> Als Ende der 1920er Jahre die Weltwirtschaft einbrach und durch die Inflation das Verhältnis von Leistung und Gegenleistung gerade bei Dauerschuldverhältnissen plötzlich in nicht mehr vertretbarer Weise aus dem Gleichgewicht brachte, griff die Rechtsprechung ein und erfand – gegen den Willen des historischen Gesetzgebers – das Rechtsinstitut des Wegfalls der Geschäftsgrundlage. Durch die Schuldrechtsreform im Jahre 2002 wurde dieses Institut – mittlerweile als Störung der Geschäftsgrundlage – in § 313 verankert.

Auch der Testierfreiheit im Erbrecht sind Grenzen gesetzt. Ein Erblasser soll zwar seine Nachkommen vom Erbe ausschließen können, dies jedoch nur bis zu einer gewissen Untergrenze (dem sogenannten „Pflichtteil").

---

[16] MüKo-BGB/*Schubert*, § 242, Rn. 527.

2. Treu und Glauben

Ein weiteres dem BGB zugrundeliegendes Prinzip findet sich in § 242: Danach hat der Schuldner die Leistung so zu bewirken, wie Treu und Glauben es mit Rücksicht auf die Verkehrssitte gebieten. Aus diesem Paragrafen hat sich der Grundsatz entwickelt, dass jeder in der Ausübung seiner Rechte und Pflichten auf die berechtigten Interessen anderer Rücksicht zu nehmen hat. Historisch wurzelt dieser Grundsatz auf der *bona fides* des römischen Rechts und findet sich dementsprechend auch in anderen Rechtsordnungen wieder (*bonne foi* im französischen Recht; *good faith* im angloamerikanischen Rechtsraum). Im alten Rom wurde der Richter angewiesen, nicht nur strikt nach formellem Recht zu entscheiden, sondern auch den Umständen des Einzelfalls über eine Berücksichtigung der *bona fides* Rechnung zu tragen. Gesetzlich näher konkretisiert ist der Grundsatz von Treu und Glauben unter anderem im Schikaneverbot nach § 226.

> Achtung: Verwechseln Sie nicht den Grundsatz von Treu und Glauben mit dem gerade im Sachenrecht häufig anzutreffenden Begriff des guten Glaubens. Letzterer bezeichnet das Bewusstsein einer Person und bezieht sich auf ihre subjektive Kenntnis, während der Grundsatz von Treu und Glauben eine objektive Interessenabwägung verlangt.[17]

3. Trennungs- und Abstraktionsprinzip

Neben der Privatautonomie gibt es zwei wesentliche Prinzipien, die Sie durch die gesamte Vorlesung begleiten werden: Abstraktions- und Trennungsprinzip. Während in vielen Ländern das Eigentum an einer Sache bereits durch die Einigung der Parteien über deren Verkauf übergeht,[18] muss man im deutschen Recht zwischen Verpflichtungs- und Verfügungsgeschäft unterscheiden (Trennungsprinzip). Beim Verpflichtungsgeschäft verpflichtet sich eine Vertragspartei, eine Leistung an die andere Vertragspartei zu bewirken. So verpflichtet sich der Verkäufer bei einem Kaufvertrag beispielsweise, dem Käufer das Eigentum an der Sache zu verschaffen und ihm die Sache zu übergeben, § 433 I 1. Das Verfügungsgeschäft ist ein Vertrag, durch den ein Recht an einer Sache übertragen oder geändert wird. In Erfüllung seiner Pflicht aus dem Kaufvertrag übergibt und übereignet der Verkäufer beispielsweise den Kaufgegenstand. Sein Eigentum an dem Gegenstand geht auf den Käufer über und mit Übergabe der Sache erlangt der Käufer auch die tatsächliche Sachherrschaft über den Gegenstand (Besitz). Hintergrund der Unterscheidung ist der Gedanke, dass das Eigentum als umfassende Rechtsposition stets klar zugeordnet sein soll. Damit das der Fall ist, muss sichergestellt sein, dass ein Fehler auf Seiten des

---

[17] MüKo-BGB/*Schubert*, § 242, Rn. 9.
[18] So z.B. in Frankreich, wo der Käufer das Eigentum an der Sache erwirbt, sobald sich Verkäufer und Käufer über den Gegenstand des Kaufvertrages und den Preis geeinigt haben, Art. 1583 CC.

Verpflichtungsgeschäfts (z.B. Geschäftsunfähigkeit) sich nicht auf das Verfügungsgeschäft auswirkt. Beide sind also – bis auf ein paar Ausnahmen – unabhängig voneinander (Abstraktionsprinzip). Damit der ursprüngliche Eigentümer das Eigentum an einem Gegenstand nach einem fehlerhaften Geschäft wieder herausverlangen kann, wurden die Vorschriften über die ungerechtfertigte Bereicherung (§§ 812 ff.) eingeführt. Sie fungieren also als Korrektiv.

> K kauft im Autohaus des V einen Bentley Continental. V übergibt ihm den Wagen und verschafft ihm das Eigentum an dem Fahrzeug. Wenige Tage später stellt sich heraus, dass K unerkannt geisteskrank war, als beide den Vertrag geschlossen haben.
>
> Dadurch, dass K bei Vertragsschluss unerkannt geisteskrank war, fehlt es an der für einen wirksamen Kaufvertrag erforderlichen Geschäftsfähigkeit, (§ 104 Nr. 2). Infolgedessen ist die Willenserklärung des K, den Bentley kaufen zu wollen, nichtig (§ 105 I) und damit auch der Kaufvertrag zwischen V und K unwirksam. Das Verfügungsgeschäft (also die Übereignung des Fahrzeugs) ist aber wirksam, sodass K Eigentümer geworden ist. V kann von K die Herausgabe des Bentleys nach Maßgabe der §§ 812 ff. verlangen (und umgekehrt kann der K auch die Herausgabe des eventuell bereits gezahlten Geldbetrages von V verlangen).
>
> Wie genau dies vonstattengeht, ist Teil des Kapitels über das Schuldrecht. Von Interesse ist für Sie momentan nur, dass es hier zwei Geschäfte gab: das Verpflichtungs- und das Verfügungsgeschäft. Mit dem Verpflichtungsgeschäft hat sich V verpflichtet, dem K das Eigentum an dem Bentley zu verschaffen und ihm den Wagen zu übergeben. Im Rahmen des Verfügungsgeschäftes kam er dann seiner Verpflichtung nach und übereignete das Fahrzeug.
>
> Mit dem soeben erworbenen Wissen sollten Sie folgende Frage beantworten können: Wie viele Rechtsgeschäfte werden beim morgendlichen Brötchenkauf geschlossen? Versuchen Sie es zunächst selbständig, ohne weiterzulesen und teilen Sie den Ablauf des Brötchenkaufs in verschiedene Handlungen auf. Dies erleichtert die Antwortfindung.
>
> Lösung:
>
> - Zunächst einigen sich Bäcker und Brötchenkäufer darüber, dass der Bäcker dem Brötchenkäufer ein oder mehrere Brötchen verkauft (Verpflichtungsgeschäft: Kaufvertrag).

- In einem zweiten Geschäft übergibt der Bäcker dem Brötchenkäufer die Brötchen (Verfügungsgeschäft Nr. 1: Übereignung der Brötchen).
- Zuletzt reicht der Brötchenkäufer dem Bäcker das Geld für die Brötchen (Verfügungsgeschäft Nr. 2: Übereignung des Geldes).

Insgesamt werden also beim Brötchenkauf drei verschiedene Rechtsgeschäfte geschlossen.

Übungsaufgaben „Systematik und Prinzipien des BGB"

1. Was versteht man unter dem Ausdruck: „vor die Klammer ziehen", bezogen auf das BGB? Erläutern Sie Ihre Antwort kurz an einem Beispiel!
2. Nennen Sie zwei Prinzipien, die dem gesamten BGB zugrunde liegen und erläutern Sie sie kurz!
3. Luise kauft beim Fahrradhändler ein neues Fahrrad zu einem Preis von 450 €. Sie bezahlt in bar und nimmt das Fahrrad sofort mit. Beschreiben Sie kurz, wie viele Geschäfte hier stattgefunden haben und begründen Sie Ihre Antwort mit einem Prinzip des BGB!

Kapitel 3   Allgemeiner Teil

> *Brox/Walker*, Allgemeiner Teil des BGB, 44. Auflage 2020; *Medicus/Petersen*, Allgemeiner Teil des BGB, 11. Auflage 2016

Wie Sie schon aus dem Kapitel über die Systematik des BGB wissen, gelten die Vorschriften des Allgemeinen Teils für alle übrigen Bücher des BGB, sofern dort nicht speziellere Vorschriften existieren. Im Allgemeinen Teil finden Sie grundlegende Vorschriften zu den am Rechtsverkehr teilnehmenden Personen (Abschnitt 1) und den Sachen und Tieren (Abschnitt 2). Es folgen Normen, die das Rechtsgeschäft (Abschnitt 3) betreffen und die Fristen (Abschnitt 4) und das Verjährungsrecht (Abschnitt 5) regeln, bevor der Allgemeine Teil mit den Selbsthilferechten (Abschnitt 6) und den Vorschriften über die Sicherheitsleistung (Abschnitt 7) schließt. Weil sich bestimmte Abschnitte und Titel des Allgemeinen Teils besser in spezielle Rechtsgebiete einfügen, werden sie erst an entsprechender Stelle in diesem Buch näher erläutert (so z.B. die §§ 90 ff. über die Sachen, die im Sachenrecht behandelt werden). Da das Vereinsrecht in den §§ 21 ff. dem Gesellschaftsrecht zuzuordnen ist und seine Bearbeitung hier ausufern würde, ist es nicht Gegenstand dieses Buches. 41

I. Rechtssubjekt und Rechtsobjekt

Juristisch unterscheidet man grundsätzlich zwischen Rechtssubjekten und Rechtsobjekten. Rechtssubjekte sind Träger von Rechten und Pflichten und in jeder Rechtsordnung zur Anknüpfung von Rechten notwendig. Sie sind also die Akteure im Bürgerlichen Recht. Prädestiniertes Rechtssubjekt ist der (rechtsfähige) Mensch. Das BGB verwendet den Begriff des Rechtssubjekts nicht. Stattdessen liest man von *Personen*, die wiederum in natürliche und juristische Personen unterteilt werden (dazu sogleich mehr). 42

Rechtsobjekte sind die der Rechtsmacht eines Rechtssubjekts unterworfenen Gegenstände. Umfasst sind dabei nicht nur körperliche Gegenstände (= Sachen i.S.d. § 90), sondern auch unkörperliche, wie z.B. Rechte, Forderungen und sonstige objektiven Werte. Tiere sind nach dem BGB zwar keine Sachen, werden jedoch als solche behandelt (§ 90a). Sie zählen also ebenso zu den Rechtsobjekten wie Gegenstände. 43

II. Am Rechtsverkehr beteiligte Personen

Im Rechtsverkehr begegnen Ihnen verschiedene Beteiligte: Während Sie beim Onlinekauf wahrscheinlich mit einer Kapitalgesellschaft (AG, GmbH) und damit einer juristischen Person kontrahieren, schließen Sie den Brötchenkaufvertrag beim Handwerksbäcker nebenan wohl eher mit einer natürlichen Person. Möchten Sie Ihre Gewährleistungsrechte wahrnehmen, dann kann es darauf ankommen, ob Sie Verbraucher und Ihr Gegenüber Unternehmer ist. Der Allgemeine Teil des BGB behandelt in seinem ersten Abschnitt alle 44

1. Natürliche und juristische Personen

45 Die Rechtssubjekte unterteilt man in natürliche und juristische Personen. Eine natürliche Person ist jeder Mensch, egal ob geschäftsfähig oder nicht. Man spricht hier auch vom Menschen in seiner Rolle als Rechtssubjekt, also als Träger von Rechten und Pflichten.

46 Eine juristische Person hingegen ist eine von der Rechtsordnung zugelassene, mit eigener Rechtsfähigkeit ausgestattete Personenvereinigung oder Vermögensmasse. Sie ist vom Bestand ihrer Mitglieder unabhängig und kann wie ein Mensch am Rechtsverkehr teilnehmen, d.h. alle Rechte einer natürlichen Person innehaben (Geltung der Grundrechte für juristische Personen, Art. 19 III GG). Ausnahmen sind solche Rechte, die ihrem Wesen nach nur einer natürlichen Person zustehen können (Menschenwürde, Schutz von Ehe und Familie). Juristische Personen sind damit ebenfalls Rechtssubjekte und als solche auch Träger von Rechten und Pflichten. Sie entstehen durch Eintragung in ein Register (z.B. Vereins- oder Handelsregister), sobald bestimmte, gesetzlich vorgegebene Voraussetzungen erfüllt sind (Normativsystem) oder hängen von einer staatlichen Genehmigung ab (Konzessionssystem). Juristische Personen handeln durch ihre Organe (Geschäftsführer, Vorstand, etc.). Man spricht von der sog. *organschaftlichen Vertretung*.[19] Die Organe vertreten die juristische Person auch vor Gericht. Generell unterscheidet man zwischen juristischen Personen des Privatrechts (privatrechtliche Körperschaften, wie z.B. Vereine, Aktiengesellschaften, GmbH und Genossenschaften; Stiftungen) und juristischen Personen des öffentlichen Rechts (öffentlich-rechtliche Körperschaften, wie z.B. Gemeinden oder Universitäten; Anstalten, wie z.B. Rundfunkanstalten, Krankenhäuser).

a) Juristische Personen des Privatrechts

47 Grundtypus der juristischen Person des Privatrechts ist der Verein, der in den §§ 21 ff. geregelt ist. Daneben regeln Spezialgesetze die anderen juristischen Personen des Privatrechts, wie z.B. die Aktiengesellschaft (AktG), die Gesellschaft mit beschränkter Haftung (GmbHG) oder die Genossenschaft (GenG). Fehlen in diesen Spezialgesetzen Regelungen z.B. zur Haftung der Gesellschaft, so kann auf die Grundgedanken des Vereinsrechts zurückgegriffen werden.

> Sie kennen diesen Grundsatz der Spezialität (das speziellere Gesetz geht dem allgemeineren Gesetz vor) bereits aus dem Kapitel über die Systematik des BGB.

---

[19] Weitere Formen der Vertretung lernen Sie im weiteren Verlauf dieses Kapitels kennen.

> An dieser Stelle wirkt er sich nur umgekehrt aus: Fehlen speziellere Regelungen, greift man auf die allgemeinen Regelungen zurück.

Idealbild des BGB ist der nichtwirtschaftliche Verein. Daneben gibt es vor allen Dingen die Kapitalgesellschaften wie die Aktiengesellschaft (AG), die Kommanditgesellschaft auf Aktien (KGaA) und die Gesellschaft mit beschränkter Haftung (GmbH) mit ihrer Unterform der Unternehmergesellschaft (UG). Quasi eine Zwischenform bilden die Genossenschaften, die trotz ihrer körperschaftlichen Verfassung wegen der besonderen Betonung der persönlichen Förderung ihrer Mitglieder personalistische Züge aufweisen. Häufigster Grund für die Gründung einer Kapitalgesellschaft ist die ihnen innewohnende Haftungsbeschränkung auf das eingebrachte Kapital. Abhängig von ihrer Organisation werden die juristischen Personen des Privatrechts vertreten durch ihren Geschäftsführer (GmbH) oder ihren Vorstand (Verein, AG).

Häufig bedienen sich Städte und Gemeinden privatrechtlicher Rechtsformen zur Verfolgung öffentlicher Zwecke. Denkbar ist beispielsweise der Betrieb des städtischen Freibads durch oder die Auslagerung der Daseinsvorsorge (Strom, Wasser, Gas) auf eine GmbH. Wegen der gewählten Rechtsform sind in solchen Fällen im Wesentlichen die Vorschriften des Privatrechts anzuwenden. Auch Klagen aus einem Rechtsverhältnis mit einer solchen GmbH müssen auf dem Zivilrechtswege verfolgt werden. Gleichwohl gilt z.B. der Grundsatz der Verhältnismäßigkeit, sodass sich der Hoheitsträger nicht der für ihn geltenden öffentlich-rechtlichen Beschränkungen entledigen kann (keine „Flucht ins Privatrecht").

b) Juristische Personen des öffentlichen Rechts

Juristische Personen des öffentlichen Rechts bestehen aufgrund Anerkennung (z.B. Gemeinden, Landkreise, Kirchen) und können neu nur durch Gesetz (z.B. Bundesagentur für Arbeit) oder Hoheitsakt aufgrund eines Gesetzes (z.B. Stiftung) errichtet werden. Eingeteilt werden die juristischen Personen des öffentlichen Rechts in Anstalten (z.B. Deutsche Nationalbibliothek, Rundfunkanstalten), Stiftungen öffentlichen Rechts (z.B. Kulturstiftung des Bundes) und Körperschaften des öffentlichen Rechts. Die Körperschaften wiederum kann man in Gebietskörperschaften (z.B. Bund, Länder, Landkreise und Gemeinden), Verbandskörperschaften (z.B. Gemeinde- oder Zweckverbände) sowie Personal- und Realkörperschaften (z.B. Industrie- und Handelskammern, gesetzliche Krankenkassen; Deichverband, Jagdgenossenschaft) unterteilen.

Juristischen Personen des öffentlichen Rechts kommt das Recht der Selbstverwaltung zu. Sie verfügen wie ihr Pendant aus dem Privatrecht über Organe, die für sie handeln, unterliegen aber staatlicher Aufsicht. In der Regel können sie durch Satzungen objektives

Recht für ihren Aufgabenbereich setzen (so z.B. die Satzung einer Gemeinde zur Nutzung der Gemeindehalle). Handelt die juristische Person des öffentlichen Rechts hoheitlich so unterliegt sie einer besonderen Haftung (Staatshaftung).

2. Rechtsfähigkeit

51 Damit ein Rechtssubjekt am Rechtsverkehr teilnehmen kann, muss es rechtsfähig sein. Rechtsfähigkeit ist die Fähigkeit, selbständiger Träger von Rechten und Pflichten zu sein. Neben den natürlichen und juristischen Personen sind auch die Personengesellschaften des Handelsgesetzbuches rechtsfähig, obwohl sie keine juristischen Personen, sondern Gesamthandsgemeinschaften und damit abhängig vom Bestand ihrer Mitglieder sind.

a) Natürliche Personen

52 Nach § 1 beginnt die Rechtsfähigkeit eines Menschen (= natürliche Person) mit Vollendung der Geburt. Ab diesem Zeitpunkt kann die Person Trägerin von Rechten und Pflichten sein. Ein Säugling kann also Eigentümer einer Sache sein oder Erbe werden (letzteres übrigens in bestimmten Fällen sogar bereits vor der Geburt, § 1923 II). Die Geburt ist vollendet, sobald das Kind vollständig und lebendig aus dem Mutterleib ausgetreten ist. Einer Totgeburt kann also keine Rechtsfähigkeit zugesprochen werden. Nicht erforderlich ist die Durchtrennung der Nabelschnur, ebenso wenig wie eine andauernde Lebensfähigkeit. Entscheidend ist der Nachweis auch nur einer sicheren Lebensfunktion.[20] Dies kann entweder der Nachweis von Hirnströmen oder die Tätigkeit von Herz und Lungen sein. Man wendet in diesem Fall das sog. *Günstigkeitsprinzip* an, sodass das Vorliegen eines der beiden Kriterien zur Annahme von Leben genügt.

> Der Beginn der Rechtsfähigkeit im BGB unterscheidet sich vom Beginn des menschlichen Lebens im Strafrecht: Hier ist nicht die Vollendung der Geburt, sondern vielmehr das Einsetzen der Eröffnungswehen relevant. Das auf diese Weise eine zeitliche Zäsur darstellende Ende der Schwangerschaft grenzt die Strafbarkeit des Schwangerschaftsabbruchs nach § 218 StGB von den Tötungsdelikten ab.

Die genaue Definition der Vollendung der Geburt ist im Bürgerlichen Recht vor allem für die Stellung als Erbe wichtig. Ebenso wichtig ist der Zeitpunkt, in dem die Rechtsfähigkeit eines Menschen endet. Dies ist nach überwiegender Meinung der Fall, sobald der Hirntod eingetreten ist. Definitorisch orientiert man sich hier an § 3 II Nr. 2 des Transplantationsgesetzes. Festgestellt werden muss danach der endgültige, nicht behebbare Ausfall der Gesamtfunktion des Großhirns, des Kleinhirns und des Hirnstamms nach

---

[20] MüKo-BGB/*Spickhoff*, § 1, Rn. 16.

Verfahrensregeln, die dem Stand der Erkenntnisse der medizinischen Wissenschaft entsprechen.

b) Juristische Personen

Im Gegensatz zu den natürlichen Personen kommt einer juristischen Person die Rechtsfähigkeit nicht schon an sich zu, sie muss erst anerkannt werden. Verein, Kapitalgesellschaften und Genossenschaften erlangen die Rechtsfähigkeit mit Eintragung in das jeweilige Register. Den juristischen Personen des öffentlichen Rechts kommt sie mit der staatlichen Verleihung zu. Die Rechtsfähigkeit juristischer Personen endet mit ihrer Löschung aus dem Register oder ihrer Auflösung.

53

c) Sonderfall: Personengesellschaften

Im Zivilrecht begegnen Ihnen neben den juristischen Personen auch die sog. *Personengesellschaften*. Es handelt sich hierbei insbesondere um die Handelsgesellschaften des Handelsgesetzbuches sowie die Gesellschaft bürgerlichen Rechts nach §§ 705 ff. Sie werden als Gesamthandsgemeinschaften zwar in vielen Fällen wie juristische Personen behandelt, sind im Gegensatz zu diesen in ihrem Bestand jedoch von ihren Mitgliedern abhängig und damit keine juristischen Personen. Dennoch kommt auch ihnen die Eigenschaft als Rechtssubjekt zu, sodass auch sie Träger von Rechten und Pflichten sein können und damit rechtsfähig sind. Für die offene Handelsgesellschaft (OHG) folgt dies unmittelbar aus § 124 I HGB, für die Kommanditgesellschaft (KG) über die Verweisung des § 161 II HGB auf die vorgenannte Vorschrift. Die Gesellschaft bürgerlichen Rechts (GbR) ist nur dann rechtsfähig, soweit sie durch Teilnahme am Rechtsverkehr eigene Rechte und Pflichten begründet, es sich also um eine Außengesellschaft handelt.[21] Man spricht insoweit auch von der Teilrechtsfähigkeit der GbR.

54

> Der Handwerkerbetrieb der Geschwister Schmitz, der für jeden erkennbar als „Sanitärarbeiten Schmitz GbR" auftritt und auch als solche Rechnungen ausstellt und Bestellungen tätigt, ist rechtsfähig. Das Beteiligungskonsortium, das zum gemeinsamen Erwerb oder Halten von Anteilen an einer Handelsgesellschaft dient, aber nicht eigenständig am Rechtsverkehr teilnimmt, ist dagegen nicht rechtsfähig.

3. Unternehmer und Verbraucher

Neben natürlichen und juristischen Personen werden Ihnen auch zwei weitere Personen in bestimmten Konstellationen begegnen: Unternehmer und Verbraucher. Verbraucher

55

---

[21] BGH NJW 2001, 1056.

werden durch Sonderregeln des BGB besonders geschützt. Hintergrund ist, dass der Gesetzgeber den Verbraucher insbesondere im Rechtsverkehr mit Unternehmen für benachteiligt und damit schutzwürdig erachtet. Häufig verfügt ein Unternehmer über fundierte Rechtskenntnisse und Geschäftserfahrungen, was ihm einen nicht unerheblichen Vorteil gegenüber einer in dieser Materie unerfahrenen Person verschafft. Rechtshistorisch ist der Verbraucherschutz in der deutschen Rechtsordnung ein verhältnismäßig junges Phänomen. In seiner Ursprungsfassung kannte das BGB keinen besonderen Schutz des Verbrauchers. Das in bestimmten Situationen gesteigerte Schutzbedürfnis einzelner Personenkreise war indes ein bekanntes Problemfeld. Es wurde durch verschiedene Gesetze sukzessive außerhalb des BGB geregelt und wurde insbesondere durch das Recht der Europäischen Union beeinflusst. Zentrale Verbraucherschutzregelungen entstanden zumeist im Zuge der Notwendigkeit, europäische Richtlinien in nationales Recht umzusetzen.[22] Im Zuge der Schuldrechtsreform 2002 wurden verbraucherschutzrechtliche Sonderbereiche in das BGB integriert.

56   Für die Anwendung der verbraucherschutzrechtlichen Sonderregeln ist es wichtig zu wissen, was den Unternehmer auszeichnet und wer nach dem BGB als Verbraucher anzusehen ist. Auskunft darüber geben die §§ 13 und 14. Nach § 13 ist ein Verbraucher jede natürliche Person, die „ein Rechtsgeschäft zu Zwecken abschließt, die überwiegend weder ihrer gewerblichen noch ihrer selbständigen beruflichen Tätigkeit zugerechnet werden können". Damit können juristische Personen schon per Definition keine Verbraucher sein. Als weitere Voraussetzung muss ein Geschäft vorliegen, das nicht vorwiegend der gewerblichen oder selbständigen beruflichen Tätigkeit des Vertragsschließenden dient. Solch ein Geschäft kann z.B. die private Urlaubsbuchung sein. Grundsätzlich, so der BGH, ist jedes rechtsgeschäftliche Handeln einer natürlichen Person als Verbraucherhandeln einzustufen.[23] Schwierigkeiten ergeben sich dann, wenn ein Mischgeschäft vorliegt (sog. *Dual-use-Verträge*). Mit der Nutzung des Begriffes „überwiegend" hat der Gesetzgeber klargestellt, dass ein gemischte Zwecke verfolgendes Handeln schon dann als Verbraucherhandeln einzustufen ist, wenn der private Zweck überwiegt. Es ist damit nicht erforderlich, dass der berufliche Zweck eine gänzlich untergeordnete Rolle spielt.[24]

57   Unternehmer ist nach § 14 „eine natürliche oder juristische Person oder eine rechtsfähige Personengesellschaft, die bei Abschluss eines Rechtsgeschäfts in Ausübung ihrer gewerblichen oder selbständigen beruflichen Tätigkeit handelt". Wichtig ist somit das Handeln zu gewerblichem oder selbständig beruflichem Zweck. Dies ist z.B. dann der Fall, wenn der Bäcker Ihnen ein Brötchen verkauft.

---

[22] MüKo-BGB/*Micklitz*, § 13, Rn. 1.
[23] BGH NJW 2009, 3780.
[24] MüKo-BGB/*Micklitz*, § 13, Rn. 55.

> Wenn Fliesenleger F im Baumarkt neue Fliesen für sein Unternehmen kauft, dann handelt er als Unternehmer. Kauft er hingegen die gleichen Fliesen für das heimische Badezimmer, so handelt er als Verbraucher.

III. Das Rechtsgeschäft

Nach der Definition des Entwurfs des BGB ist ein Rechtsgeschäft eine Willenserklärung, gerichtet auf die Herbeiführung eines rechtlichen Erfolgs, der nach der Rechtsordnung deswegen eintritt, weil er gewollt ist.[25] Damit wird das Rechtsgeschäft zunächst vom Delikt abgegrenzt, bei dem die Rechtsfolge unabhängig vom Willen der Beteiligten eintritt. Wer aus Unachtsamkeit beim Einparken das Gartentor des Nachbarn beschädigt, wollte wahrscheinlich nicht die daraus entstehende Rechtsfolge (Schadensersatz) auslösen. Schließt man jedoch beim Bäcker einen Kaufvertrag über zwei Brötchen, so wird die Rechtsfolge willentlich herbeigeführt. Die soeben genannte Definition des Rechtsgeschäfts führt den Begriff der Willenserklärung ein, der Sie durch das gesamte Zivilrecht begleiten wird. Voraussetzung für die eigene rechtliche Bindung ist die Geschäftsfähigkeit.

1. Die Geschäftsfähigkeit

Zu Beginn dieses Kapitels haben Sie bereits gelernt, wann jemand rechtsfähig ist. Von der Rechtsfähigkeit zu unterscheiden ist die Geschäftsfähigkeit. Damit bezeichnet man die Fähigkeit einer Person, selbständig Verträge abzuschließen und über ihre Rechte verfügen zu können. Ab wann ein Mensch in vollem Umfang geschäftsfähig ist, sagt das BGB nicht explizit. Aus § 104 können Sie jedoch entnehmen, dass Minderjährige unter sieben Jahren geschäftsunfähig sind. Minderjährige, die das siebte Lebensjahr vollendet haben, sind nach § 106 nur beschränkt geschäftsfähig. Dass ein Mensch mit Vollendung des 18. Lebensjahres volljährig ist, können Sie dem § 2 entnehmen. Aus diesen drei Paragraphen lässt sich nun ableiten, dass eine Person dann voll geschäftsfähig ist, wenn sie volljährig ist.

> Lassen Sie sich nicht von der Formulierung der Altersangaben verwirren! Vollendung des 18. Lebensjahres bedeutet nichts anderes als „mit dem 18. Geburtstag". Während ihres 18. Lebensjahres ist die Person 17 Jahre alt. Sobald sie es vollendet hat, ist sie 18 Jahre alt!

Neben Kindern, die jünger als sieben Jahre sind, können auch Erwachsene geschäftsunfähig sein, wenn sie sich „in einem die freie Willensbestimmung ausschließenden Zustand krankhafter Störung der Geistestätigkeit" befinden, § 104 Nr. 2. In einem juristischen Sachverhalt begegnen Ihnen solche Personen oftmals im Zusammenhang mit einem missglückten Geschäft. Sie werden dann als „unerkannt geisteskrank" umschrieben.

---

[25] Motive zu dem Entwurfe eines bürgerlichen Gesetzbuches für das Deutsche Reich (1888), Band I, S. 126.

Willenserklärungen von Geschäftsunfähigen sind nach § 105 I nichtig. Eine Ausnahme von dieser Regel sind Geschäfte des täglichen Lebens, § 105a.

61 Wie soeben erwähnt, kann die Geschäftsfähigkeit auch beschränkt sein. Dies ist bei Kindern mit Vollendung des siebten aber vor Vollendung des 18. Lebensjahres der Fall. Sie können nur unter bestimmten Voraussetzungen rechtsverbindlich handeln, § 106 ff. (beschränkte Geschäftsfähigkeit Minderjähriger). Schließt ein Minderjähriger ein Rechtsgeschäft ab, so ist dieses zunächst *schwebend unwirksam*. Gemeint ist damit, dass der Vertrag so lange als unwirksam zu erachten ist, bis das Rechtsgeschäft genehmigt wurde. Hintergrund ist der Schutz des Minderjährigen: Im Zweifelsfall soll die Entscheidung nicht zu seinen Lasten gehen, sodass der Vertrag schweben unwirksam und nicht etwa schwebend wirksam ist. Zur Wirksamkeit bedarf es der Genehmigung des gesetzlichen Vertreters (dies werden in den meisten Fällen die Eltern sein), § 108 I. Ist der Abschluss des Geschäfts durch den Minderjährigen gewollt, so kann der gesetzliche Vertreter auch von vornherein seine Einwilligung erteilen, § 107.

> Achten Sie auf den Unterschied zwischen Einwilligung und Genehmigung: Die Einwilligung wird *vor* dem Rechtsgeschäft erteilt, die Genehmigung erst *danach*. Oberbegriff für Einwilligung und Genehmigung ist die Zustimmung.

62 Eine Ausnahme vom Zustimmungserfordernis des gesetzlichen Vertreters bilden Rechtsgeschäfte, durch die der Minderjährige lediglich einen rechtlichen Vorteil erlangt. Ein wirtschaftlicher Vorteil wie z.B. der Kauf zu einem „Spottpreis" genügt nicht. Bei der Prüfung des rechtlichen Vorteils müssen Verpflichtungs- und Verfügungsgeschäft getrennt beurteilt werden. Ein gegenseitiger Vertrag kann niemals lediglich rechtlich vorteilhaft sein, da er stets beide Seiten verpflichtet. Einseitig verpflichtende Rechtsgeschäfte hingegen sind lediglich rechtlich vorteilhaft. Die Annahme einer Schenkung (Verpflichtungsgeschäft) z.B. ist lediglich rechtlich vorteilhaft für den Minderjährigen. Problematisch wird es allerdings, wenn dem Minderjährigen durch die Schenkung ein Grundstück übereignet wird (Verfügungsgeschäft). Eigentlich ist ein solches Geschäft nicht lediglich rechtlich vorteilhaft für den Minderjährigen, da er als Grundstückseigentümer z.B. zur Zahlung der Grundsteuer verpflichtet ist. An dieser Stelle machen Literatur und Rechtsprechung jedoch eine Ausnahme, da der unentgeltliche Erwerb eines Grundstücks einen erheblichen Vorteil mit sich bringt und man in den öffentlich-rechtlichen Pflichten nur eine Eigentumsbindung, nicht aber eine besondere Verbindlichkeit erblicken könne.[26]

63 Eine weitere Ausnahme vom Zustimmungserfordernis sind Geschäfte, die der Minderjährige mit eigenen Mitteln bewirkt, die ihm vom gesetzlichen Vertreter oder mit

---

[26] BGHZ 15, 168.

dessen Zustimmung von einem Dritten zu diesem Zweck oder zur freien Verfügung überlassen worden sind, § 110. In der Überlassung der Mittel liegt die stillschweigende Einwilligung in das Geschäft des Minderjährigen. Auch in Ermangelung einer Zweckbindung ist allerdings durch Auslegung zu ermitteln, in welchen Grenzen die Einwilligung erfolgt.[27] Bei der Auslegung sind auch der mutmaßliche Wille des gesetzlichen Vertreters sowie seine Werte und Erziehungsziele zu berücksichtigen.[28]

> § 110 wird gemeinhin auch als „Taschengeldparagraf" bezeichnet. Wichtig ist, dass Folgegeschäfte, die der Minderjährige mit aus dem Geschäft gewonnenen Mitteln bewirkt, nicht automatisch von § 110 erfasst werden. Kauft der Minderjährige sich also vom Taschengeld für 0,50 € ein Los auf dem Jahrmarkt und gewinnt 2.000 €, so kann er sich von dem gewonnenen Geld nicht ohne die Zustimmung des gesetzlichen Vertreters einen Computer kaufen.

Der gesetzliche Vertreter (im Regelfall die Eltern) muss grundsätzlich in irgendeiner Weise involviert sein, sei es dadurch, dass er die Mittel überlässt oder sei es durch Zustimmung zur Überlassung der Mittel durch einen Dritten. Ohne die Überlassung oder die sich auf sie beziehende Zustimmung des gesetzlichen Vertreters ist § 110 also nicht anwendbar. Die Vorschrift erfüllt damit auch eine gewisse Erziehungsfunktion.[29]

> **Fall 1: Taschengeld**
>
> Karl Kopfball ist alleinerziehender Vater zweier Töchter: Mia ist 16 und Luisa 14 Jahre alt. Den Empfehlungen der Jugendämter folgend gibt Karl Mia pro Monat 45 Euro Taschengeld. Luisa erhält 30 Euro pro Monat. Eine besondere Verwendung schreibt Karl seinen Kindern nicht vor. Er möchte lediglich, dass seine Töchter ein Gefühl für Geld bekommen und auch mal über einen längeren Zeitraum auf eine größere Anschaffung sparen können.
>
> a) Eines Tages geht Mia zu einem Tätowierer und möchte sich von ihm ein Tattoo für 200 Euro stechen lassen. Das Geld hat sich sich vom Taschengeld zusammengespart. Kann der Tätowierer davon ausgehen, dass der im Raum stehende Werkvertrag über das gewünschte Tattoo ohne Zustimmung Karls wirksam ist?
>
> b) Luisa hat bereits 200 Euro zusammengespart und möchte sich gerne eine Spielkonsole kaufen. Bei einem Eis mit ihrer Oma erzählt Luisa von ihrem Wunsch und die Oma gibt ihr die noch fehlenden 100 Euro zum Kauf der

---

[27] RGZ 74, 235; AG Freiburg NJW-RR 1999, 637; MüKo-BGB/*Spickhoff*, § 110, Rn. 29.
[28] MüKo-BGB/*Spickhoff*, § 110, Rn. 29.
[29] MüKo-BGB/*Spickhoff*, § 110, Rn. 27.

Konsole. Ist der abzuschließende Konsolenkaufvertrag ohne Zustimmung Karls wirksam?

2. Die Willenserklärung

64 Unter einer Willenserklärung versteht man die Kundgabe eines rechtlich bedeutsamen Willens. Wichtig ist, dass der Begriff der Willenserklärung weniger weitreichend ist als der des Rechtsgeschäfts. Ein Rechtsgeschäft setzt immer zumindest eine Willenserklärung voraus. Nicht jede Willenserklärung ist jedoch gleichzeitig ein Rechtsgeschäft. Dies hängt mit dem rechtlichen Erfolg zusammen, der zwar teilweise lediglich vom Willen eines Einzelnen abhängen kann, teilweise jedoch auch die Willenserklärung einer zweiten Person erfordert. Ist dies der Fall, so ist die Willenserklärung ein zwar wichtiges, jedoch nicht das einzige Element des Rechtsgeschäfts.

a) Tatbestand der Willenserklärung

65 Eine Willenserklärung setzt sich aus dem äußeren (objektiven) und dem inneren (subjektiven) Tatbestand zusammen. Bereits der Begriff Willenserklärung macht deutlich, dass es sich um eine nach außen gerichtete Erklärung des inneren Willens handelt und somit zwei Seiten zu unterscheiden sind.

aa) Äußerer Tatbestand

66 Der äußere Tatbestand einer Willenserklärung besteht in einem Verhalten, das sich aus der Sicht eines objektiven Betrachters als auf die Äußerung eines auf die Herbeiführung einer bestimmten Rechtsfolge gerichteten Willens darstellt.[30] Man spricht vom Erklärungstatbestand, den der Erklärende durch seine Erklärung schafft. Er äußert damit einerseits einen *Handlungswillen* und andererseits einen *Rechtsbindungswillen*. Für den objektiven Betrachter ist erkennbar, dass der Erklärende (freiwillig) handeln will. Dies muss nicht zwangsläufig durch eine ausdrückliche Willensbekundung geschehen; schlüssiges Verhalten genügt (konkludente Willenserklärung).

> Wenn der Patient das Behandlungszimmer des Zahnarztes betritt und sich auf den Behandlungsstuhl setzt, dann äußert er damit konkludent, sich vom Arzt behandeln lassen zu wollen.

67 Nicht ausreichend ist hingegen bloßes Schweigen, da es im Normalfall am Erklärungswert fehlt. Schweigen ist daher weder als Zustimmung noch als Ablehnung zu betrachten – es handelt sich um ein rechtliches Nullum. Nur in Ausnahmefällen kommt dem Schweigen

---

[30] *Musielak/Hau*, Rn. 51.

eine Bedeutung zu. Dies ist etwa dann der Fall, wenn jemand die Ausschlagungsfrist einer Erbschaft verstreichen lässt. Das Schweigen kommt hier einer Annahme gleich.

Zwingende Voraussetzung einer Willenserklärung ist der Rechtsbindungswille, dessen Vorliegen sich nach dem objektiven Empfängerhorizont beurteilt. Die Willensäußerung muss darauf abzielen, eine Rechtsfolge zu setzen. Der Rechtsbindungswille fehlt, wenn es sich um eine bloße Gefälligkeit handelt oder jemand einen Ratschlag erteilt. **68**

> Am Rechtsbindungswillen fehlt es auch im Fall der sogenannten *invitatio ad offerendum* (Einladung zur Abgabe eines Angebots), die vorliegt, wenn jemand etwas verkaufen will, sich aber vorbehält, den Vertragspartner auszuwählen. In diesem Fall genügt die Erklärung, den angegebenen Preis zahlen zu wollen nicht; es bedarf überdies noch der Annahme durch den Verkäufer. Detaillierter dazu später, wenn es um das Zustandekommen von Verträgen geht.

bb) Innerer Tatbestand

Der innere Tatbestand der Willenserklärung spiegelt das Willensbild des Erklärenden wider. Er besteht aus dem *Handlungsbewusstsein*, dem *Erklärungsbewusstsein* und dem *Geschäftswillen*. **69**

Wie der Rechtsbindungswille so ist auch das Handlungsbewusstsein *konstitutiv* (wesentliche Bedingung) für das Vorliegen einer Willenserklärung. Jemand, der schläft oder sich anderweitig im Zustand vollkommener Bewusstlosigkeit befindet, kann kein Handlungsbewusstsein haben. Ebenso fehlt es am Handlungsbewusstsein, wenn die Willenserklärung unter Zwang abgegeben wird (etwa, wenn die Hand bei der Unterschrift gewaltsam durch einen Dritten geführt wird). **70**

Anders verhält es sich beim Erklärungsbewusstsein, das – zumindest nach herrschender Auffassung – keine wesentliche Bedingung für das Vorliegen einer Willenserklärung ist, sofern ein objektiver Betrachter der Äußerung des Erklärenden rechtsgeschäftlichen Charakter beimessen darf. Winkt jemand bei einer Versteigerung einem Freund zu, so ist dies als Willenserklärung zur Abgabe eines Gebotes zu verstehen, obwohl der Winkende kein diesbezügliches Erklärungsbewusstsein hatte.[31] **71**

Der Geschäftswille bezeichnet den Willen, ein ganz bestimmtes Geschäft abzuschließen. Fehlt er, so schadet dies der Wirksamkeit der Willenserklärung nicht. Diese Konsequenz lässt sich mit der Systematik des BGB begründen: Derjenige, der bei Abgabe einer Willenserklärung über deren Inhalt im Irrtum war oder eine Erklärung dieses Inhalts gar nicht abgeben wollte, kann die Erklärung nach § 119 I anfechten. Dazu bedarf es allerdings einer wirksamen Willenserklärung, sodass ein Irrtum über den Erklärungsinhalt der **72**

---

[31] Vgl. BGH NJW 1984, 2279.

b) Wirksamwerden von Willenserklärungen

73 Man unterscheidet zwei Arten von Willenserklärungen: empfangsbedürftige und nicht empfangsbedürftige Willenserklärungen. Während nicht empfangsbedürftige Willenserklärungen mit der Abgabe wirksam werden, bedarf es für empfangsbedürftige Willenserklärungen zusätzlich des Zugangs beim Empfänger. Das Testament ist eine nicht empfangsbedürftige Willenserklärung; es wird wirksam, sobald es (formgerecht) formuliert ist. Dies ist auch sinnvoll, da der Erblasser ein schutzwürdiges Interesse daran hat, den Inhalt seines Testaments zu Lebzeiten geheim zu halten. Es wäre dementsprechend kontraproduktiv, wenn es zur Wirksamkeit des Testaments eines Zugangs beim Erben bedürfte. Eine Kündigung hingegen soll einen anderen über die Beendigung eines Dauerschuldverhältnisses informieren. Sie muss folglich nicht nur abgegeben werden, sondern auch beim Empfänger zugehen. Es handelt sich um eine empfangsbedürftige Willenserklärung.

aa) Die Abgabe von Willenserklärungen

74 Da nicht empfangsbedürftige Willenserklärungen nicht auf den Zugang bei einem Erklärungsempfänger gerichtet sind, ist die Abgabe unproblematisch dann gegeben, wenn der Erklärende die Willenserklärung formuliert hat (mündlich oder schriftlich).

75 Etwas komplizierter wird es bei den empfangsbedürftigen Willenserklärungen: Hier liegt eine Abgabe erst dann vor, wenn die Erklärung vom Erklärenden willentlich so in den Verkehr gebracht wird, dass ohne sein weiteres Zutun der Zugang der Erklärung eintreten kann.[32] Eine mündliche Erklärung ist dann abgegeben, wenn der Erklärende sie ausgesprochen hat. Schriftliche Erklärungen hingegen sind nicht schon mit der Niederschrift, sondern erst dann abgegeben, wenn der Erklärende alles Erforderliche getan hat, damit das Schriftstück an den Empfänger gelangt. Elektronische Willenserklärungen sind abgegeben, sobald die Eingabe des Sendebefehls erfolgt ist. Mit der Abgabe wird die Willenserklärung rechtlich existent.

> **Fall 2: Die fleißige Reinigungsfachkraft**
>
> Karl Kopfball ist nebenberuflich ehrenamtlicher Trainer der A-Jugend der BSG Aluminium Zwerga. Für die neue Saison möchte er einen neuen Trikotsatz kaufen und sucht dazu in den einschlägigen Katalogen nach günstigen Angeboten. Im Katalog der Voetbal Total GmbH wird er fündig und füllt – ganz

---

[32] BGH NJW 1979, 2032 (2033).

Allgemeiner Teil

> traditionell – das beigelegte Bestellformular aus. Wegen der klammen Finanzen des Vereins möchte er jedoch am nächsten Tag noch die Zustimmung des Schatzmeisters einholen und lässt daher den adressierten und frankierten Briefumschlag mit dem Bestellformular auf seinem Schreibtisch liegen.
>
> Als Karl Kopfball am nächsten Morgen sein Büro betritt, ist der Umschlag verschwunden. Die Reinigungsfachkraft hatte ihn auf dem Schreibtisch gesehen und in der Annahme, er sollte zur Post gebracht werden, in den Briefkasten eingeworfen.
>
> Hat Karl Kopfball eine Willenserklärung abgegeben?

bb) Der Zugang von Willenserklärungen

Den Zugang von Willenserklärungen regelt § 130. Nach § 130 I 1 ist eine Willenserklärung zugegangen, wenn sie derart in den Machtbereich des Empfängers gelangt, dass bei Annahme gewöhnlicher Verhältnisse damit zu rechnen ist, dass er von ihr Kenntnis erlangen kann. Vereinfacht ausgedrückt bedeutet das nichts anderes, als dass ein Brief dann zugeht, wenn er zu einer normalen Tageszeit (also nicht während der Nacht) in den Hausbriefkasten eingeworfen wird. Zwar regelt § 130 nur den Fall des Zugangs gegenüber Abwesenden. Sinngemäß kann das Gesagte aber auch für Erklärungen gelten, die gegenüber Anwesenden gemacht werden. Ein Brief geht also ebenfalls zu, wenn er dem Adressaten ausgehändigt wird. Wann dieser den Brief dann liest, ist für den Zugang nicht relevant. Es kommt allein auf die Möglichkeit der Kenntnisnahme an. 76

c) Willensmängel

Wie Sie bereits gelernt haben, basiert das BGB auf dem Gedanken der Privatautonomie. Den Parteien obliegt es, die für sie richtige Regelung eines Rechtsverhältnisses zu wählen. Zwar stellt das BGB einen rechtlichen Rahmen für diesen Findungsprozess zur Verfügung. Inhaltliche Maßstäbe für eine Vertragsgerechtigkeit gibt es aber – abgesehen vom gesetzlichen Verbot (§ 134) und der Sittenwidrigkeit (§ 138) – nicht vor.[33] Dennoch kann der Findungsprozess gestört werden, z.B. durch Irrtum, Missverständnis, Täuschung oder Drohung. Diesem Umstand trägt das BGB in den §§ 116-124 Rechnung. 77

Handelt es sich um Fälle eines mangelnden Geschäftswillens (Irrtumsfälle) oder einer mangelnden Entschließungsfreiheit (Täuschung oder Drohung) so regeln die §§ 119-124 diese Konstellationen. Eine derart abgegebene Willenserklärung ist anfechtbar. Welche Voraussetzungen vorliegen müssen und welche Rechtsfolge die Anfechtung nach sich zieht, erfahren Sie weiter unten. 78

---

[33] MüKo-BGB/*Armbrüster*, Vor § 116, Rn. 20.

79 Den mangelnden Rechtsbindungswillen regeln die §§ 116-118. Fehlerfrei kann eine Willenserklärung nur dann sein, wenn der Erklärende Willen und Bewusstsein hat, dass sein Verhalten rechtsgeschäftlich verbindliche Geltung entfaltet. Daran fehlt es bei einem Scheingeschäft (§ 117) und einer Scherzerklärung (§ 118). Entsprechend sind derartige Willenserklärungen nichtig. Eine Willenserklärung hingegen, die unter geheimem Vorbehalt abgegeben wird, ist nach § 116 ohne Weiteres verbindlich. Dies folgt bereits aus dem Gebot der Erklärungstreue: Der Erklärende muss sich an seiner Erklärung festhalten lassen, wenn er einem Dritten gegenüber den Eindruck erweckt, es ernst zu meinen.

d) Auslegung von Willenserklärungen

80 Manchmal kann es vorkommen, dass eine Willenserklärung nicht eindeutig ist. In diesem Fall muss durch Auslegung ermittelt werden, was der Erklärende erklären wollte, § 133. Dabei ist nach dem wirklichen Willen des Erklärenden zu forschen; der von ihm gewählte Ausdruck ist nachrangig. Es gilt der lateinische Grundsatz *falsa demonstratio non nocet*, zu Deutsch: Die falsche Bezeichnung schadet nicht. Der Gesetzgeber möchte auf diese Weise dem Rechtsgeschäft zum Erfolg verhelfen und nicht unnötige Ausdruckshindernisse in den Weg stellen, wenn beide Parteien sich inhaltlich einig sind.

Fall 3: Verflixtes Norwegisch

Karl Kopfballs Freund, der Fischhändler Fritz Frisch, kauft beim Großhändler Gunter Groß 214 Fass „Haakjöringsköd" zu 4,30 € das Kilogramm. Die Ware befindet sich auf dem Schiff *Jessica*, das den Zielhafen Hamburg ansteuert. Sowohl Frisch als auch Groß gehen übereinstimmend davon aus, dass es sich um Walfleisch handelt und dieses mit „Haakjöringsköd" korrekt bezeichnet ist. Tatsächlich bedeutet der norwegische Begriff „Haakjöringsköd" (eigentlich: *håkjerringkjøtt*) jedoch Haifischfleisch.

Im Hamburger Hafen wird die Ware nach der Übergabe an Frisch, bei der dieser feststellt, dass es sich tatsächlich um Haifischfleisch handelt, beschlagnahmt, da die Einfuhr von Haifischfleisch verboten ist. Frisch macht nun kaufrechtliche Mängelgewährleistungsrechte gegen Groß geltend und verlangt die Lieferung von 214 Fässern Walfleisch. Groß wiederum beruft sich darauf, vertragsgerecht „Haakjöringsköd" geliefert zu haben.

Hat Frisch einen Anspruch auf Nachlieferung nach §§ 439 I Alt. 2, 433, 434 I, 437 Nr. 1?

e) Form

Im BGB gilt der Grundsatz der Formfreiheit. Entsprechend ist es im Regelfall gleichgültig, ob die Willenserklärung mündlich, schriftlich, in Textform (E-Mail, Fax, SMS), ausdrücklich oder konkludent abgegeben wird.

> Es ist beispielsweise nicht erforderlich, einen unbefristeten Wohnungsmietvertrag schriftlich abzuschließen. Dass man dies in der Praxis dennoch tut, hat praktische Gründe: Es ist für beide Parteien einfacher, sich auf ein Schriftstück zu berufen, um bestimmte Vereinbarungen zu erinnern. Im Falle eines Konflikts zwischen Vermieter und Mieter hat man also „etwas in der Hand".

Für bestimmte Fälle schreibt das BGB jedoch eine gewisse Form vor. So bedarf ein Kaufvertrag über ein Grundstück nach § 311b I 1 der Beurkundung durch einen Notar, ein Testament muss zur Niederschrift eines Notars errichtet oder eigenhändig geschrieben und unterschrieben werden. In jedem dieser Fälle erfüllt der Formzwang einen ganz bestimmten Zweck. Einerseits soll die vorgeschriebene Form gewährleisten, dass der Inhalt des Rechtsgeschäfts genau dokumentiert und damit beweisbar ist. Der Formzwang erfüllt in diesem Fall eine *Beweisfunktion*. Andererseits kann er auch dazu dienen, die Parteien auf die rechtliche Bedeutung ihres Handelns hinzuweisen und damit eine *Warnfunktion* erfüllen. Ist die Beurkundung durch einen Notar vorgeschrieben, so werden die Erklärenden durch einen juristischen Fachmann beraten und rechtlich belehrt (*Beratungsfunktion*). Überdies kann der Formzwang auch eine *Kontrollfunktion* ausüben, wenn zum Schutz übergeordneter öffentlicher Interessen eine bestimmte Form vorgeschrieben ist, um die Überprüfung zu erleichtern.

Die Formvorschriften finden Sie im BGB in den §§ 126 ff. Ist vom Gesetz keine bestimmte Form vorgeschrieben, so können die Parteien nichtsdestotrotz eine bestimmte Form vereinbaren (*gewillkürte Form*).

Rechtsfolge eines Formverstoßes ist die Nichtigkeit des Rechtsgeschäfts, § 125 S. 1. Teilweise können Formverstöße jedoch auch durch Erfüllung des an sich formnichtigen Geschäfts geheilt werden. So kann der Formmangel einer an sich der Schriftform bedürfenden Bürgschaftserklärung nach § 766 S. 3 dadurch geheilt werden, dass der Bürge die Hauptverbindlichkeit erfüllt.

> **Fall 4: Kostenoptimierung**
>
> Karl Kopfball möchte ein Grundstück von seinem Schwager Siegbert kaufen. Das Grundstück hat einen objektiven Wert von 200.000 €. Beide wissen, dass sie den Grundstückskaufvertrag notariell beurkunden müssen, damit die Form des

> § 311b I 1 gewahrt ist. Um Steuern und Notarkosten zu sparen, vereinbaren sie, vor dem Notar einen Kaufpreis von 100.000 € anzugeben. Tatsächlich sind sie sich jedoch darüber einig, dass der Kaufpreis 200.000 € beträgt. Der Notar beurkundet den Grundstückskaufvertrag über 100.000 €.
>
> a) Kann Karl Kopfball von Siegbert die Übergabe und Übereignung des Grundstücks nach § 433 I 1 verlangen?
>
> b) Kurze Zeit nach der Beurkundung übergibt und übereignet Siegbert das Grundstück an Karl Kopfball. Dieser wird auch als neuer Eigentümer in das Grundbuch eingetragen. Kann Siegbert nun die Zahlung des Kaufpreises in Höhe von 200.000 € nach § 433 II von Karl Kopfball verlangen?

3. Die Anfechtung

84 Im Verhältnis zu einer anderen Person können durch einseitige Erklärung nur dann Rechtsfolgen ausgelöst werden, wenn ein vereinbarter oder gesetzlicher Grund vorliegt. Mit der Abgabe der Erklärung tätigt die Person ein *einseitiges Rechtsgeschäft*. Einseitige Rechtsgeschäfte kommen im gesamten BGB vor. Im Schuldrecht gibt es z.B. die Gestaltungsrechte des Rücktritts, der Kündigung und des Widerrufs, im Sachenrecht kann der Eigentümer sein Eigentum an einer beweglichen Sache durch Besitzaufgabe und Verzichtserklärung aufgeben und im Erbrecht kann der Erblasser durch einseitige Erklärung ein Testament errichten.

85 Das Ihnen wohl geläufigste einseitige Rechtsgeschäft des Allgemeinen Teils ist die Anfechtung, die in den §§ 119 ff. geregelt ist. Bei Vorliegen eines Anfechtungsgrundes bewirkt die fristgerechte Ausübung der Anfechtung die Nichtigkeit der Willenserklärung, § 142.

> Sie merken an dieser Stelle erneut die Gliederung nach Tatbeständen: Nur bei Vorliegen eines Anfechtungsgrundes und wenn der Anfechtende fristgerecht von seinem Recht Gebrauch macht, bewirkt dies als Rechtsfolge die Nichtigkeit der Willenserklärung.

86 Als Anfechtungsgründe kommen in Betracht:

- Inhaltsirrtum, § 119 I Var. 1 (*so etwas* wollte ich nicht erklären)
- Erklärungsirrtum, § 119 I Var. 2 (ich wollte *etwas anderes* erklären)
- Eigenschaftsirrtum, § 119 II (ich wollte das erklären, aber *nicht über eine so beschaffene Sache*)
- Übermittlungsirrtum, § 120 (*dir* wollte ich nichts erklären)
- Arglistige Täuschung und widerrechtliche Drohung, § 123

Allgemeiner Teil

Kein Anfechtungsgrund ist der sogenannte Motivirrtum, der Irrtum im Beweggrund. Beurteilt jemand die Fakten falsch, die für die Bildung eines zu erklärenden Willens maßgebend sind, so berechtigt dies nicht zur Anfechtung.

87

> Wenn A zum Abendessen bei Freunden eingeladen wird und deshalb eine Schachtel Pralinen als Gastgeschenk kauft, dann ist er nicht anfechtungsberechtigt, wenn sich später herausstellt, dass das Abendessen abgesagt werden muss.

Die Anfechtung ist innerhalb einer gewissen Frist zu erklären. Für die ersten vier oben genannten Anfechtungsgründe hat dies unverzüglich zu erfolgen, nachdem der Anfechtungsberechtigte vom Anfechtungsgrund Kenntnis erlangt hat, § 121 I. Gemeint ist damit, dass ohne ein schuldhaftes Zögern die Anfechtung erklärt werden muss, sobald der Umstand, der zur Anfechtung berechtigt, bekannt ist. Unverzüglich ist dabei nicht mit dem Begriff „sofort" gleichzusetzen. Der Gesetzgeber lässt mit der Verwendung dieses unbestimmten Rechtsbegriffs bewusst einen Spielraum für die Bewertung des Einzelfalls. Der Anfechtende soll Gelegenheit erhalten, eine gewisse Überlegungszeit in Anspruch zu nehmen und ggf. Rechtsrat einzuholen. Sofern keine besonderen Umstände vorliegen, gehen die Gerichte von einer Obergrenze von etwa zwei Wochen aus.[34] Um das Anfechtungsrecht zeitlich nicht ausarten zu lassen und an einem bestimmten Zeitpunkt Rechtssicherheit zu schaffen, setzt § 121 II für die Anfechtungserklärung eine Maximalfrist von 10 Jahren seit Abgabe der Willenserklärung. Begründet sich die Anfechtung mit einer Täuschung oder einer widerrechtlichen Drohung, so schreibt § 124 eine Frist von einem Jahr ab Entdeckung der Täuschung bzw. Beendigung der Zwangslage. Wieder ist die Anfechtung nur innerhalb von 10 Jahren seit Abgabe der Willenserklärung möglich.

88

Rechtsfolge einer wirksamen Anfechtung ist die Nichtigkeit der Willenserklärung und zwar von Beginn an *(ex tunc)*, § 142 I. Der Anfechtung kommt damit Rückwirkung zu.[35] Sie beseitigt indes nicht die Existenz der Willenserklärung, sondern vielmehr deren rechtlichen Gehalt: Die Willenserklärung hat keine rechtliche Wirkung mehr.[36] Bei mehrseitigen Rechtsgeschäften führt die Anfechtung einer für den Vertragsschluss notwendigen Willenserklärung mittelbar zur Vernichtung des Vertrages selbst.

89

> Beachten Sie bitte gerade bei Anfechtungen das Abstraktionsprinzip: Die Anfechtung einer zum Verpflichtungsgeschäft (z.B. Kaufvertrag) gehörenden Willenserklärung lässt die Wirksamkeit des aufgrund des Verpflichtungsgeschäfts vorgenommenen Verfügungsgeschäfts (z.B. Übereignung des

---

[34] OLG Oldenburg, NJW 2004, 168 (169); LG Hamburg, NJW-RR 2004, 1568 (1569).
[35] BGH NJW-RR 1987, 1456.
[36] MüKo-BGB/*Busche*, § 142, Rn. 15.

Kaufgegenstandes) grundsätzlich unberührt! Etwas anderes gilt nur dann, wenn für beide Willenserklärungen derselbe Anfechtungsgrund kausal geworden ist.

90 Einen Ausgleich für die den Irrenden bevorzugenden §§ 118 ff. bildet die Schadensersatzpflicht des Anfechtenden aus § 122 I. Sie gewährleistet, dass der Adressat der Anfechtung angesichts der Nichtigkeit zwar die aus dem Rechtsgeschäft erhofften Vorteile verliert, dafür aber zumindest auch keine Nachteile erleiden muss.[37] Unabhängig vom Verschulden des Irrenden gewährt § 122 I Schadensersatz für den Fall einer nach § 118 nichtigen oder auf Grund der §§ 119, 120 angefochtenen Willenserklärung. Ersetzt wird derjenige Schaden, den der andere oder ein Dritter dadurch erleidet, dass er auf die Gültigkeit der Erklärung vertraut. Er ist daher so zu stellen, als hätte er von Anfang an die Nichtigkeit gekannt. Man bezeichnet diesen Schaden als *Vertrauensschaden*.

> 💡 An dieser Stelle bietet sich ein Exkurs zu den Schadensarten an. Das BGB unterscheidet grundsätzlich zwischen dem sog. *Erfüllungsschaden* und dem *Vertrauensschaden*.
>
> Der Erfüllungsschaden bezeichnet den Schaden, der dadurch entsteht, dass der Vertrag nicht erfüllt wird. Der Geschädigte soll so gestellt werden, als sei ordnungsgemäß erfüllt worden. Häufig werden Sie in diesem Zusammenhang auch vom sog. *positiven Interesse* oder dem *Erfüllungsinteresse* lesen.
>
> Der Vertrauensschaden indes meint den Schaden, der dadurch entsteht, dass auf die Gültigkeit einer Erklärung vertraut wurde. Der Geschädigte soll so gestellt werden, als habe er nie etwas von dem Vertrag gehört. Im Gegensatz zum positiven Interesse (an der Erfüllung) spricht man hier auch vom sog. *negativen Interesse* oder dem *Vertrauensinteresse*.

Begrenzt wird die Schadensersatzpflicht des § 122 I auf das positive Interesse (§ 122 I aE). Es bildet das Maximum dessen, was der Geschädigte vom Anfechtenden verlangen kann, selbst wenn das negative Interesse diesen Betrag übersteigt.[38]

> 💡 Stellen Sie sich vor, A verkauft ein Bild zu einem Preis von 800 € an B. Nach Vertragsschluss schlägt er ein Angebot des C über 1.000 € für das Bild aus. Anschließend ficht B seine Erklärung wegen Irrtums an und C ist nicht mehr an einem Kauf interessiert. In diesem Fall bildet die Summe, die der Verkäufer am ursprünglichen Vertragsschluss verdient hätte (800 €) das positive Interesse und damit die Obergrenze für einen Schadensersatzanspruch aus § 122 I.

---

[37] BeckOGK-BGB/*Rehberg*, § 122, Rn. 2.
[38] BeckOGK-BGB/*Rehberg*, § 122, Rn. 12.

4. Der Vertrag

Verträge sind mehrseitige Rechtsgeschäfte, es gibt also mindestens zwei beteiligte Personen, die man Vertragsparteien nennt. Durch den Vertrag wird ein rechtlicher Erfolg von den Parteien bezweckt. Da der Erfolg vom gemeinsamen Willen beider Parteien abhängt, muss ihr Willen zwangsläufig übereinstimmen. Die von den Vertragsparteien abgegebenen Willenserklärungen müssen also korrespondieren.

a) Vertragsfreiheit

Als Ausprägung der Privatautonomie beherrscht der Grundsatz der Vertragsfreiheit das BGB. Zum einen hat jeder die Freiheit, zu bestimmen, ob und mit wem er Verträge schließt (*Abschlussfreiheit*) und zum anderen das Recht, den Inhalt eines Vertrages frei zu gestalten (*Gestaltungsfreiheit*).

Zwar sind im BGB bestimmte Vertragstypen ausgestaltet. Dies bedeutet aber nicht, dass es sich hier um eine Einschränkung der Vertragsfreiheit handelt. Von den meisten Vorschriften kann abgewichen werden (*dispositives Recht*); nur in Ausnahmefällen sind die Rechtsvorschriften verbindlich (*zwingendes Recht*). Im Bereich des Schuldrechts sind z.B. Kauf-, Miet- oder Darlehensvertrag ausgestaltet, während es keinerlei Regelungen zum Franchise gibt. Auch das aus dem Alltag mittlerweile nicht mehr wegzudenkende Leasing ist im BGB nicht näher geregelt. Sehr häufig werden Sie im Gesellschafts- und im Sachenrecht auf zwingendes Recht stoßen, weil dort das Prinzip des Typenzwangs gilt (näher dazu unten im Kapitel zum Sachenrecht).

Wie so oft kommt der Grundsatz nicht ohne Ausnahmen aus. So wird die Abschlussfreiheit durch den Abschlusszwang (auch Kontrahierungszwang genannt) und die Abschlussverbote eingeschränkt, die Gestaltungsfreiheit wiederum durch zwingendes Recht und gesetzliche Verbote. Hintergrund dieser Einschränkungen ist zum einen das höhere Interesse des Gemeinwohls, das sich z.B. aus den Prinzipien des Sozialstaats ergibt und zum anderen der Schutz vor Missbrauch. Die Freiheit, Verträge beliebig zu gestalten, verleitet vielfach auch dazu, missbräuchliche Regelungen zu treffen, was natürlich nicht gewünscht ist.

Der Kontrahierungszwang kommt meist in Rechtsverhältnissen mit Allgemeinbezug zum Tragen. Die städtischen Verkehrsbetriebe sind beispielsweise gezwungen, jeden nach den Bedingungen des Tarifs zu befördern, genauso wie der Mieter gezwungen ist, einen Stromversorgungsvertrag abzuschließen.

96 Abschlussverbote ergeben sich häufig im Zusammenhang mit Schutzwürdigen, wie z.B. Jugendlichen, die keinen gefährlichen oder gesundheitsschädlichen Arbeiten nachgehen dürfen (§§ 22 ff. Jugendarbeitsschutzgesetz).

97 Um dem Missbrauch der Gestaltungsfreiheit vorzubeugen, geht diese nur soweit, wie keine gesetzlichen Verbote oder die guten Sitten entgegenstehen (vgl. §§ 134, 138). Auch zwingendes Recht kann der Gestaltungsfreiheit entgegenstehen. Dies ist z.B. im Mietrecht der Fall, wenn nicht zum Nachteil des Mieters von den gesetzlichen Vorschriften abgewichen werden darf.

b) Angebot und Annahme

98 In den meisten Fällen kommt ein Vertrag durch Angebot und Annahme zustande. Möglich ist aber auch eine gemeinsame Erklärung der Vertragsparteien oder sonstiges, schlüssiges Verhalten.

99 Das Angebot, auch Antrag oder Offerte genannt, ist eine empfangsbedürftige Willenserklärung, die auf den Abschluss eines Vertrages gerichtet ist. Die Erklärung muss inhaltlich derartig bestimmt sein, dass der Empfänger durch ein schlichtes „Ja" das Angebot annehmen kann. Sie muss alle vertragswesentlichen Punkte beinhalten (sog. *essentialia negotii*), also beispielsweise die Vertragsparteien oder den Vertragsgegenstand. Eine Ausnahme von diesem Grundsatz ist das Angebot an die Allgemeinheit (ad incertas personas): Hier kommt es dem Antragenden nicht darauf an, wer sein Vertragspartner wird. Ein Beispiel für ein solches Angebot an die Allgemeinheit sind Warenautomaten: Jeder, der innerhalb einer gewissen Frist den verlangten Geldbetrag einwirft, wird Vertragspartner. Der Antragende ist nach § 145 grundsätzlich an sein Angebot gebunden, sodass der Vertragsschluss nur noch von der Annahme abhängt. Ausnahmen dazu sind die sogenannten Freizeichnungsklauseln („freibleibend", „ohne Obligo", „solange der Vorrat reicht"), bei denen der Antragende die Bindungswirkung ausdrücklich ausschließt (kein Rechtsbindungswille).

100 Stellt jemand im Schaufenster eine Ware aus, so liegt kein Angebot vor, selbst wenn die Ware mit einem Preis versehen ist. In diesem Fall handelt es sich lediglich um die Ihnen bereits bekannte Einladung zur Abgabe eines Angebots (invitatio ad offerendum). Eine solche ist auch die Übersendung von Katalogen oder speziellen Angeboten per E-Mail. In all diesen Fällen würde sich der Verkäufer mit einem Angebot, das ein anderer nur noch anzunehmen bräuchte, in die erhebliche Gefahr begeben, größere vertragliche Pflichten einzugehen, als er zu erfüllen in der Lage ist. Zudem möchte sich der Verkäufer im Zweifelsfall zunächst von der Bonität seines Vertragspartners überzeugen, bevor er einen Vertrag abschließt.

> Im Falle des Ausstellens von Ware im Schaufenster kommt das Angebot also vom Käufer, was zunächst seltsam anmutet. Indem der Käufer die Ware zur Kasse bringt, macht er dem Verkäufer das Angebot, die Ware zu den ausgezeichneten Konditionen (Preisschild) kaufen zu wollen. Der Verkäufer nimmt dieses Angebot konkludent durch Entgegennahme des Geldes an.

Wie das Angebot ist auch die Annahme eine empfangsbedürftige Willenserklärung. Sie beinhaltet die uneingeschränkte Zustimmung zum Angebot. Als Teil der Vertragsfreiheit gilt bei der Annahme das Prinzip der Abschlussfreiheit: Der (potenziell) Annehmende ist frei in seiner Entscheidung, ob er das Angebot annehmen möchte oder nicht. **101**

c) Vertragsarten

Wenn Sie an den Begriff Vertrag denken, so fallen Ihnen wahrscheinlich als erstes schuldrechtliche Verträge, wie der Kauf- oder der Mietvertrag ein. Es gibt aber weitaus mehr Vertragsarten im BGB und man kann in jedem Buch des BGB Verträge finden. **102**

Die im Sachenrecht vorkommenden dinglichen Verträge betreffen die Änderung oder Begründung dinglicher Rechte (Rechte an Sachen). Die Übertragung von Eigentum an einer beweglichen Sache nach § 929 S. 1 ist einer dieser dinglichen Verträge. **103**

Im Familienrecht begegnet Ihnen das Verlöbnis oder der Ehevertrag und als erbrechtlichen Vertrag könnten Sie den Erbverzicht nach § 2346 anführen. **104**

5. Die Stellvertretung

Grundsätzlich tritt die mit der Willenserklärung gewollte Rechtsfolge bei demjenigen ein, der die Willenserklärung abgegeben hat. Bringt der Erklärende jedoch zum Ausdruck, dass er die Willenserklärung für einen anderen abgibt, dann tritt die Rechtsfolge nicht bei ihm, sondern bei der Person ein, für die der Erklärende handelt. Juristische Personen z.B. müssen sich zwangsläufig durch ihren Vorstand (Verein, AG) oder den Geschäftsführer (GmbH) vertreten lassen. Diese Ihnen sicherlich bekannte Situation nennt man Stellvertretung. Man unterscheidet zwischen der gewillkürten (rechtsgeschäftliche Vollmacht), der gesetzlichen (z.B. im Familienrecht, wenn die Eltern für ihr Kind handeln) und der organschaftlichen Stellvertretung (juristische Personen). Geregelt ist die Stellvertretung im BGB in den §§ 164 ff. Sie setzt voraus, dass die Stellvertretung *zulässig* ist, der Vertreter eine *eigene Willenserklärung* abgibt, dies *im fremden Namen* tut und mit *Vertretungsmacht* handelt. **105**

a) Zulässigkeit

Die Stellvertretung ist bei all jenen Rechtsgeschäften zulässig, die nicht höchstpersönlich vorzunehmen sind. Höchstpersönliche Rechtsgeschäfte finden sich vor allem im Familien- und Erbrecht. Es wäre z.B. höchst seltsam, würde es das Gesetz erlauben, sich bei der **106**

Eheschließung vertreten zu lassen. Ebenso kann ein Testament nur vom Erblasser errichtet werden.

b) Eigene Willenserklärung

107 Der Vertreter muss eine eigene Willenserklärung abgeben. Dies unterscheidet den Stellvertreter vom Boten, der lediglich eine fremde Willenserklärung übermittelt.

> **Exkurs:** Vertreter – Bote
>
> Am einfachsten zu merken ist der Unterschied zwischen Vertreter und Bote sicherlich, indem Sie sich vergegenwärtigen, was die Personen sagen:
>
> Vertreter: „Ich erkläre…"
>
> Bote: „Ich soll ausrichten, dass…".
>
> Die Unterscheidung zwischen Vertreter und Bote wird an mehreren Stellen relevant: Ist ein Rechtsgeschäft z.B. formbedürftig, so muss bei der Botenschaft die Willenserklärung des Geschäftsherrn der Form genügen. Bei der Stellvertretung hingegen muss die Willenserklärung des Stellvertreters formgerecht sein.
>
> Nach § 165 kann der Vertreter in seiner Geschäftsfähigkeit beschränkt sein. Der Bote hingegen darf sogar geschäftsunfähig sein.
>
> ▶ *Merksatz: Ist das Kindlein noch so klein, kann es doch schon Bote sein!*
>
> Auch beim Zugang der Willenserklärung gibt es Unterschiede: Während der Zugang der Willenserklärung beim Empfangsvertreter erfolgt, sobald der Vertreter die Möglichkeit der Kenntnisnahme hatte, ist bei einem Empfangsboten auf die Person des Empfängers abzustellen.

Eine eigene Willenserklärung gibt der Vertreter immer dann ab, wenn ihm ein Entscheidungsspielraum eingeräumt wird. Dieser kann sich auf die Auswahl des Vertragspartners, den Vertragsgegenstand oder Nebenabreden beziehen. Auch eine Handlung nach Weisungen muss indes nicht zwingend für eine Botenstellung sprechen. Dafür spricht bereits § 166 II, der von Weisungen des Vollmachtgebers spricht. Entscheidend ist, wie ein Dritter das Auftreten der Hilfsperson verstehen durfte.[39]

---

[39] BAG NJW 2008, 1243 (1244).

c) Im fremden Namen

Nach § 164 I 1 hat der Vertreter die Willenserklärung im Namen des Vertretenen abzugeben. Dies kann sowohl ausdrücklich dadurch geschehen, dass der Vertreter erklärt, für den Vertretenen handeln zu wollen, als auch konkludent, wenn sich aus den Umständen des Einzelfalles ein Handeln im Namen des Vertretenen ergibt. Ist das Handeln als Vertreter für einen objektiven Dritten nicht als solches zu erkennen, wird der Vertreter selbst verpflichtet. Die Voraussetzung, die Willenserklärung im fremden Namen abgeben zu müssen, resultiert aus dem *Offenkundigkeitsprinzip*. Es soll sicherstellen, dass dem Vertragspartner Aufschluss darüber gewährt wird, mit wem er gerade kontrahiert. Entsprechend dieser Schutzrichtung kann das Offenkundigkeitsprinzip dann durchbrochen werden, wenn es dem Geschäftspartner des Vertretenen egal ist, mit wem er in vertragliche Beziehungen eintritt.

> Die persönliche Assistentin Anna (A) des Vorstandsvorsitzenden Walter Volksmann (V) kauft im Feinkostladen Saus & Braus eine Flasche Champagner für V. Obwohl A an der Kasse nicht angibt, die Flasche für V kaufen zu wollen, handelt sie hier als Vertreterin. Dem Feinkostladen Saus & Braus ist es egal, mit wem er kontrahiert hat. Es handelt sich um ein *Geschäft für denjenigen, den es angeht*.

Zu unterscheiden ist das Handeln *in* fremdem Namen vom Handeln *unter* fremdem Namen. Handelt jemand unter fremdem Namen, so gibt er vor, eine andere Person zu sein, als er in Wirklichkeit ist. Will der Geschäftspartner mit demjenigen kontrahieren, der gerade handelt, dann treffen die Rechtsfolgen den unter falschem Namen Handelnden. Verbindet der Geschäftspartner jedoch erkennbar eine ganz spezielle Vorstellung mit der vorgegebenen Person, so sind die Vorschriften über die Stellvertretung analog anzuwenden.

> Walter Volksmann möchte mit seiner Assistentin Anna ungestört und vor allem ohne das Wissen seiner Ehefrau „den Abend genießen" und bucht daher im Hotel Adler ein Zimmer auf den Namen Ingo Inkognito. In diesem Fall ist es dem Hotel nur von Bedeutung, mit dem Handelnden zu kontrahieren – ob unter dessen richtigem oder einem erfundenen Namen ist irrelevant.
>
> Anders schaut es aus, wenn sich der Student Heinz an der Theaterhotline für den ortsbekannten Vorstandsvorsitzenden Walter Volksmann ausgibt, um noch an eine Karte für die Premierenaufführung zu gelangen. In diesem Fall ist es dem Theater wichtig, dass das Sonderkontingent an Karten auch tatsächlich für wichtige Persönlichkeiten verwendet wird, mit denen sich im Zweifelsfall Reklame machen lässt. Kommt man Heinz also auf die Schliche, kann das Theater die Herausgabe der Karte verweigern und sich darauf berufen, dass

keinerlei vertragliche Beziehungen mit Heinz existieren. Möchte das Theater hingegen die Karte tatsächlich verkaufen, kann es sich auch in analoger Anwendung auf § 179 (Haftung des Vertreters ohne Vertretungsmacht) berufen und von Heinz das Geld verlangen.

d) Vertretungsmacht

110 Die Befugnis, einen anderen wirksam zu vertreten, nennt man Vertretungsmacht. Sie kann entweder auf einer Rechtsvorschrift beruhen (gesetzliche Stellvertretung) oder auf einem Rechtsgeschäft (gewillkürte Stellvertretung). Die durch das einseitige Rechtsgeschäft der Bevollmächtigung erteilte Vertretungsmacht wird Vollmacht genannt (legaldefiniert in § 166 II 1). Je nach Umfang der Vollmacht unterscheidet man zwischen einer Generalvollmacht (alle Geschäfte), einer Gattungsvollmacht (Geschäfte einer bestimmten Gattung) oder einer Spezialvollmacht (bestimmte Geschäfte). Auch hinsichtlich der Menge der bevollmächtigten Personen kann unterschieden werden zwischen einer Einzelvollmacht (einer allein ist vertretungsbefugt) und einer Gesamtvollmacht (nur mehrere gemeinsam sind zur Vertretung befugt). Möglich ist es auch, sogenannte Untervollmachten zu erteilen. In diesem Fall ermächtigt der Vertreter einen Dritten dazu, den Vertretenen zu vertreten.

> Der Einkäufer eines Modehauses ist meist mit einer Gattungsvollmacht ausgestattet und darf für das Modehaus Verträge abschließen, die in den Bereich des Einkaufs fallen.
>
> In manchen Unternehmen sind die Geschäftsführer nur gemeinsam vertretungsbefugt (Gesamtvollmacht). Schließt ein Geschäftsführer einen Vertrag ab, so bedarf dieser der Zustimmung des anderen Geschäftsführers, um wirksam zu werden. Ebenso verhält es sich mit der gesetzlichen Vertretung des Kindes: Nur beide Eltern gemeinschaftlich sind vertretungsberechtigt; § 1629 I 2.

e) Vertretung ohne Vertretungsmacht

111 Schließt ein Vertreter mit einem Dritten einen Vertrag und liegen dabei alle oben erörterten Voraussetzungen vor, so kommt der Vertrag zwischen dem Vertretenen und dem Dritten zustande. Was passiert aber nun, wenn die nötige Vertretungsmacht nicht gegeben ist? In diesem Fall spricht man vom Vertreter ohne Vertretungsmacht, dem *falsus procurator*. Die Rechtsfolgen seines Handelns sind in den §§ 177 ff. geregelt. Man unterscheidet zwischen Verträgen und einseitigen Rechtsgeschäften.

112 Schließt der Vertreter ohne Vertretungsmacht einen Vertrag ab, so ist dieser zunächst schwebend unwirksam. Durch Genehmigung kann der Vertretene den Vertrag rückwirkend

Allgemeiner Teil

wirksam werden lassen. Kannte der Vertragspartner den Mangel der Vertretungsmacht beim Vertragsschluss nicht, so steht ihm nach § 178 ein Widerrufsrecht zu.

Einseitige Rechtsgeschäfte eines Vertreters ohne Vertretungsmacht sind grundsätzlich nichtig. In Ausnahmen sind die Vorschriften über Verträge entsprechend anzuwenden, § 180 S. 2 sowie § 180 S. 3.

113

Verweigert der Vertretene die Genehmigung des Geschäfts, so wird der Vertrag endgültig unwirksam und der Geschäftspartner kann sich an den Vertreter ohne Vertretungsmacht halten. Nach seiner Wahl kann er entweder Erfüllung des Vertrages oder Schadensersatz von ihm nach § 179 I fordern.

114

> **Fall 5: Urlaubsgeschäfte**
>
> Der Sommerurlaub steht bevor und Karl Kopfball möchte mit seinen Töchtern in die Alpen fahren. Wissend, dass seine Kinder ihre Ferienzeit mit Vorliebe am Pool auf einer Sonnenliege verbringen und er dementsprechend viel Zeit zum Lesen hat, bittet er seine Tochter Mia (16 Jahre alt), ihm ein Buch zu kaufen. Auf die Frage, was er denn haben wolle, antwortet Karl, dies sei ihm egal, solange das Buch spannend sei. Mia wisse ja, was er gerne lese.
>
> Mia wird beim Buchhändler Bert schnell fündig und kauft einen Thriller zu einem Preis von 9,95 €. Dass sie das Buch für ihren Vater kauft, erwähnt sie Bert gegenüber nicht.
>
> Liegt zwischen Karl Kopfball und Bert ein Kaufvertrag vor?

IV. Fristen und Termine

In den §§ 186 bis 193 sind die Fristen und Termine geregelt. Unter einer Frist versteht man einen abgegrenzten Zeitraum, der bestimmt oder jedenfalls bestimmbar ist, während ein Termin ein bestimmter Zeitpunkt ist, an dem etwas Tatsächliches geschehen oder eine Rechtsfolge eintreten soll. Fristen können von den Vertragsparteien vereinbart werden oder aber gesetzlich vorgegeben sein. Von Bedeutung sind sie unter anderem für die Entstehung und den Untergang von Ansprüchen und Rechtspositionen sowie für die Entstehung von Leistungsverweigerungsrechten (z.B. Verjährung). Die §§ 186 ff. legen fest, wann eine Frist beginnt (§ 187), wann eine Frist endet (§ 188) und wie einzelne Fristen, z.B. die Angabe „ein halbes Jahr", zu verstehen sind. § 191 gibt Aufschluss darüber, dass für die Berechnung von Zeiträumen, die Monaten oder Jahren bestimmt sind, für einen Monat 30 Tage und für ein Jahr 365 Tage zugrunde zu legen sind.

115

Gerade die Fristberechnung unter Zugrundelegung der §§ 187, 188 bereitet häufig Schwierigkeiten, weshalb sich ein genauerer Blick lohnt. Wie bereits geschildert, regelt § 187

116

den Fristbeginn und § 188 das Fristende. Der Gesetzgeber des BGB hat sich bewusst dafür entschieden, einen Zeitraum nicht nach seiner natürlichen Länge (Stunden und Minuten) zu bemessen, sondern nach ganzen Kalendertagen. Dementsprechend beginnt jede Frist mit dem Anfang eines Kalendertages und endet mit dessen Ablauf. Natürlich können die Parteien – dem Prinzip der Privatautonomie folgend – vertraglich eine andere Berechnungsmethode vereinbaren und beispielsweise minutengenau rechnen.

> 💡 Die natürliche Berechnungsweise exakt von Moment zu Moment bezeichnet man als *Naturalkomputation*. Die vom BGB verwendete Berechnungsmethode nach ganzen Kalendertagen ist die sog. *Zivilkomputation*.
>
> Zur Unterscheidung und besseren Verdeutlichung folgendes Beispiel:
>
> A macht B am 10.10. um 12:10 Uhr ein Vertragsangebot. Er erklärt, er werde sich an dieses Angebot eine Woche lang gebunden halten. Der Vertrag kommt also nur dann zustande, wenn B innerhalb dieser Frist die Annahme erklärt.
>
> Im Falle der Naturalkomputation würde man nun exakt 7 Tage abzählen, sodass die Annahmefrist am 17.10. um 12:10 Uhr enden würde.
>
> Bei der Zivilkomputation hingegen wird mit ganzen Kalendertagen gerechnet, sodass man den Zeitraum entweder verkürzt, indem man den Tag des Fristbeginns mitrechnet oder den Zeitraum verlängert, indem der Tag des Fristbeginns keine Berücksichtigung findet. Der Gesetzgeber des BGB hat sich für eine Verlängerung entschieden, sodass in unserem Beispielsfall der 10.10. keine Berücksichtigung fände. Fristbeginn wäre damit der 11.10. um 0:00 Uhr und Fristende der 17.10. um 24:00 Uhr.
>
> Beachten Sie, dass § 187 II eine Ausnahme für den Fall vorsieht, dass der Beginn eines Tages mit dem für den Fristbeginn maßgeblichen Zeitpunkt zusammenfällt. In diesem Fall wird der Tag des Fristbeginns berücksichtigt.

117 § 187 unterscheidet zwischen zwei Fällen: Ereignis- (Absatz 1) und Verlaufsfristen (Absatz 2). Ereignisfristen knüpfen an ein Ereignis im Verlauf eines Tages an, Verlaufsfristen an den Beginn eines Tages. Da bei Verlaufsfristen keine Zerteilung einzelner Tage droht, wird der erste Tag bei der Fristberechnung nach § 187 II 1 berücksichtigt. Dies ist bei Ereignisfristen nicht der Fall. Da sich das Ereignis irgendwann zwischen 0:00 Uhr und 24:00 Uhr des Tages ereignen kann, wird dieser Tag bei der Fristberechnung nicht mitgezählt. Fristbeginn ist hier 0:00 Uhr des Folgetages.

Für die Berechnung des Lebensalters legt das Gesetz eine Ausnahme fest, obwohl die Geburt durchweg in den Lauf eines Tages fällt. § 187 II 2 bestimmt, dass der Tag der Geburt bei der Berechnung des Lebensalters mitgezählt wird. Relevant wird diese Vorschrift z.B. bei der Berechnung des Rentenalters bei Arbeitnehmern bzw. des Eintritts in den Ruhestand bei Beamten.[40]

Nach der Art der Frist richtet sich auch das Fristende nach § 188. Dieser bestimmt zunächst in seinem Absatz 1, dass eine nach Tagen bestimmte Frist stets mit Ablauf des letzten Tages der Frist endet. Absatz 2 gibt sodann vor, wann bei einer nach Wochen, Monaten oder längeren Zeiträumen bestimmte Frist im Falle der Ereignisfrist (§ 188 II Alt. 1) oder der Verlaufsfrist (§ 188 II Alt. 2) endet. Die auf den ersten Blick etwas komplizierte Formulierung lässt sich wie folgt zusammenfassen: Bei einer Ereignisfrist wird auf den Ereignistag abgestellt, bei einer Verlaufsfrist auf den hinzuzurechnenden ersten Tag. Die Gesamtzahl der Tage, die die Fristberechnung umfassen, bleibt gleich, sofern sich nichts anderes aus § 188 III ergibt. Dies ist z.B. der Fall, wenn eine Monatsfrist am 31. Januar beginnt: Da es den 31. Februar nicht gibt, fällt das Ende der Frist auf den 28. Februar bzw. den 29. Februar, sofern es sich um ein Schaltjahr handelt. Umgekehrt endet eine Monatsfrist, die am 28. Februar beginnt, übrigens nicht erst am 31. März, sondern am 28. März. Dass der Februar weniger Tage hat als andere Monate, spielt keine Rolle.[41]

118

> Stellen Sie sich als Beispiel für die Fristberechnung eine Kündigung für ein Zeitungsabonnement vor; die Kündigungsfrist beträgt drei Monate. Die Kündigung erfolgt am 23. März. Da es sich bei der Kündigung um ein Ereignis handelt, liegt eine Ereignisfrist vor. Fristbeginn ist also nach § 187 I der 24. März um 0:00 Uhr. Weil es sich bei der Kündigungsfrist um eine nach Monaten bestimmte Frist handelt, findet § 188 II Anwendung. Im Falle der hier vorliegenden Ereignisfrist endigt die Frist laut § 188 II Alt. 1 mit dem Ablauf desjenigen Tages des letzten Monats, welcher durch seine Benennung dem Tage entspricht, in den das Ereignis fällt. Ereignistag ist der 23. März, die Frist beträgt drei Monate, sodass die Frist am 23. Juni um 24:00 Uhr endet.

Eine weitere Ausnahme zur gleichbleibenden Gesamtzahl der Tage, die die Fristberechnung umfassen, stellt § 193 dar. Fällt das Fristende auf einen Samstag, Sonntag oder einen am relevanten Ort staatlich anerkannten allgemeinen Feiertag, so tritt an die Stelle dieses Tages der nächste Werktag. Für die Festlegung des Fristbeginns ist es dagegen ohne Belang, was für ein Wochentag der erste Tag der Frist ist.

119

> Fällt der im obigen Beispiel als Fristende bestimmte 23. Juni auf einen Sonntag, so endet die Frist am 24. Juni um 24:00 Uhr. Handelt es sich beim 23. Juni um

---

[40] BVerwGE 30, 167.
[41] MüKo-BGB/*Grothe*, § 188, Rn. 4.

einen Samstag, verschiebt sich das Fristende um einen weiteren Tag auf den 25. Juni.

V. Verjährung

120 Ansprüche bestehen nicht ewig. Entsprechend bedarf es Regeln, die festlegen, wie lange man sich auf einen Anspruch berufen kann. Diese Regeln befinden sich im Allgemeinen Teil im Verjährungsrecht in den §§ 194 ff. Unter dem Begriff Verjährung versteht man die Entkräftung eines Anspruchs durch Zeitablauf. Dem Anspruchsgegner wird die Möglichkeit einer Einrede gegeben; er ist berechtigt, die Leistung dauerhaft zu verweigern (*peremptorische Einrede*), § 214 I.

> 💡 Verwechseln Sie die Verjährung nicht mit der Ausschlussfrist: Während der Anspruch bei der Verjährung trotz Ablauf der Frist bestehen bleibt (der Anspruchsgegner kann die Leistung verweigern, muss dies aber nicht), erlischt bei der Ausschlussfrist das Recht mit Ablauf der Frist. Eine Anfechtung wegen arglistiger Täuschung kann z.B. nur binnen Jahresfrist erfolgen, § 124 I.

121 Gegenstand der Verjährung kann nur ein Anspruch sein, § 194 I. Dass Ansprüche überhaupt verjähren, dient der Erhaltung der Rechtssicherheit. Der Schuldner soll davor geschützt werden, veralteten Ansprüchen ausgesetzt zu sein, gegen die er sich im Zweifelsfall wegen der verstrichenen Zeit nicht mehr adäquat verteidigen kann.

122 Die regelmäßige Verjährungsfrist beträgt laut § 195 drei Jahre. Von dieser Regel gibt es jedoch Ausnahmen (z.B. §§ 196, 197 sowie spezielle Fristen im Kauf-, Miet- und Werkvertragsrecht), die gesetzlicher Natur sein oder von den Vertragsparteien bestimmt werden können.

123 Laut § 199 I beginnt die regelmäßige Verjährungsfrist mit dem Ende des Jahres, in dem der Anspruch entstanden ist und der Gläubiger von den Umständen, die den Anspruch begründen, Kenntnis erlangt hat. Die Regelverjährung beginnt damit stets am 31.12. eines Jahres um 24:00 Uhr, sodass auch das Verjährungsende auf eben diesen Zeitpunkt fällt.

> 💡 Die Regelung des § 199 ist der Grund für die gesteigerte Geschäftstätigkeit vieler Anwaltskanzleien und die erhöhte Frequentierung des Fristenbriefkastens der Gerichte vor dem Jahreswechsel. Schließen A und B am 15.01. einen Vertrag, so beginnt die Regelverjährung am 31.12. desselben Jahres und der Anspruch aus diesem Vertrag kann nur bis zum 31.12. des auf das übernächste Jahr folgenden Jahres um 24:00 Uhr geltend gemacht werden, ohne die Einrede der Verjährung durch die Gegenseite befürchten zu müssen. Eine den Anspruch geltend machende Klage (die die Verjährung hemmt) muss also rechtzeitig erhoben werden.

Diese sog. *Ultimo-Verjährung* dient praktischen Erwägungen. Sie soll dem Bedürfnis Rechnung tragen, dass das Verjährungsrecht nur dann seine befriedigende Wirkung erfüllen kann, wenn sich die maßgeblichen Fristen leicht feststellen lassen.[42] In den Motiven zur Einführung des BGB heißt es dazu: „Das Verkehrsinteresse erheischt für die […] bezeichneten Ansprüche einen unschwer festzustellenden und leicht im Gedächtnisse zu behaltenden Anfangspunkt der Verjährung. […] die Einfachheit und Praktikabilität des Rechtes läßt es aber wünschenswerth erscheinen, den gleichen Anfangspunkt zu wählen."[43] Das damals noch zur Begründung angeführte „tägliche Studium der Geschäftsbücher" vermag im Zeitalter der elektronischen Buchführung und Fristenkontrolle kein derart schlagendes Argument mehr zu sein wie vielleicht noch um 1900 und der Regierungsentwurf des Schuldrechtsmodernisierungsgesetzes sah deshalb noch die Streichung der Ultimo-Verjährung als unzeitgemäß vor.[44] Der Gesetzgeber hat sich jedoch aus Praktikabilitätsgründen – auch mit Blick auf den außergeschäftlichen Bereich – entschieden, sie beizubehalten.[45]

Die Verjährung kann durch bestimmte Handlungen unterbrochen werden. Dies nennt man *Hemmung der Verjährung*. Der Zeitraum, in dem die Hemmung besteht, wird nicht in die Verjährungsfrist eingerechnet, § 209. Wodurch die Verjährung gehemmt werden kann, ist in den §§ 203 ff. aufgeführt. Die beiden relevantesten Fälle sind die *Klageerhebung* in § 204 I Nr. 1 sowie die *Zustellung eines Mahnbescheids* in § 204 I Nr. 3. Solange die Verjährung gehemmt ist, kann der Anspruch noch erfüllt werden.

124

VI. Die Selbsthilferechte im BGB

In der Bundesrepublik geht alle Staatsgewalt vom Volk aus, Art. 20 II GG. Im Rahmen eines funktionierenden Gemeinwesens verzichten die Bürger auf die Ausübung von Gewalt (z.B. durch Selbstjustiz); das Gewaltmonopol liegt beim Staat. Nur in bestimmten Sonderfällen ist es dem Bürger erlaubt, Gewalt anzuwenden. Einige dieser Sonderfälle sind im BGB geregelt.

125

1. Notwehr

Notwehr ist diejenige Verteidigung, die erforderlich ist, um einen gegenwärtigen rechtswidrigen Angriff von sich oder einem anderen abzuwenden, § 227 II. Eine durch Notwehr gebotene Handlung ist nicht rechtswidrig, § 227 I. Damit der Rechtfertigungsgrund der Notwehr vorliegt, bedarf es einer *Notwehrlage*, die durch eine *Notwehrhandlung* abgewehrt wird.

126

---

[42] BeckOGK-BGB/*Piekenbrock*, § 199, Rn. 158.1.
[43] Motive zu dem Entwurfe eines bürgerlichen Gesetzbuches für das Deutsche Reich (1888), Band I, S. 310.
[44] BT-Drucks. 14/6040, S. 99.
[45] BT-Drucks. 14/7052, S. 180.

127 Die Notwehrlage setzt einen gegenwärtigen rechtswidrigen Angriff voraus. Dieser muss sich gegen ein geschütztes Interesse richten, wie z.B. das Eigentum, die Gesundheit oder die Freiheit. Als Angriff kommt nur menschliches Handeln in Frage. Rechtswidrig ist der Angriff, wenn er seinerseits nicht durch einen Rechtfertigungsgrund gerechtfertigt ist. Gegenwärtigkeit wiederum liegt vor, wenn der Angriff begonnen hat und noch nicht beendet ist.

> **Beispiel 1**: Der Hund des A fällt den B an.
>
> Hier liegt kein Angriff vor, da keine menschliche Handlung vorliegt.
>
> **Beispiel 2**: A schlägt B. Als B wenige Stunden später dem A erneut begegnet, rächt er sich an ihm, indem er ihn ebenfalls schlägt.
>
> Hier fehlt es an der Gegenwärtigkeit: Der Angriff des A ist bereits beendet, als B den A schlägt. Hätte B den Schlag des A unmittelbar bei dessen Ausführung pariert und dem A dabei den Arm gebrochen, wäre diese Handlung durch Notwehr gerechtfertigt gewesen.

128 Als Notwehrhandlung kommt nur jene Handlung in Frage, die von einem Verteidigungswillen getragen, nicht rechtsmissbräuchlich und objektiv erforderlich ist, um den Angriff abzuwehren. Die Erforderlichkeit der Abwehr beurteilt sich dabei nach objektiven Maßstäben. Eine Güterabwägung findet nicht statt: Der Verteidiger darf also auch ein höherwertiges Rechtsgut zur Verteidigung eines geringerwertigen verletzen. Dies lässt sich mit dem Grundsatz begründen, dass das Recht des Angegriffenen dem Unrecht des Angreifers nicht zu weichen braucht. Wichtig ist, dass kein milderes Mittel existiert haben darf, das zum gleichen (Abwehr-)Erfolg geführt hätte.

2. Notstand

129 Zur Abwendung einer Gefahr ist der Eingriff in fremdes Eigentum erlaubt. Grundgedanke ist, dass das minderwertigere Rechtsgut bei Gefahr dem wertvolleren Rechtsgut weichen muss. Das BGB unterscheidet zwischen dem defensiven Notstand (§ 228) und dem aggressiven Notstand (§ 904). Beim defensiven Notstand wehrt der Handelnde eine durch die Sache selbst drohende Gefahr ab, beim aggressiven Notstand wirkt er auf eine unbeteiligte Sache ein. Wie bei der Notwehr muss die Einwirkung auf die Sache zur Abwendung der Gefahr erforderlich sein. Wichtig ist, dass der Schaden an der Sache nicht außer Verhältnis zur Gefahr stehen darf.

3. <u>Selbsthilfe</u>

Selbsthilfe im Sinne des § 229 bedeutet die vorläufige Durchsetzung oder Sicherung eines privatrechtlichen Anspruchs mittels Gewalt. Von Bedeutung ist dabei, dass obrigkeitliche Hilfe (z.B. Polizei) nicht rechtzeitig zu erlangen sein darf (Gewaltmonopol des Staates). Überdies muss die Gefahr bestehen, dass die Verwirklichung des Anspruches ohne ein sofortiges Handeln vereitelt oder wesentlich erschwert wird. Die Grenzen der Selbsthilfe sind in § 230 normiert.

130

Übungsaufgaben „Allgemeiner Teil"

1. Was unterscheidet eine natürliche von einer juristischen Person?
2. Erklären Sie mit eigenen Worten den Begriff „Rechtsgeschäft"!
3. Wann liegt beschränkte Geschäftsfähigkeit vor?
4. Gisbert und sein Zwillingsbruder Sören sind 8 Jahre alt und machen mit ihren Eltern im Allgäu Urlaub. Da beide Kinder schon weit vor ihren Eltern wach sind, hat die Familie vereinbart, dass die Kinder jeden Morgen beim Bäcker nebenan Brötchen holen gehen. Von den Eltern haben sie dafür Geld bekommen und dürfen sich die Brötchen aussuchen. Kommt beim Brötchenkauf ein wirksamer Vertrag mit dem Bäcker zustande? Begründen Sie Ihre Antwort und nennen Sie relevante Paragrafen!

   [Randnotizen: § 106, Einwilligung § 107, § 433 I & II]

5. Welche zwei Arten von Willenserklärungen unterscheidet man?
6. Wann wird eine Willenserklärung wirksam?
7. Nennen Sie drei Gründe, die zu einer Anfechtung berechtigen!
8. Beim Aussortieren ihres Kleiderschrankes findet Anna eine alte Lederjacke. Weil sie weiß, dass ihre Kommilitonin Lea gerne eine solche Jacke hätte, schickt sie ihr eine Nachricht mit Foto: „Verkaufe meine alte Lederjacke für 58 € - Interesse?". Lea antwortet nach wenigen Minuten: „OK!". Als Anna beim Lesen der Antwort nach oben blickt, fällt ihr auf, dass sie sich vertippt hat. Eigentlich wollte sie ihre Jacke für 85 € verkaufen. Sofort schreibt sie Lea, sie habe sich vertippt und es sollte eigentlich 85 € heißen. Hat Lea einen Anspruch auf Übergabe und Übereignung der Jacke für 58 € gegen Anna? (Anspruchsgrundlage ist § 433 I 1)

   [Randnotizen: § 119 I Satz 2, § 121 I, § Rechtsfolge § 142 I, nicht gewollt er tun c]

9. Was sind die Voraussetzungen einer wirksamen Stellvertretung?

   [Randnotiz: zulässig fremder Namen mit Vertretungsmacht § ...]

10. Was unterscheidet den Boten vom Stellvertreter?
11. Nach wie vielen Jahren ist ein Anspruch in der Regel verjährt? *[3 Jahre]*
12. Erläutern Sie den Begriff „Ultimo-Verjährung"! Nennen Sie ein Beispiel!
13. Was unterscheidet den Notstand von der Notwehr?

[Randnotiz unten: Sache ↓   Mensch ↓]

Kapitel 4   Schuldrecht

> *Brox/Walker*, Allgemeines Schuldrecht, 44. Auflage 2020; *Brox/Walker*, Besonderes Schuldrecht, 44. Auflage 2020; *Medicus/Lorenz*, Schuldrecht I, 21. Auflage 2015 (Nachauflage erscheint vsl. 2021); *Medicus/Lorenz*, Schuldrecht II, 18. Auflage 2018

Das zweite Buch des BGB, das Schuldrecht, besteht aus zwei Teilen: dem Allgemeinen Teil und dem Besonderen Teil. Wie auch das erste Buch des BGB gilt der Allgemeine Teil des Schuldrechts für das gesamte Schuldrecht, sofern keine spezielleren Bestimmungen im Besonderen Teil existieren. **131**

A. Allgemeiner Teil

Der Allgemeine Teil des Schuldrechts befasst sich mit dem Inhalt und dem Erlöschen von Schuldverhältnissen. Neben dem Leistungsstörungsrecht sind auch das Recht der Allgemeinen Geschäftsbedingungen (AGB), der Fernabsatzvertrag sowie das Widerrufsrecht bei Verbraucherverträgen hier geregelt. **132**

I. Das Schuldverhältnis

1. Begriff

Als Schuldverhältnis bezeichnet man eine Rechtsbeziehung zwischen zwei oder mehreren Personen, durch die eine Person (Gläubiger) berechtigt ist, von der anderen Person (Schuldner) eine Leistung zu fordern, § 241 I. Wirkung entfaltet das Schuldverhältnis nur innerhalb der Leistungsbeziehung, also zwischen Gläubiger und Schuldner (*inter partes*). Man spricht von der *Relativität der Schuldverhältnisse*. Einem unbeteiligten Dritten gegenüber kann der Vertrag nicht entgegengehalten werden, da er nicht Vertragspartei und damit auch nicht an den Vertrag gebunden ist. Nur beim Vertrag zugunsten Dritter (§§ 328 ff.) wird dieses Prinzip durchbrochen. **133**

2. Entstehung

Schuldverhältnisse können durch Rechtsgeschäft oder kraft Gesetzes entstehen. Im Regelfall entstehen rechtsgeschäftliche Schuldverhältnisse durch Vertrag. Entsprechend wird Ihnen ab und an auch die Unterteilung in vertragliche und gesetzliche Schuldverhältnisse begegnen. **134**

> Grund für die Verwendung des Begriffs „rechtsgeschäftliches Schuldverhältnis" als Oberbegriff für die Abgrenzung zu gesetzlichen Schuldverhältnissen ist, dass ein Schuldverhältnis auch durch ein einseitiges Rechtsgeschäft (ein Vertrag ist

> ein mehrseitiges Rechtsgeschäft) entstehen kann. Einer dieser seltenen Fälle ist die Auslobung in § 657, also z.B. das Versprechen eines Finderlohns.

Im System der Ansprüche stellen vertragliche Ansprüche die speziellsten Regelungen dar und werden daher auch zuerst geprüft. Grund dafür ist die im Gesetz verankerte Privatautonomie, die es den Parteien ermöglichen soll, ihre Rechtsverhältnisse individuell nach ihren Bedürfnissen zu regeln. Erst wenn keine Ansprüche aus Vertrag oder quasivertragliche Ansprüche in Betracht kommen, werden Ansprüche aus einem gesetzlichen Schuldverhältnis geprüft. Die gesetzlichen Schuldverhältnisse entstehen unabhängig vom Parteiwillen aufgrund einer gesetzlichen Anordnung (Geschäftsführung ohne Auftrag, §§ 677 ff.; ungerechtfertigte Bereicherung, §§ 812 ff.; unerlaubte Handlung, §§ 823 ff.). Sie werden in diesem Buch im besonderen Teil des Schuldrechts nach den einzelnen Vertragsarten näher behandelt.

3. Inhalt

135 Rechtsgeschäftliche Schuldverhältnisse begründen Leistungspflichten (§ 241 I) und Nebenpflichten (§ 241 II).

a) Leistungspflichten

136 Innerhalb der Leistungspflichten unterscheidet man zwischen den sogenannten *Hauptleistungspflichten* und den *Nebenleistungspflichten*.

137 *Hauptleistungspflichten* sind diejenigen Pflichten aufgrund derer der Vertrag überhaupt erst geschlossen worden ist. Bei einem Kaufvertrag besteht die Hauptleistungspflicht des Käufers beispielsweise in der Zahlung des Kaufpreises (§ 433 II), während die des Verkäufers in der Übergabe und Übereignung der Kaufsache liegt (§ 433 I 1). Bei einem gegenseitigen Vertrag stehen sich die Hauptleistungspflichten in einem Gegenseitigkeitsverhältnis gegenüber, dem sogenannten *Synallagma*.

> 💡 Den Anspruch auf Erfüllung der Hauptleistungspflicht bezeichnet man als *Primäranspruch*, weil es das ist, was die vertragschließende Person primär möchte. Im Gegensatz dazu steht der *Sekundäranspruch*, der entsteht, wenn die Hauptleistungspflicht verletzt wird, z.B. aus irgendeinem Grund nicht mehr erfüllt werden kann. Ein solcher Sekundäranspruch ist z.B. der Anspruch auf Schadensersatz wegen Pflichtverletzung (§ 280).

138 Die *Nebenleistungspflichten* dienen der Vorbereitung, Unterstützung, Sicherung und Durchführung der Hauptleistung. Im Gegensatz zu den Hauptleistungspflichten haben sie keine eigenständige Bedeutung. Beispiele für Nebenleistungspflichten sind insbesondere

Aufklärungs- und Hinweispflichten, wie z.B. die beigefügte Gebrauchsanleitung beim Kauf einer Bohrmaschine.

b) Nebenpflichten

Die *Nebenpflichten* sind seit der Schuldrechtsmodernisierung 2002 gesetzlich in § 241 II normiert: Der Schuldner hat auf die Rechte, Rechtsgüter und Interessen des Gläubigers Rücksicht zu nehmen. Nebenpflichten können dementsprechend verschiedene Ausprägungen annehmen. Zum einen gibt es die *Schutzpflichten*, die die Parteien dazu verpflichten, sich so zu verhalten, dass Leben, Körper, Gesundheit, Eigentum usw. des anderen nicht verletzt werden. Ein Umzugsunternehmen hat beispielsweise darauf Acht zu geben, dass während des Umzugs die Möbel des Auftraggebers nicht beschädigt werden. **139**

Eine andere Nebenpflicht ist die Ihnen schon bekannte *Treuepflicht* aus § 242. Danach sind die Vertragsparteien angehalten, sich so zu verhalten, dass der Vertragszweck nicht gefährdet wird. Hinsichtlich eines Dritten trifft die Bank beispielsweise Verschwiegenheitspflichten bezüglich der Bankgeschäfte ihres Kunden. **140**

> 💡 Auch die Verletzung von Nebenpflichten führt zu einem Sekundäranspruch. Wird beispielsweise aus Anlass eines Vertrages ein Rechtsgut einer Vertragspartei beschädigt, muss die andere Vertragspartei den entstandenen Schaden ersetzen.

c) Obliegenheiten

Von den Pflichten, die durch das Schuldverhältnis begründet werden, sind die Obliegenheiten strikt abzugrenzen. Sie sind Gebote, die weder einen Anspruch auf Erfüllung begründen, noch einen Schadensersatzanspruch zur Folge haben, sollten sie verletzt werden. Es besteht also weder ein Primäranspruch auf Erfüllung, noch ein Sekundäranspruch auf Schadensersatz. Die Einhaltung der Obliegenheit liegt jedoch im eigenen Interesse, da ansonsten ein Rechtsverlust oder Rechtsnachteile drohen. **141**

Ein Beispiel für eine Obliegenheit ist die Rügeobliegenheit aus § 377 HGB, die Ihnen im Handelsrecht häufig begegnen wird. Beim Handelskauf (für beide Parteien ist der Kauf ein Handelsgeschäft) ist der Käufer verpflichtet, die Ware zu untersuchen und etwaige Mängel sofort anzuzeigen. Tut er dies nicht, so kann er sich nicht darauf berufen, dass die Ware mangelhaft war; die Ware gilt als genehmigt. Es liegt also im Interesse des Käufers, die Ware zu untersuchen, um gegebenenfalls Mängelgewährleistungsrechte geltend machen zu können. **142**

4. Beendigung

143 Der klassische Fall, wie ein Schuldverhältnis beendet werden kann, ist die *Erfüllung* nach § 362 (Erlöschen durch Leistung): Zahlt der Käufer dem Verkäufer das Geld und übergibt dieser dem Käufer die Ware und übereignet sie ihm, so erlischt das Schuldverhältnis.

144 Ebenso kann ein Schuldverhältnis durch *Aufrechnung* (§§ 387 ff.) beendet werden. Hat z.B. der Käufer noch einen dem Kaufpreis gleichwertigen Zahlungsanspruch gegen den Verkäufer, so kann er mit diesem aufrechnen, anstatt den Kaufpreis zu zahlen.

145 Natürlich kann der Gläubiger auch auf seine Gegenleistung verzichten. In diesem Fall spricht man von einem *Erlass* (§ 397), der ebenso zur Beendigung des Schuldverhältnisses führt. Auch die Vereinigung von Schuldner- und Gläubigerstellung (z.B. durch *Erbschaft*) führt zum Erlöschen des Schuldverhältnisses. Man spricht in diesem Fall von der sog. *Konfusion*. Weitere Beendigungsgründe sind der *Rücktritt* (§§ 346 ff.), der *Widerruf* (§§ 355 ff.) oder die *Unmöglichkeit* in § 275. Auch die *Hinterlegung* (§§ 372 ff.) führt zur Beendigung des Schuldverhältnisses.

II. Das Leistungsstörungsrecht

146 Sie haben eben erfahren, dass Sekundäransprüche entstehen können, wenn eine Partei des Schuldverhältnisses eine Pflicht verletzt. Im Falle einer solchen Pflichtverletzung liegt eine Leistungsstörung vor. Die Pflichtverletzung ist der zentrale Begriff im Recht der Schuldverhältnisse. Verletzt werden können die soeben behandelten Leistungspflichten und Nebenpflichten. Im Rahmen der Leistungspflichten wiederum kann unterteilt werden in Nichtleistung oder Schlechtleistung. Die Leistungsstörung kann sich demzufolge ergeben aus den folgenden drei Pflichtverletzungen:

- Nichtleistung
- Schlechtleistung
- Nebenpflichtverletzung

Da es im Leistungsstörungsrecht entscheidend darauf ankommt, ob jemand bestimmte Umstände zu vertreten hat, soll hier zunächst auf die Verantwortlichkeit des Schuldners für die Pflichtverletzung eingegangen werden, bevor anschließend die einzelnen Pflichtverletzungen behandelt werden.

1. Verantwortlichkeit des Schuldners

147 Nach § 276 I 1 hat der Schuldner Vorsatz und Fahrlässigkeit zu vertreten, wenn eine strengere oder mildere Haftung weder bestimmt noch aus dem sonstigen Inhalt des Schuldverhältnisses zu entnehmen ist. Das aus dem § 276 I 1 zu entnehmende Vertretenmüssen bedeutet, der Schuldner ist dem Gläubiger gegenüber verantwortlich, hat demzufolge die Konsequenzen aus seinem Verhalten und der übernommenen Haftung zu tragen. Wer verschuldensfähig ist, darüber gibt § 276 I 2 in Verbindung mit §§ 827, 828 Aufschluss. Allgemein lässt sich festhalten, dass Minderjährige, die das siebente Lebensjahr noch nicht vollendet haben, nicht verantwortlich für einen etwaigen Schaden sein können, folglich nicht verschuldensfähig sind, § 828 I. Für beschränkt Geschäftsfähige unterteilt das Gesetz die Verschuldensfähigkeit in zwei Altersstufen (7-10 Jahre und 11-17 Jahre), § 828 II, III.

Der Handelnde haftet grundsätzlich nur für eigenes Verschulden. Fremdes Verschulden kann ihm aber unter Umständen über § 278 zugerechnet werden. Unterschieden wird zwischen Vorsatz und Fahrlässigkeit. Vorsätzlich handelt, wer mit Wissen und Wollen den rechts- oder pflichtwidrigen Erfolg herbeiführt. Dabei genügt es, dass der Handelnde den Erfolg zwar nicht um jeden Preis erreichen will, ihn aber billigend in Kauf nimmt. Man spricht in diesem Fall von *bedingtem Vorsatz*. Der Begriff der Fahrlässigkeit lässt sich weiter unterteilen in leichte und grobe Fahrlässigkeit. Nach § 276 II handelt fahrlässig, wer die im Verkehr erforderliche Sorgfalt außer Acht lässt. Grobe Fahrlässigkeit liegt immer dann vor, wenn die im Verkehr erforderliche Sorgfalt in besonders schwerem Maße verletzt wurde. **148**

> Leichte Fahrlässigkeit können Sie dann annehmen, wenn man von einem Verhalten sagen kann: „Das kann jedem einmal passieren.", grobe Fahrlässigkeit hingegen lässt sich eher umschreiben mit „Was hat sie/ihn denn da geritten?".

Ausnahmen vom Prinzip des § 276 können zu einer Haftungsverschärfung oder einer Haftungsmilderung führen. So kann eine Partei beispielsweise eine Garantie übernehmen und daher strenger haften. Ein Ausschluss der vorsätzlichen Haftung ist nicht möglich, § 276 III. Gesetzlich erlaubt sind hingegen vertraglich vereinbarte Haftungsbeschränkungen auf grobe Fahrlässigkeit, auch in AGB, sofern die Verletzung von Leben, Körper und Gesundheit von dieser Beschränkung ausgenommen wird. **149**

2. <u>Nichtleistung</u>

Wird eine Leistung nicht bewirkt, so spricht man von einer Nichtleistung. Ursache für die Nichtleistung können Unmöglichkeit (Leistungsbefreiung) oder Verzögerung der Leistung sein. **150**

a) Unmöglichkeit

Ein Fall der Unmöglichkeit liegt vor, wenn die Leistung nicht erbracht werden kann und auch keine Möglichkeit besteht, die Leistung nachzuholen. Es besteht ein dauerhaftes Leistungshindernis. **151**

152 Bei der Unmöglichkeit kann es sich um eine *anfängliche* (Erbringung der Leistung ist bereits bei Vertragsschluss unmöglich) oder aber eine *nachträgliche* Unmöglichkeit (Unmöglichkeit tritt erst nach Vertragsschluss ein) handeln. § 311a I stellt klar, dass die anfängliche Unmöglichkeit der Wirksamkeit des Vertrages nicht entgegensteht.

> 💡 Verkauft ein Autohändler mittags einen Vorführwagen, den sein Mitarbeiter schon am Morgen einem anderen Kunden verkauft und übereignet hat, so besteht zwischen dem Mittagskäufer und dem Autohändler ein wirksamer Vertrag. Den Primäranspruch des Käufers auf Übergabe und Übereignung des Vorführwagens kann der Autohändler indes wegen der zuvor bereits erfolgten Übereignung an den anderen Kunden nicht mehr erfüllen. Es liegt ein Fall der anfänglichen Unmöglichkeit vor.

Neben dem zeitlichen Aspekt unterteilt man die Fälle der Unmöglichkeit weiter nach deren Ursache. Unterschieden wird zwischen der tatsächlichen/rechtlichen Unmöglichkeit, der faktischen Unmöglichkeit und der persönlichen Unmöglichkeit.

    aa)   Tatsächliche/rechtliche Unmöglichkeit

153 Die tatsächliche oder rechtliche Unmöglichkeit[46] ist in § 275 I geregelt. Sie erfasst die Fälle, in denen die Leistungserbringung aus tatsächlichen oder rechtlichen Gründen nicht möglich ist. Wird z.B. das gebraucht gekaufte Smartphone vor der Übergabe an den Käufer vollständig zerstört, so liegt eine tatsächliche Unmöglichkeit der Leistungserbringung seitens des Verkäufers vor. Arbeitet ein ausländischer Arbeitnehmer in Deutschland ohne Arbeitserlaubnis, so liegt hinsichtlich der Verpflichtung zur Dienstleistung ein Fall der rechtlichen Unmöglichkeit vor.

154 Wenn Sie § 275 I aufmerksam lesen, so fällt Ihnen auf, dass die Leistungserbringung für den Schuldner oder für jedermann unmöglich sein kann. Folglich gibt es bei der tatsächlichen Unmöglichkeit sowohl eine *subjektive* Unmöglichkeit (für den Schuldner; jemand anderes könnte die Leistung noch erbringen) als auch eine *objektive* Unmöglichkeit (niemand kann die Leistung erbringen).

> 💡 Wird dem Verkäufer eines gebrauchten Fahrrads das Fahrrad kurz vor der Übergabe an den Käufer gestohlen, so kann der Verkäufer es dem Käufer nicht mehr übereignen. Der Dieb hingegen könnte dies noch bewerkstelligen. Es liegt ein Fall der subjektiven Unmöglichkeit vor.

---

[46] Im Folgenden nur noch „tatsächliche Unmöglichkeit" genannt.

Schuldrecht

> Verbrennt der antike Wandschrank bevor der Käufer ihn beim Antiquitätenhändler abholen kann, so kann niemand mehr den Wandschrank übereignen. Hier liegt ein Fall der objektiven Unmöglichkeit vor.

Beide Fälle der Unmöglichkeit nach § 275 I führen dazu, dass ein dem Grunde nach entstandener Anspruch untergeht. Ob der Schuldner die Unmöglichkeit verschuldet hat, ist für den Ausschluss der Leistungspflicht nach § 275 I nicht von Belang. Relevant wird dies jedoch bei der Schadensersatzpflicht des Schuldners. Hier muss differenziert werden, ob es sich um einen Fall der anfänglichen oder einen Fall der nachträglichen Unmöglichkeit handelt. In erstgenanntem Fall ist die Anspruchsgrundlage § 311a II 1, in letztgenanntem §§ 280 I, III, 283, wenn es darum geht, Schadensersatz statt der Leistung zu verlangen.

155

> 💡 Man kann Schadensersatz in zwei Varianten verlangen: *statt der Leistung* und *neben der Leistung*. Wird Schadensersatz statt der Leistung verlangt, so erlischt die Hauptleistungspflicht; der Schadensersatzanspruch tritt an ihre Stelle. Verlangt der Gläubiger Schadensersatz neben der Leistung, so tritt der Schadensersatzanspruch neben die Hauptleistungspflicht.
>
> **Beispiel 1**: A kauft von B eine generalüberholte Waschmaschine. Beim ersten Waschgang leckt die Maschine, weshalb Teile der Tapete des A beschädigt werden. Hier kann A von B Schadensersatz neben der Leistung nach § 280 I verlangen.
>
> **Beispiel 2**: Wieder kauft A von B eine generalüberholte Waschmaschine. Diesmal brennt jedoch das Lager des B aufgrund einer Unachtsamkeit ab und die Waschmaschine wird zerstört. Die Leistungspflicht des B ist damit wegen Unmöglichkeit untergegangen. A kann von B Schadensersatz statt der Leistung nach §§ 280 I, III, 283 verlangen.
>
> Als Eselsbrücke für die Unterscheidung der beiden Schadensersatzarten können Sie sich folgendes merken: Ist der Schaden bei einer gedachten Vornahme der Leistung noch da, so handelt es sich um Schadensersatz neben der Leistung (die (Neu-) Lieferung der Waschmaschine würde die Tapete nicht erneuern). Kann der Schaden durch die gedachte Vornahme der Leistung beseitigt werden, so liegt ein Fall des Schadensersatzes statt der Leistung vor (die Lieferung der Waschmaschine würde dazu führen, dass A seine Waschmaschine erhält).
>
> Bei der Unmöglichkeit gibt es selbstverständlich nur den Schadensersatz statt der Leistung, da die Primärleistung untergeht.

156 Ob eine tatsächliche Unmöglichkeit vorliegt, hängt entscheidend davon ab, ob es sich um eine *Stück-* oder *Gattungsschuld* handelt. Bei einer Stückschuld ist die geschuldete Sache derart individualisiert, dass nur die Leistung dieser Sache die Hauptleistungspflicht erfüllen kann. Im Gegensatz dazu trifft den Schuldner bei einer Gattungsschuld die Pflicht, irgendeine Sache mittlerer Art und Güte aus der vereinbarten Gattung zu liefern, § 243 I. Dies führt dazu, dass die Zerstörung eines einzigartigen antiken Schrankes (Stückschuld) zum Untergang der Leistungspflicht führt, während die Zerstörung eines bestellten Neuwagens (Gattungsschuld) die Leistungspflicht des Schuldners nicht berührt. Erst, wenn alle Neuwagen des bestellten Typs zerstört sind (gesamte Gattung geht unter), erlischt die Leistungspflicht des Schuldners.

157 Hat der Schuldner jedoch das zur Leistung einer Sache seinerseits Erforderliche getan, so beschränkt sich das Schuldverhältnis auf diese Sache, § 243 II. Dies nennt man *Konkretisierung*: Aus der Gattungsschuld wird eine Stückschuld. Mit der Konkretisierung geht die *Leistungsgefahr* vom Schuldner auf den Gläubiger über.

> Als Leistungsgefahr bezeichnet man die Gefahr des zufälligen Untergangs der Leistung zwischen Vertragsschluss und Erfüllung. Für den Schuldner bedeutet dies, dass er das Risiko trägt, die Leistung weiterhin erbringen zu müssen. Trägt der Gläubiger die Leistungsgefahr, so trägt er das Risiko, seinen Anspruch auf die versprochene Leistung zu verlieren.

158 Was genau der Schuldner tun muss, damit Konkretisierung eintritt und die Leistungsgefahr auf den Gläubiger übergeht, hängt von der Art der Schuld ab. Man unterscheidet zwischen drei Arten der Schuld, die jeweils andere Voraussetzungen an die Konkretisierung knüpfen:

- Holschuld
- Schickschuld
- Bringschuld

Bei der Holschuld (Regelfall gemäß § 269 I) liegen Leistungs- und Erfolgsort beim Schuldner. Der Gläubiger holt die Leistung beim Schuldner ab. Entsprechend bedarf es zur Konkretisierung der Aussonderung der Ware und Aufforderung zur Abholung.

> Als Leistungsort bezeichnet man den Ort, an dem der Schuldner die Leistungshandlung (z.B. Verpackung und Versand) vorzunehmen hat. Der Erfolgsort ist der Ort, an dem der Leistungserfolg (z.B. Übereignung) eintritt.

Bei der Schickschuld fallen Erfolgs- und Leistungsort auseinander: Der Leistungsort liegt beim Schuldner, der Erfolgsort beim Gläubiger. Dies ist der typische Fall des Versandhandels. Der Schuldner muss die Ware aussondern und absenden, damit Konkretisierung eintritt. Die Bringschuld schließlich vereint Leistungs- und Erfolgsort beim

Schuldrecht

Gläubiger. Der Schuldner bringt dem Gläubiger die geschuldete Leistung. Er muss also die Ware aussondern und am Wohnsitz des Gläubigers ein Leistungsangebot machen. Zur Übersichtlichkeit folgende Tabelle:

Holschuld	**Schickschuld**	**Bringschuld**
Leistungsort: Schuldner	Leistungsort: Schuldner	Leistungsort: Gläubiger
Erfolgsort: Schuldner	Erfolgsort: Gläubiger	Erfolgsort: Gläubiger
Aussonderung und Aufforderung zur Abholung	Aussonderung und Absenden	Aussonderung und Leistungsangebot beim Gläubiger

Fall 6: Die Trikotbestellung

Karl Kopfball hat das Bestellformular aus Fall 1 abgesendet und bei der Voetball Total GmbH (V) einen Satz neue Trikots bestellt. V, die in Deutschland sowohl in Nürnberg, als auch in Bremen Versandzentren unterhält, bestätigt die Bestellung. Ein Mitarbeiter der V in Nürnberg verpackt die Trikots und legt das an K adressierte Paket in den Postausgangskorb. Über Nacht brennt das Versandzentrum in Nürnberg ab. Alle dort gelagerten Sachen werden zerstört, auch das Paket an Karl.

Kann Karl von V die Übergabe und Übereignung des Trikotsatzes nach § 433 I 1 verlangen?

Neben den bereits behandelten Fällen kann tatsächliche Unmöglichkeit auch dann eintreten, wenn bei einem *absoluten Fixgeschäft* die Leistung verspätet erfolgt. Normalerweise führt die Überschreitung der vereinbarten Leistungszeit lediglich zur Verzögerung der Leistung, da diese noch nachholbar ist. Bei einem absoluten Fixgeschäft ist die Einhaltung der Leistungszeit jedoch von solch wesentlicher Bedeutung, dass eine verspätete Leistung unter keinen Umständen mehr Sinn macht. Ein Beispiel für ein absolutes Fixgeschäft ist die Bestellung einer Hochzeitstorte für 16:00 Uhr. Hier macht es für den Besteller keinen Sinn, die Torte am Folgetag um 10:00 Uhr zu erhalten. 159

bb) Faktische Unmöglichkeit

Neben der tatsächlichen Unmöglichkeit gibt es die faktische Unmöglichkeit, die in § 275 II geregelt ist. Zwar ist die Erbringung der Leistung tatsächlich noch möglich (deshalb kein Fall von § 275 I), jedoch wäre sie mit einem derart hohen Aufwand verbunden, dass kein vernünftiger Gläubiger dies vom Schuldner erwarten kann. Es muss also ein grobes Missverhältnis zwischen Aufwand und Gläubigerinteresse bestehen. 160

> Der Klassiker unter den Fällen der faktischen Unmöglichkeit ist der Ring auf dem Meeresboden: Beim Transport eines Ringes über das Meer fällt dem Juwelier der Ring aus der Hand und geht über Bord. Zwar wäre es tatsächlich noch möglich, den Ring vom Meeresboden zu bergen. Faktisch jedoch liegt Unmöglichkeit vor, da der Aufwand der Bergung in einem groben Missverhältnis zum Gläubigerinteresse steht.

161 Anders als bei der tatsächlichen Unmöglichkeit entfällt der Primäranspruch des Gläubigers nicht automatisch mit Vorliegen der Voraussetzungen von § 275 II. Vielmehr muss sich der Schuldner auf die Einrede des § 275 II berufen. Entsprechend wird die faktische Unmöglichkeit nicht unter „Anspruch untergegangen", sondern unter „Anspruch durchsetzbar" geprüft.

> Lesen Sie bitte nochmal § 275 I und danach § 275 II! Ihnen wird auffallen, dass im ersten Absatz die Rede davon ist, dass der Leistungsanspruch ausgeschlossen ist. Er geht also automatisch mit Vorliegen der tatsächlichen Unmöglichkeit unter. Im zweiten Absatz hingegen heißt es: „Der Schuldner kann die Leistung verweigern, wenn…". Der Schuldner muss sich also auf die faktische Unmöglichkeit berufen. Tut er dies nicht, so besteht der Anspruch des Gläubigers auch weiterhin.

cc) Persönliche Unmöglichkeit

162 Der dritte Fall der Unmöglichkeit ist die persönliche Unmöglichkeit nach § 275 III. Sie liegt vor, wenn die Leistung, die der Schuldner persönlich zu erbringen hat, zwar an sich möglich ist, sie dem Schuldner aber unter Abwägung des Hindernisses mit dem Leistungsinteresse des Gläubigers nicht zumutbar ist.

> Wie bei der faktischen Unmöglichkeit gibt es auch bei der persönlichen Unmöglichkeit ein klassisches Beispiel, das Sie in jedem Lehrbuch finden werden: Das Kind einer alleinerziehenden Opernsängerin ist lebensbedrohlich erkrankt, weshalb ihr der Opernauftritt nicht zugemutet werden kann.

163 Wie die faktische Unmöglichkeit, so ist auch die persönliche Unmöglichkeit eine Einrede, die der Schuldner erst geltend machen muss („Der Schuldner kann die Leistung ferner verweigern, wenn…").

dd) Sekundäransprüche des Gläubigers bei Unmöglichkeit

164 Laut § 275 IV bestimmen sich die Rechte des Gläubigers im Falle der Leistungsbefreiung des Schuldners nach den §§ 280, 283-285, 311a und 326. Der Gläubiger kann also

- Schadensersatz statt der Leistung nach §§ 280 I, III, 283 bzw. § 311a II 1,

- Aufwendungsersatz nach § 284,
- Rückgewähr des Geleisteten nach §§ 326 IV, 346 ff. oder
- das vom Schuldner Erlangte nach § 285

verlangen.

Wie Sie bereits wissen, hängt die Wahl von §§ 280 I, III, 283 oder § 311a II 1 davon ab, ob es sich um einen Fall der anfänglichen (§ 311a) oder der nachträglichen (§ 280) Unmöglichkeit handelt. Beide Vorschriften setzen voraus, dass ein wirksamer Vertrag zwischen den Parteien bestand und ein Fall der Unmöglichkeit vorliegt. Zudem sind beide Ansprüche verschuldensabhängig. Dass der Schuldner das Leistungshindernis (die Unmöglichkeit) zu vertreten hat, wird jeweils vermutet. Der Schuldner kann jedoch den Gegenbeweis antreten und sich *exkulpieren*.

> **Lesen Sie bitte § 280 I 2 sowie § 311a II 2!** Ihnen fällt auf, dass dort die Formulierung „Dies gilt nicht, wenn…" verwendet wird. Diese Negativformulierung ist eine klassische *Beweislastumkehr*. Normalerweise muss der Anspruchsteller die für ihn günstigen Tatsachen beweisen. Folglich müsste derjenige, der den Schadensersatzanspruch geltend macht, beweisen, dass der andere schuldhaft gehandelt hat. Dies gelingt in den meisten Fällen jedoch nicht. Darum hat der Gesetzgeber die Beweislast umverteilt und eine *Exkulpationsmöglichkeit* des Schuldners geschaffen: Es wird vermutet, dass der Schuldner schuldhaft gehandelt hat, dieser kann jedoch das Gegenteil beweisen.

165

Was der Schuldner zu vertreten hat, bestimmt § 276 I: Vorsatz und Fahrlässigkeit. Haben die Parteien eine strengere oder mildere Haftung vereinbart oder bestimmt das Gesetz eine solche, so gilt die speziellere Regelung.

166

Rechtsfolge der dargestellten Ansprüche ist der Ersatz des entstandenen Schadens. Dabei ist darauf zu achten, dass der Gläubiger bei der Berechnung des Schadensersatzes die Wahl hat, ob er im Rahmen der Differenzmethode die Differenz zwischen unmöglich gewordener Leistung und Gegenleistung verlangt oder stattdessen den vollen Wert der unmöglich gewordenen Leistung geltend macht, Zug um Zug gegen die Gegenleistung.

167

> **Beispiel:** K kauft von Autohändler V einen gebrauchten Bentley Continental zu einem Preis von 45.000 €. Nach dem Vertragsschluss, aber noch vor der Übergabe des Fahrzeugs brennt das Autohaus aufgrund einer Unachtsamkeit des V ab und der Bentley wird zerstört. K beschafft sich bei einem anderen Händler ein gleichwertiges Fahrzeug und zahlt dafür 50.000 €.
>
> Als Schadensersatz kann K die Differenz zwischen beiden Kaufpreisen in Höhe von 5.000 € von V nach §§ 280 I, III, 283 verlangen. Alternativ kann er – aus der

gleichen Anspruchsgrundlage – auch den vereinbarten Kaufpreis in Höhe von 45.000 € zahlen und die vollen 50.000 € verlangen. Letztgenannte Variante macht natürlich nur dann mehr Sinn, wenn beide vereinbart haben, dass K dem V als Gegenleistung für den Bentley seinen BMW M6 im Wert von 45.000 € überlässt. In diesem Fall könnte K sich überlegen, ob er seinen BMW ohne weiteren eigenen Zeitaufwand loswerden möchte und dafür die vollen 50.000 € bekommt oder ihn anderweitig verkauft und 5.000 € geltend macht.

168 Anstelle des Schadensersatzes statt der Leistung kann der Gläubiger auch den Ersatz vergeblicher Aufwendungen nach § 284 verlangen. Vergebliche Aufwendungen können z.B. bereits getätigte Notarkosten bei einem Grundstückskaufvertrag sein.

169 Ebenso kann der Gläubiger nach § 285 das sogenannte *stellvertretende commodum* verlangen. Dabei handelt es sich um einen eventuell vom Schuldner erlangten Ersatz. Häufigster Fall ist die Versicherungsprämie, die der Schuldner nach einem Untergang des Vertragsgegenstandes erlangt.

> **Fall 7:** **Der große Juwelenraub**
>
> Karl Kopfball ist ein großer Uhrenliebhaber und entdeckt bei einem Juwelier einen Chronographen, den er unbedingt haben muss. Die Uhr ist ein Einzelstück und soll 13.000 € kosten. Weil Karl eine solch große Anschaffung nicht überstürzen möchte, vereinbart er mit dem Juwelier, dass dieser die Uhr bis zum nächsten Morgen zurücklegt. Noch vor dem Abendessen ruft Karl Kopfball den Juwelier an und teilt ihm mit, die Uhr zu kaufen und am nächsten Morgen abholen zu wollen. Der Juwelier ist einverstanden.
>
> Über Nacht wird in das Juweliergeschäft eingebrochen. Neben Schmuck werden auch viele teure Uhren entwendet, darunter Karls Chronograph. Das Geschäft war zum Zeitpunkt des Einbruchs abgeschlossen und die Alarmanlage eingeschaltet. Von den Dieben fehlt jede Spur. Karls Chronograph war mit 15.000 € versichert.
>
> Kann Karl einen Anspruch gegen den Juwelier geltend machen? Muss er den vereinbarten Kaufpreis zahlen?

ee) Erlöschen der Gegenleistungspflicht

170 Sicherlich fragen Sie sich, was im Falle der Unmöglichkeit mit der Gegenleistungspflicht des Gläubigers beim gegenseitigen Vertrag geschieht. Die Antwort auf die Frage gibt § 326 I 1: Er bestimmt, dass der Anspruch auf die Gegenleistung entfällt, sofern der Schuldner wegen § 275 I-III nicht zu leisten braucht. Erneut hat dies mit dem

Gegenseitigkeitsverhältnis in einem Vertrag zu tun: Ohne eine Leistung gibt es keine Gegenleistung. Leistung und Gegenleistung stehen in einem Gegenseitigkeitsverhältnis (Synallagma).

171 Ausnahmen von § 326 I 1 sehen die Absätze 2 und 3 vor. § 326 II beinhaltet zwei Alternativen, bei deren Vorliegen die Gegenleistungspflicht bestehen bleibt: Der Gläubiger hat den Umstand, der zur Leistungsbefreiung des Schuldners geführt hat, weit überwiegend zu verantworten oder er befindet sich bei Eintritt der Unmöglichkeit im Annahmeverzug nach §§ 293 ff.

> Wenn K beim Autohändler V einen Bentley Continental kauft und dieser wird wegen eines Brandes, den K durch eine unachtsam weggeworfene Zigarette ausgelöst hat, zerstört, dann ist die Übergabe und Übereignung des Bentleys für V unmöglich geworden. Die Gegenleistungspflicht (Kaufpreiszahlung) bleibt indes bestehen, weil K für den Brand, der zur Zerstörung des Bentleys führte, allein verantwortlich war.

172 § 326 III behandelt das stellvertretende commodum, das Sie bereits oben kennengelernt haben. Sofern der Gläubiger dieses vom Schuldner herausverlangt, bleibt er zur Gegenleistung verpflichtet.

b) Verzögerung der Leistung (Schuldnerverzug)

173 Wie die Unmöglichkeit ist auch die Verzögerung ein Fall der Nichtleistung. Im Gegensatz zur Unmöglichkeit ist die Leistung hier aber noch nachholbar. Dies führt dazu, dass dem Gläubiger als Sekundärrechte sowohl der Schadensersatz neben der Leistung als auch – unter gewissen Bedingungen – der Schadensersatz statt der Leistung zur Verfügung stehen.

174 Der Schuldnerverzug wird in § 286 geregelt und wird gemeinhin als schuldhafte Nichtleistung trotz Möglichkeit, Fälligkeit und Mahnung bezeichnet.

> Verwechseln Sie bitte nicht den Schuldnerverzug mit dem Gläubigerverzug. Während der Schuldner beim Schuldnerverzug seinen rechtlichen Verpflichtungen nicht nachkommt, verstößt der Gläubiger bei Nichtannahme der Leistung lediglich gegen ein Gebot (Obliegenheit!).

Eine Mahnung ist die an den Schuldner gerichtete eindeutige und bestimmte Aufforderung, die Leistung zu erbringen. Da die Mahnung eine rechtsgeschäftsähnliche Handlung ist, finden die Regeln über die Willenserklärung analog Anwendung. In bestimmten Fällen bedarf es keiner Mahnung, so z.B. wenn für die Leistung eine Zeit nach dem Kalender bestimmt ist, § 286 II Nr. 1.

175 Der Schuldnerverzug soll den Erfüllungsanspruch so lange wie möglich am Leben erhalten und dem Gläubiger lediglich einen Zinsanspruch (§ 288) und einen Ersatzanspruch für Verzögerungsschäden (§§ 280 I, II, 286) geben. Letzterer tritt neben die Leistungspflicht (Schadensersatz neben der Leistung), da diese noch nachholbar ist. Erst wenn der Gläubiger dem Schuldner erfolglos eine Frist gesetzt hat, kann er nach § 323 I vom Vertrag zurücktreten (das Schuldverhältnis wandelt sich dann in ein Rückgewährschuldverhältnis) und Schadensersatz nach §§ 280 I, III, 281 verlangen (auch kumulativ möglich, § 325).

3. Schlechtleistung

176 Leistet der Schuldner zwar, dies aber nicht in der vereinbarten Art und Weise, so spricht man von einer Schlechtleistung. Möchte der Gläubiger in diesem Falle Schadensersatz statt der Leistung geltend machen, so müssen neben den Voraussetzungen des § 280 I zusätzlich auch die Voraussetzungen des § 281 vorliegen. Es bedarf also einer Fristsetzung, die jedoch entbehrlich sein kann, wenn der Schuldner die Leistung z.B. ernsthaft und endgültig verweigert.

177 Weil jede Schlechtleistung eine nicht vertragsgemäße Leistung ist, steht dem Gläubiger nach erfolgloser Fristsetzung auch die Möglichkeit offen, vom Vertrag nach § 323 I zurückzutreten. Sofern er dies tut, kann er ebenso wie beim Schuldnerverzug weiterhin Schadensersatz statt der Leistung verlangen.

4. Nebenpflichtverletzung

178 Als Ende des 19. Jahrhunderts das BGB geschaffen wurde, dachte man, man habe mit der Unmöglichkeit und dem Verzug sowie den Gewährleistungsvorschriften im Besonderen Teil alle Fälle der Leistungsstörung abgedeckt. Ein Anwalt, der bei seiner Tätigkeit mit weiteren Fällen konfrontiert wurde, machte dann darauf aufmerksam, dass die Vorschriften im BGB nicht alle Fälle abdeckten. Verkaufte beispielsweise jemand eine Sache, die aufgrund eines Defekts die Wohnung des Käufers beschädigte, so gab es keine gesetzliche Regelung, diesen Schaden auf Vertragsebene zu ersetzen.

179 Lange Zeit (bis zur Schuldrechtsmodernisierung 2002) waren diese sogenannten *positiven Vertragsverletzungen* gewohnheitsrechtlich anerkannt. Mittlerweile deckt § 280 I auch diese Fälle ab, indem er eine Pflichtverletzung aus dem Schuldverhältnis verlangt. Um welche Pflicht es sich dabei handelt, ist zunächst nicht von Belang. Entscheidend ist die Systematik des § 280: Als alleinige Anspruchsgrundlage regelt er den Schadensersatz neben der Leistung für jedwede Pflichtverletzung aus dem Schuldverhältnis. Für spezielle Fälle von Pflichtverletzungen sind die zusätzlichen Voraussetzungen der §§ 281 ff. maßgeblich.

> Sie erinnern sich: Handelte es sich um einen Fall der (nachträglichen) Unmöglichkeit, so war § 283 einschlägig, bei einer Leistungsverzögerung § 281. Zu den einzelnen Anspruchsgrundlagen im Bereich des Schadensersatzrechts erfahren Sie unter dem Gliederungspunkt „Schadensersatzpflicht" mehr.

Die Nebenpflichtverletzung (§ 241 II) als ein Bereich der positiven Vertragsverletzung kann nun zu einem Schadensersatzanspruch neben der Leistung nach § 280 I führen.

> **Fall 8: Der unachtsame Maler**
>
> Karl Kopfball lässt sein Wohnzimmer von einem Maler streichen. Dieser benötigt für die Arbeiten einen Arbeitstag und bringt sämtliche Werkzeuge und Utensilien absprachegemäß selber mit. Dazu hält er mit seinem Lieferwagen vor der Haustür und trägt dann alle Materialien vom Fahrzeug in Karls Wohnung. Mit den Malerarbeiten ist Karl sehr zufrieden. Allerdings stößt der Maler während seiner Tätigkeit auf dem Weg von der Wohnungstür zum Wohnzimmer mehrfach mit seinen Werkzeugen und der Leiter gegen Karls Möbelstücke im Flur und beschädigt diese. Durch die zahlreichen Kratzer und Dellen entsteht Karl ein Sachschaden in Höhe von 800 €.
>
> Kann Karl vom Maler Ersatz dieses Schadens verlangen?

Unter den zusätzlichen Voraussetzungen des § 282 kann der Schuldner auch Schadensersatz statt der Leistung verlangen.

> Explodiert beispielsweise die vom Sanitärfachmann S installierte Badewanne und beschädigt dabei das übrige Badezimmer, so wird der Käufer kaum ein Interesse daran haben, sich vom gleichen Installateur noch eine Badewanne einbauen zu lassen. Er kann gegen S einen Schadensersatzanspruch (statt der Leistung) aus §§ 280 I, III, 241 II, 282 geltend machen.

5. Pflichtverletzung durch Verschulden beim Vertragsschluss

Bisher haben Sie gelernt, dass die Pflichtverletzung innerhalb eines vertraglichen Schuldverhältnisses zu Schadensersatzansprüchen führen kann. Aber auch in der Stufe davor, also in der Vertragsanbahnung, können Pflichtverletzungen zu Schadensersatzansprüchen führen und ein Schuldverhältnis begründen. Ein solches ist das *vorvertragliche Schuldverhältnis*, die sogenannte *culpa in contrahendo* (lat.: Verschulden bei Vertragsschluss, kurz: c.i.c.). Es entsteht nach § 311 II durch die Aufnahme von Vertragsverhandlungen, die Anbahnung eines Vertrages oder ähnliche geschäftliche Kontakte und begründet Pflichten nach § 241 II. Eine Haftung aus c.i.c. in Fällen der Haftung des Irrenden nach Anfechtung oder des Vertreters ohne Vertretungsmacht war zwar vom Grundgedanken her im BGB von 1900 verankert. Die weitere Ausgestaltung überließen die Verfasser des BGB indes der Wissenschaft und Praxis. Die Gerichte machten von dieser Einladung zur Rechtsfortbildung Gebrauch und entwickelten die Haftung aus c.i.c. als gesetzliches Schuldverhältnis.[47] Mit der Schuldrechtsreform 2002 wurde die c.i.c. in § 311 II gesetzlich geregelt. Seither begründen schuldhafte Pflichtverletzungen im vorvertraglichen Raum einen Haftungsanspruch.

> In der Prüfungsreihenfolge werden vorvertragliche Ansprüche nach den vertraglichen Ansprüchen geprüft. Zusammen mit der Geschäftsführung ohne Auftrag, der Haftung des Vertreters ohne Vertretungsmacht und der Schadensersatzpflicht des Anfechtenden fasst man diese Ansprüche als sog. *quasivertragliche Ansprüche* oder *vertragsähnliche Ansprüche* zusammen.

182 Anspruchsgrundlage für einen vorvertraglichen Schadensersatzanspruch ist die Anspruchskette aus den §§ 280 I, 241 II i.V.m. § 311 II.

> Das klassische Beispiel für einen Schadensersatzanspruch aus einem vorvertraglichen Schuldverhältnis ist der *Salatblattfall*.[48] Der Kunde rutscht in der Gemüseabteilung des Supermarktes auf einem heruntergefallenen Salatblatt aus, bricht sich den Arm und verlangt vom Supermarktbetreiber Schadensersatz. Anspruchsgrundlage sind die §§ 280 I, 241 II i.V.m. § 311 II, denn der Kunde begab sich zum Zwecke des Kaufabschlusses in den Supermarkt.

In einem vorvertraglichen Schuldverhältnis können nur Sekundäransprüche existieren, da es mangels Vertrags keine Primäransprüche gibt.

6. Schadensersatzpflicht

183 Rechtsfolge einer Pflichtverletzung ist das Entstehen einer Schadensersatzpflicht. Um den Schaden geltend zu machen, existieren im Wesentlichen zwei Anspruchsgrundlagen, die Sie bereits kennengelernt haben: § 280 I und § 311a II. Auch die Unterscheidung der beiden Anspruchsgrundlagen kennen Sie bereits: Bestand das Leistungshindernis bereits bei Vertragsschluss, ist § 311a II einschlägig. Tritt das Leistungshindernis erst nach Vertragsschluss auf, ist § 280 I anwendbar.

a) Schadensersatz nach § 280 I

184 § 280 I ist die zentrale Norm für Schadensersatzansprüche im Leistungsstörungsrecht. Ein Anspruch nach § 280 I setzt voraus, dass

---

[47] MüKo-BGB/*Emmerich*, § 311, Rn. 38.
[48] Entschieden vom BGH in NJW 1976, 712 in der Konstellation eines Vertrages mit Schutzwirkung zugunsten Dritter, da das Kind der Kundin ausrutschte und Schadensersatzansprüche geltend machte.

- ein Schuldverhältnis besteht,
- der Schuldner eine Pflicht aus diesem Schuldverhältnis verletzt hat,
- diese Pflichtverletzung auch zu vertreten hat und
- dem Gläubiger ein ersatzfähiger Schaden entstanden ist.

§ 280 I wird ergänzt um weitere Vorschriften, die je nach angestrebter Rechtsfolge und Fallkonstellation hinzutreten. So kann der Gläubiger Schadensersatz wegen Verzögerung der Leistung nach § 280 II nur unter der zusätzlichen Voraussetzung des § 286 verlangen. Schadensersatz statt der Leistung ist nach § 280 III nur unter den zusätzlichen Voraussetzungen der §§ 281, 282 und 283 möglich.

Folgende Übersicht soll Ihnen die Suche nach der passenden Anspruchsgrundlage erleichtern: **185**

Anspruchsziel: Schadensersatz…	Anspruchsgrundlage
…neben der Leistung	§ 280 I
…wegen Verletzung einer Nebenpflicht	§§ 280 I, 241 II
…wegen vorvertraglicher Pflichtverletzung	§§ 280 I, 241 II, 311 II
…wegen Verzögerung der Leistung	§§ 280 I, II, 286
…statt der Leistung wegen Schlechtleistung	§§ 280 I, III, 281
…statt der Leistung bei Nebenpflichtverletzung	§§ 280 I, III, 282
…statt der Leistung bei Ausschluss der Leistungspflicht	§§ 280 I, III, 283

b) Schadens- oder Aufwendungsersatz nach § 311a II

§ 311a II gibt dem Gläubiger die Wahl zwischen einem Anspruch auf Schadensersatz statt der Leistung (Var. 1) oder einem Anspruch auf Ersatz seiner Aufwendungen (Var. 2). Wie bei § 280 I prüft man auch im Fall des § 311a II die Punkte: Schuldverhältnis, Pflichtverletzung, Vertretenmüssen und Schaden. Die Pflichtverletzung liegt in der Nichterbringung der Leistung wegen anfänglicher Unmöglichkeit. Bezugspunkt für das Vertretenmüssen ist nicht die anfängliche Unmöglichkeit als solche, sondern die Kenntnis oder fahrlässige Unkenntnis dieses Umstandes (§ 311a II 2). **186**

c) Art und Umfang des Schadensersatzes

In welcher Art und in welchem Umfang Schadensersatz zu leisten ist, bestimmen die §§ 249 ff. Sie dienen der Haftungsausfüllung. Auf welcher Haftungsnorm der Schadensersatzanspruch beruht, ist für ihre Anwendung nicht von Belang. Aus der Stellung im Allgemeinen Teil des Schuldrechts ergibt sich die Anwendung der §§ 249 ff. auf **187** sämtliche schuldrechtlichen Ansprüche, unabhängig davon, ob es sich um ein vertragliches, quasivertragliches oder gesetzliches Schuldverhältnis handelt. Die §§ 249 ff. sind dispositives Recht.

188 § 249 I stellt den Grundsatz auf, es sei der Zustand herzustellen, der bestehen würde, wenn der zum Ersatz verpflichtende Umstand nicht eingetreten wäre. Als Schaden wird daher die Differenz zwischen dem Vermögensstand ohne das schädigende Ereignis (hypothetischer Zustand) und dem tatsächlich gegebenen Vermögensstand (realer Zustand) angesehen.[49] Man bezeichnet diese Schadensermittlung als *Differenzhypothese*. Nach § 252 S. 1 umfasst der zu ersetzende Schaden auch den entgangenen Gewinn. Als entgangen gilt nach § 252 S. 2 der Gewinn, welcher nach dem gewöhnlichen Lauf der Dinge oder nach den besonderen Umständen, insbesondere nach den getroffenen Anstalten und Vorkehrungen, mit Wahrscheinlichkeit erwartet werden konnte.

189 Von großer Relevanz ist die Unterscheidung zwischen Vermögens- und Nichtvermögensschäden, da bei letztgenannten eine Entschädigung in Geld nur in den vom Gesetz vorgesehenen Fällen gefordert werden kann. Es gilt der Vorrang der *Naturalherstellung* (auch *Naturalrestitution* genannt). Wichtigster Fall der Geldentschädigung bei einem Nichtvermögensschaden ist das sog. *Schmerzensgeld* nach § 253 II. Danach kann auch für einen Schaden, der nicht Vermögensschaden ist, eine billige Entschädigung in Geld verlangt werden, sofern wegen einer Verletzung des Körpers, der Gesundheit, der Freiheit oder der sexuellen Selbstbestimmung Schadensersatz zu leisten ist.

190 Eine etwaige Mitwirkung des Geschädigten bei der Entstehung des Schadens wird über § 254 und das sog. *Mitverschulden* berücksichtigt. Das Mitverschulden schließt den Schadensersatzanspruch nicht vollständig aus. Vielmehr ist der Schaden zwischen dem Schädiger und dem Geschädigten zu teilen. Die Quote ist vom Einzelfall abhängig, jedoch haben sich in der Praxis für typische Schadenssituationen, wie z.B. Verkehrsunfälle, Quotentabellen herausgebildet.[50]

III. Das Recht der Allgemeinen Geschäftsbedingungen

191 Sicherlich haben Sie schon den einen oder anderen Vertrag abgeschlossen, bei dem Sie sich mit der Geltung von Allgemeinen Geschäftsbedingungen (AGB) einverstanden erklärt haben. Wie Sie bereits gelernt haben, können die Vertragsparteien grundsätzlich frei über den Vertragsinhalt entscheiden (Vertragsfreiheit). Nun gibt es jedoch Situationen, in denen eine der Parteien eine deutlich bessere Position innehat als die andere. Diese Situation kann sie leicht ausnutzen und die Parameter des zu schließenden Vertrages diktieren. In den

---

[49] MüKo-BGB/*Oetker*, § 249, Rn. 18.
[50] So z.B. die Berliner Quotentabelle, die Hamburger Quotentabelle oder die Münchener Quotentabelle.

meisten Fällen geschieht das derart, dass die überlegene Partei ein für etliche Verträge vorgefertigtes Konglomerat an Klauseln in den spezifischen Vertrag einbezieht und sich die andere Partei mit deren Geltung einverstanden erklärt. Ein freies Verhandeln gleichgestellter Vertragsparteien über die Einzelheiten des Vertrages findet dann nicht mehr statt. Vielmehr wird die unterlegene Partei de facto gezwungen, den Vertrag mit den gestellten Bedingungen der anderen Partei abzuschließen, da sie andernfalls möglicherweise nicht an die gewünschte Ware gelangt. Um dieses Ungleichgewicht auszugleichen, kennt das BGB spezielle Bestimmungen, die die Verwendung von AGB einschränken. Das AGB-Recht ist im BGB in den §§ 305 ff. geregelt und dient vor allen Dingen dem Schutz des Verbrauchers vor vom Unternehmer verwendeten missbräuchlichen oder missverständlichen Klauseln. Entsprechend gelten bestimmte Vorschriften auch nur für Verträge zwischen einem Unternehmer und einem Verbraucher, § 310 (Anwendungsbereich der §§ 305 ff.).

Stellen Sie sich zur Veranschaulichung der soeben beschriebenen Situation folgenden Fall vor: Die Graphitwerk AG vertreibt Bleistifte und Büroartikel jeder Art und Güte. Um beim Vertragsschluss mit ihren Abnehmern Zeit und Arbeitskosten zu sparen, hat sie sich irgendwann dazu entschlossen, ihre Verträge zu standardisieren. Natürlich macht der ausgearbeitete Standardvertrag Gebrauch von allen möglichen Individualabsprachen, um etwaige Risiken weitestgehend auf den Vertragspartner abzuwälzen. Insgesamt ist der Standardvertrag am Ende 80 Seiten lang und enthält etliche von den gesetzlichen Regelungen abweichende Vereinbarungen. Weil der Vertragspartner jedes Mal verschieden ist und individuell ergänzt werden muss und man ihm nicht zumuten möchte, 80 Seiten Vertragswerk durchzulesen, beschließt die Graphitwerk AG, aus dem Standardvertrag einen einseitigen, von den Parteien auszufüllenden und zu unterschreibenden Vertrag zu machen und den Rest in sogenannte „allgemeine Vertragsbedingungen" auszugliedern, auf die man im Vertrag hinweist. Die allgemeinen Vertragsbedingungen werden Bestandteil des Vertrages. Schon bei den ersten Vertragsabschlüssen ist man höchst zufrieden mit dem Werk: Die Vertragspartner sind zu faul, sich die allgemeinen Vertragsbedingungen durchzulesen und unterschreiben.

Sie merken, worauf die Sache hinausläuft? Die Graphitwerk AG nutzt ihre überlegene Stellung (der Kunde möchte etwas von ihr erwerben und lässt sich daher auf sämtliche „Individualabreden" ein), um Verträge zu ihren Gunsten zu gestalten. Dass wir uns nicht missverstehen: Es ist ihr gutes Recht, dies zu tun, immerhin könnten die Kunden ja die Bedingungen auch lesen. Um in dieser Situation den Verbraucher zu schützen, gibt es die AGB-Regelungen im BGB.

> Diese verhindern, dass die Bedingungen überraschende oder missbräuchliche Klauseln enthalten, indem sie solche mit Unwirksamkeit ahnden.

192 Wie immer ist es zunächst notwendig, klarzustellen, was eigentlich unter Allgemeinen Geschäftsbedingungen zu verstehen ist. § 305 I definiert AGB als für eine Vielzahl von Verträgen vorformulierte Vertragsbedingungen, die eine Vertragspartei (Verwender) der anderen Vertragspartei bei Abschluss eines Vertrags stellt. Sie werden nur dann Bestandteil des Vertrages, wenn der Verwender ausdrücklich auf sie hinweist, dem Vertragspartner ausreichend Gelegenheit gibt, von ihnen Kenntnis zu nehmen und dieser sich mit ihrer Geltung einverstanden erklärt, § 305 II (*Einbeziehungskontrolle*). Nach der Feststellung, dass der Anwendungsbereich der §§ 305 ff. eröffnet ist, ist in einem juristischen Gutachten daher zunächst zu untersuchen, ob es sich überhaupt um AGB handelt, um sodann zu klären, ob diese auch in den Vertrag einbezogen wurden.

193 Ist beides der Fall und durch die AGB soll von gesetzlichen Bestimmungen abgewichen werden (§ 307 III), beginnt die sogenannte *Inhaltskontrolle*. Dabei wird zunächst geprüft, ob die verwendete/n Klausel/n gegen Klauselverbote ohne Wertungsmöglichkeit (§ 309) oder Klauselverbote mit Wertungsmöglichkeit (§ 308) verstoßen. Ist dies nicht der Fall, so wird anhand von § 307 II und § 307 I geprüft, ob eine unangemessene Benachteiligung entgegen den Geboten von Treu und Glauben vorliegt. Einen Anhaltspunkt für eine derartige Benachteiligung liefert § 307 II: Danach ist sie im Zweifel anzunehmen, wenn eine Klausel mit wesentlichen Grundgedanken der gesetzlichen Regelung, von der abgewichen wird, nicht zu vereinbaren ist (Nr. 1) oder wesentliche Rechte und Pflichten, die sich aus der Natur des Vertrages ergeben, so einschränkt, dass die Erreichung des Vertragszwecks gefährdet ist (Nr. 2). Nur wenn sich keine unangemessene Benachteiligung nach § 307 II ergibt, erfolgt die Prüfung nach § 307 I. Bei der Beurteilung der Angemessenheit von AGB kommt es primär auf eine umfassende Interessenabwägung an. Dabei sind alle Umstände des Einzelfalles in Betracht zu ziehen und die jeweiligen Interessen von Verwender und Kunde zu ermitteln und gegeneinander abzuwägen.

194 Rechtsfolge einer Benachteiligung (oder eines Verstoßes gegen die Klauselverbote) ist die Unwirksamkeit der betreffenden Klausel. Wichtig ist, dass der Vertrag im Übrigen wirksam bleibt, § 306 I. Für den unwirksam gewordenen Teil richtet sich der Inhalt des Vertrages nach den gesetzlichen Vorschriften, § 306 II.

> Verwendet ein Unternehmen bei einem Vertragsverhältnis über die regelmäßige Lieferung von Waren AGB, die auch Bestandteil des Vertrages werden und in denen eine Klausel eine mehr als zweijährige Vertragslaufzeit vorsieht, ist diese Klausel beispielsweise nach § 309 Nr. 9a unwirksam. Im Übrigen bleibt der Vertrag aber wirksam.

Insgesamt wird der Vertrag nur dann nach § 306 III unwirksam, wenn das Festhalten an ihm auch unter Berücksichtigung der aus § 306 II resultierenden teilweisen Geltung gesetzlicher Vorschriften eine unzumutbare Härte für eine Vertragspartei darstellen würde. Relevant ist der Zeitpunkt der Geltendmachung der Ansprüche aus dem Vertrag. Da es für den Kunden in der Regel von Vorteil ist, wenn der Vertrag infolge des Wegfalls oder der Unwirksamkeit von AGB in modifizierter Form aufrechterhalten wird, betrifft die Regelung hauptsächlich den Verwender von AGB. Für den Kunden kann sich eine unzumutbare Härte aber dann ergeben, wenn beim Wegfall aller oder der meisten AGB aufgrund eines im Gesetz nicht näher geregelten Vertragstypus keine gesetzliche Auffangregelung existiert und damit Ungewissheit oder Streit über die beiderseitigen Rechte und Pflichten droht.[51] Für den Verwender kann eine Härte dann vorliegen, wenn ihn infolge des Wegfalls von AGB-Klauseln nunmehr Risiken treffen, die er zuvor nicht berücksichtigt hat. Diese Härte ist im Regelfall aber nicht unzumutbar, da der Verwender es sich selbst zuzuschreiben hat, wenn ihm aufgrund der Verwendung rechtlich unzulässiger Klauseln Nachteile entstehen.[52] Nach dem BGH kommt eine Unwirksamkeit dann in Betracht, wenn das Vertragsgleichgewicht grundlegend gestört ist. Dazu genüge allerdings nicht schon jeder wirtschaftliche Nachteil aufseiten des Verwenders. Vielmehr sei eine einschneidende Störung des Äquivalenzverhältnisses notwendig.[53]

Fall 9: Probleme mit dem Eigenheim

Karl Kopfball hat vor kurzem ein Grundstück am Markkleeberger See erworben. Nun möchte er auf dem Grundstück ein Haus errichten und schließt dazu mit der Hübschbau GmbH (H) einen schriftlichen Vertrag über die Herstellung eines schlüsselfertigen Eigenheims zu einem Festpreis von 400.000 €. Gemäß der Bau- und Leistungsbeschreibung schuldet H alle denkbaren Bauleistungen einschließlich des Innenausbaus. Der Vertrag verweist deutlich auf die beigefügten vorgedruckten „Bedingungen für den Eigenheimbau". Diese beinhalten im Punkt „Zahlungsmodalitäten" folgende Klausel:

„Der Bauherr erteilt der Hübschbau GmbH die Vollmacht, in seinem Namen Handwerker zur Fertigstellung des Bauwerks beauftragen zu dürfen."

Zu den Handwerkern, die H beim Hausbau einsetzt, gehört auch der selbständige Fliesenlegermeister Fritz Flink (F). Als dieser von der H trotz ordnungsgemäß verlegten Fliesen und mehrfacher Mahnung keine Zahlung erhält, verlangt er seine Vergütung von Karl Kopfball. Er erklärt ihm, die H habe

---

[51] BGH NJW 1983, 159 (162); NJW-RR 2003, 1056 (1060); MüKo-BGB/*Basedow*, § 306, Rn. 47.
[52] MüKo-BGB/*Basedow*, § 306, Rn. 45.
[53] BGH NJW-RR 1996, 1009 (1010); NJW-RR 2002, 1136 (1137).

> den Vertrag mit ihm in seinem Namen abgeschlossen, weshalb Karl verpflichtet sei, ihn zu entlohnen. Karl wiederum wendet ein, er habe der H keine Vollmacht erteilen wollen und die Klausel im Vertrag nicht gelesen. Überdies könne es wohl kaum rechtens sein, dass er der H 400.000 € für die Fertigstellung des Hauses zahlt und zusätzlich auch die einzelnen Handwerker für deren Leistungen bezahlen müsse.
>
> Wer hat Recht?

IV. Widerrufsrecht bei Verbraucherverträgen

195 Einen ersten Einblick in den Verbraucherschutz haben Sie durch die Erläuterungen des AGB-Rechts soeben erhalten. Überall im BGB finden sich weitere Regelungen, die dem Verbraucherschutz dienen. Einige davon dürften Ihnen hinlänglich bekannt sein, wenn Sie schon einmal online eingekauft und die gekauften Sachen zurückgeschickt haben. Die Rede ist vom Widerrufsrecht. Ein solches setzt nach § 355 I voraus, dass dem Verbraucher ein Widerrufsrecht durch Gesetz eingeräumt wurde. Anwendung findet der Widerruf nur bei Verbraucherverträgen, also solchen Verträgen, die zwischen einem Unternehmer und einem Verbraucher geschlossen wurden, § 310 III, und eine entgeltliche Leistung des Unternehmers zum Gegenstand haben, § 312 I.

> 💡 Sie erinnern sich: §§ 13 und 14 definieren, wann es sich um einen Verbraucher und wann um einen Unternehmer handelt.

Das Gesetz räumt dem Verbraucher an verschiedenen Stellen ein Widerrufsrecht ein. So z.B. im Rahmen des Verbraucherdarlehensvertrages (§ 495 I). Hier soll der Fokus aber auf dem Widerrufsrecht aus § 312g liegen, das auf bestimmte Vertriebsformen abstellt. Es trägt dem Umstand Rechnung, dass der Verbraucher in bestimmten Situationen unter psychologischem Druck steht oder keine Möglichkeit hat, den Vertragsgegenstand vor Vertragsschluss in Augenschein zu nehmen.

1. Vertriebsformen

196 Die §§ 312b und 312c regeln die in § 312g beschriebenen Vertriebsformen, nämlich einerseits die *außerhalb von Geschäftsräumen geschlossenen Verträge* und andererseits die *Fernabsatzverträge*. Beide Vertragsarten sind Verbraucherverträge im Sinne des § 310 III. Voraussetzung für die Anwendbarkeit der Regelungen ist also wieder, dass es sich bei den Vertragsparteien um einen Verbraucher und einen Unternehmer handelt und der Vertrag eine entgeltliche Leistung zum Gegenstand hat, § 312 I.

a) Außerhalb von Geschäftsräumen geschlossene Verträge

Bereits vor Einführung des *außerhalb von Geschäftsräumen geschlossenen Vertrages* kannte das BGB ein entsprechendes Pendant: Das *Haustürgeschäft*. Regelungsbedürftig waren solche Geschäfte, weil sie regelmäßig ein Überraschungselement auf Seiten des Verbrauchers enthielten, das der Unternehmer bewusst ausnutzte. Der Verbraucher sah sich einer Überrumpelungssituation und besonderem psychologischen Druck ausgesetzt.

> Vielleicht waren auch Sie schon einmal in der Situation, dass an Ihrer Wohnungstür jemand geklingelt hat und sie zum Abschluss eines unglaublich günstigen neuen Stromtarifs oder zur Mitgliedschaft in einer Hilfs- oder Wohlfahrtsorganisation überreden wollte. Für genau solche Situationen sollten dem Verbraucher gewisse Schutzmechanismen an die Hand gegeben werden.

Im Zuge der Verbraucherrechterichtlinie der EU wurde die Figur des Haustürgeschäfts durch die Figur des außerhalb von Geschäftsräumen abgeschlossenen Vertrages abgelöst. Der neue § 312b I gibt vier Definitionen für den außerhalb von Geschäftsräumen geschlossenen Vertrag. Die ersten beiden Varianten beziehen sich auf Verträge, die bei persönlicher Anwesenheit von Unternehmer und Verbraucher außerhalb der Geschäftsräume des Unternehmers geschlossen wurden oder bei denen der Verbraucher dort sein bindendes Angebot abgegeben hat.

> Als Beispiel für einen solchen Vertrag können Sie sich die altbekannte *Tupperparty* vorstellen, die in den Wohnräumen des Verbrauchers stattfindet. Zwar ist der Unternehmer – in diesem Fall der Veranstalter – anwesend. Der Vertragsschluss erfolgt aber außerhalb eines Geschäftsraums.

§ 312b I Nr. 3 enthält als dritte Variante den Fall des persönlichen Ansprechens des Verbrauchers durch den Unternehmer mit anschließender Vertragsunterzeichnung in dessen Geschäftsräumen oder per Fernkommunikationsmittel. Vierte und letzte Variante eines außerhalb der Geschäftsräume geschlossenen Vertrages ist der auf einem vom Unternehmer organisierten Ausflug geschlossene Vertrag.

> Die hier beschriebene Situation kennen Sie möglicherweise ebenfalls (aus Erzählungen): Im Rahmen eines vom Hotel organisierten Ausflugs werden dem Verbraucher Waren zum Kauf angeboten. Auch hier ist ein gewisses Überraschungsmoment gegeben, das der Unternehmer bewusst ausnutzt. Klassische *Kaffeefahrten* fallen unter § 312b I Nr. 4.

b) Fernabsatzverträge

199 Der in § 312c geregelte Fernabsatzvertrag betrifft jeden Vertrag, bei dem Unternehmer und Verbraucher ausschließlich Fernkommunikationsmittel verwenden. Als Fernkommunikationsmittel in Betracht kommen Briefe, Kataloge, Telefonanrufe und E-Mails, aber auch Rundfunk und die sogenannten *Telemedien*, unter die das Internet fällt. Entscheidend ist, dass das Fernkommunikationsmittel einen Vertragsschluss ohne gleichzeitige Anwesenheit der Vertragsparteien erlaubt.

> Der weitaus häufigste und Ihnen geläufigste Fall dürfte die Onlinebestellung über die Webseite eines Unternehmers sein.

2. Das Widerrufsrecht

200 Bei den beiden oben dargestellten Vertriebsformen gewährt § 312g dem Verbraucher ein Widerrufsrecht, dessen Voraussetzungen § 355 regelt.

> Das Widerrufsrecht ist ein klassisches Gestaltungsrecht. Es erfordert:
>
> 1) Die *Erklärung*, das Gestaltungsrecht ausüben zu wollen,
> 2) einen *Grund* für die Ausübung des Gestaltungsrechts und
> 3) die Wahrung der notwendigen *Frist* zur Ausübung des Gestaltungsrechts.

a) Grund für die Ausübung des Widerrufs

201 § 355 I stellt die Verbindung zu § 312g her, indem er voraussetzt, dass dem Verbraucher durch Gesetz ein Widerrufsrecht eingeräumt wurde. Im gutachterlichen Aufbau wäre dementsprechend bei der Prüfung von § 355 I zunächst darauf einzugehen, dass eine der in §§ 312b, 312c genannten Vertriebsformen vorliegt und dem Verbraucher aus diesem Grund ein Widerrufsrecht nach § 312g zusteht.

b) Erklärung durch den Verbraucher

202 Als Gestaltungsrecht muss das Widerrufsrecht vom Verbraucher erklärt werden. Die Erklärung erfolgt gegenüber dem Unternehmer und bedarf keiner Begründung. Ebenso wenig bedarf es einer bestimmten Form – ein Telefonanruf genügt, auch wenn es aus Beweisgründen natürlich sinnvoll ist, die Textform zu wählen. Wichtig ist, dass aus der Erklärung hervorgeht, dass der Verbraucher Gebrauch von seinem Widerrufsrecht macht. Dieser Wille muss eindeutig aus der Erklärung hervorgehen, auch wenn nicht zwingend erforderlich ist, dass das Wort „Widerruf" benutzt wird.

> Bis 2014 genügte eine kommentarlose Rücksendung der Sache innerhalb der Frist, um Gebrauch vom Widerrufsrecht zu machen. Wenn Sie noch ein altes

> Gesetz besitzen, sollten Sie diesen wichtigen Unterschied im Hinterkopf behalten!

An späterer Stelle werden Sie noch beim kaufvertraglichen Mängelgewährleistungsrecht feststellen, dass es auch so etwas wie die Nacherfüllung gibt. Weil der Verkäufer nicht wissen kann, ob der Käufer nun Nacherfüllung verlangt oder seinen Widerruf erklärt, muss der Entschluss, vom Widerrufsrecht Gebrauch zu machen, aus der Erklärung hervorgehen.

> 💡 Um dem Verbraucher die Rücksendung zu erleichtern, nutzen viele Unternehmen vorformulierte Widerrufsformulare. Diese Möglichkeit räumt § 356 I 1 dem Unternehmer ein.

c) Frist

Die Frist für die Erklärung des Widerrufs beträgt gemäß § 355 II 14 Tage und beginnt mit Vertragsschluss, soweit nichts anderes bestimmt ist. Hinsichtlich der Frist ist jedoch zu beachten, dass etliche Bestimmungen Abweichungen vom oben genannten Fristbeginn enthalten. So legt § 356 II Nr. 1 a) beispielsweise fest, dass bei einem Verbrauchsgüterkauf die Frist beginnt, sobald der Verbraucher die Ware erhalten hat.

203

> 💡 Als Verbrauchsgüterkauf bezeichnet man den Kauf einer beweglichen Sache durch einen Verbraucher von einem Unternehmer, § 474. Näheres dazu erfahren Sie später im Abschnitt über den Kaufvertrag.

Auch individualvertraglich kann eine längere Frist vereinbart werden. Viele Onlineversandhändler räumen dem Verbraucher beispielsweise aus Kulanz eine wesentlich längere Widerrufsfrist ein.

d) Rechtsfolge

Rechtsfolge des ausgeübten Widerrufsrechts ist die unverzügliche Rückgewährung der empfangenen Leistungen, § 355 III 1. Nähere Ausgestaltung erfährt diese Rechtsfolge durch die §§ 357 ff. in bestimmten Situationen.

204

> **Fall 10: Lesen bildet**
>
> Zur Vorbereitung auf die neue Saison hat sich Karl Kopfball beim Onlinebuchhandel mehrlesen.de ein Buch über die Taktiken der großen Fußballtrainer bestellt. Nachdem das Buch angekommen ist, wirft er einen Blick hinein und muss feststellen, dass große Trainer, wie Pep Guardiola, Jupp Heynckes und Louis van Gaal überhaupt nicht im Buch erwähnt werden. Enttäuscht verpackt er das Buch wieder und schickt es kommentarlos an den Onlinebuchhandel zurück.
>
> Als vier Wochen später ein Schreiben des Onlinebuchhandels eintrifft, in dem dieser von Karl Kopfball die Zahlung des Kaufpreises des Buches fordert, versteht Karl Kopfball die Welt nicht mehr. Sofort ruft er an und erklärt am Telefon, er habe das Buch schon vor vier Wochen zurückgeschickt und wolle vom Vertrag nichts mehr wissen.
>
> Muss Karl Kopfball das Buch bezahlen?

V. Gläubiger- und Schuldnerwechsel

205 Das BGB kennt Regeln für den Übergang der Rechtsstellung des Gläubigers und für die des Schuldners auf eine andere Person. Auf Gläubigerseite erfolgt der Wechsel durch Abtretung der Forderung (*Zession*) gemäß §§ 398 ff. Der Wechsel auf Schuldnerseite geschieht durch Schuldübernahme nach den §§ 414 ff.

1. Die Abtretung

206 Eine Forderung kann

- mittels Rechtsgeschäft,
- kraft Gesetzes oder
- durch Hoheitsakt

übertragen werden. Praktisch relevant ist die Forderungsabtretung insbesondere im Wirtschaftsleben.

a) rechtsgeschäftlicher Forderungsübergang

207 Forderungen werden rechtsgeschäftlich durch Abtretung nach den §§ 398 ff. übertragen. Häufig liegt der Forderungsabtretung ein Kausalgeschäft, wie z.B. ein Kaufvertrag zugrunde. Im Zuge dieses Verpflichtungsgeschäfts verpflichtet sich der Verkäufer zur Abtretung einer bestimmten Forderung, der Käufer zur Zahlung eines Entgelts. Den Altgläubiger nennt man *Zedenten*, den neuen Gläubiger *Zessionar*, die Forderungsabtretung an sich *Zession*. Mit Abschluss des Abtretungsvertrages tritt der neue Gläubiger an die Stelle

des bisherigen Gläubigers. Ein Zutun des Schuldners ist nicht erforderlich. Insbesondere kommt es nicht auf dessen Zustimmung oder Kenntnis an.

Auch zur *Kreditsicherung* werden Forderungen abgetreten. Das zugrundeliegende Kausalgeschäft bezeichnet man dann als Sicherungsabrede. Darin ist meist geregelt, dass die Abtretung nur sicherheitshalber erfolgen soll. Der Zessionar hat damit im Außenverhältnis mehr Macht, als sie ihm im Innenverhältnis durch die Parteivereinbarung eingeräumt wird (denn er könnte die Forderung gegenüber dem Schuldner jederzeit geltend machen, während er dies nach der Sicherungsabrede erst darf, sobald der Sicherungsfall eintritt). **208**

b) gesetzlicher Forderungsübergang

In bestimmten Fällen sieht das Gesetz einen automatischen Forderungsübergang vor. Diesen gesetzlichen Forderungsübergang nennt man auch *cessio legis*. Zahlt beispielsweise der Bürge an den Gläubiger, so geht die Forderung des Gläubigers auf den Bürgen über, der dann den Hauptschuldner in Anspruch nehmen kann. **209**

c) Forderungsübergang durch Hoheitsakt

Wird im Rahmen der Zwangsvollstreckung eine Forderung gepfändet, so erwirbt der Gläubiger die gepfändete Forderung mit Zustellung des Überweisungsbeschlusses. Dies ist beispielsweise bei der Lohnpfändung der Fall. **210**

2. <u>Die Schuldübernahme</u>

Der Schuldner kann durch die Schuldübernahme nach den §§ 414 ff. ausgewechselt werden. Dies geschieht durch einen Vertrag. Wichtig ist, dass es im Gegensatz zur Abtretung der Beteiligung des Gläubigers bedarf. Aus diesem Grund sind zwei Konstellationen möglich: Entweder vereinbart der Neuschuldner mit dem Gläubiger die Schuldübernahme (§ 414) oder der Altschuldner schließt einen Vertrag mit dem Neuschuldner, der vom Gläubiger genehmigt wird (§ 415). **211**

VI. Mehrheit von Schuldnern und Gläubigern

Bisher haben Sie stets Rechtsbeziehungen zwischen einem Schuldner und einem Gläubiger kennengelernt. Sowohl auf Schuldner-, als auch auf Gläubigerseite können jedoch auch mehrere Personen auftreten. Stellen Sie sich z.B. eine WG vor, in der nicht einer der Bewohner alleiniger Mieter ist, sondern alle Bewohner Vertragsparteien des Mietvertrages mit dem Vermieter sind. Von wem kann in diesem Fall der Vermieter die Miete verlangen? Kann er von einem Mieter die gesamte Miete verlangen? Die Antwort auf diese Fragen finden Sie in den §§ 420 ff. **212**

1. Schuldnermehrheit

213 Widmen wir uns zunächst der Schuldnermehrheit. Man unterscheidet zwischen *Teilschuld* und *Gesamtschuld*. Die Teilschuld ist in § 420 geregelt: Jeder Schuldner ist nur zur Leistung eines gleichen Anteils verpflichtet.

214 Der relevantere Fall der Schuldnermehrheit ist die Gesamtschuld. Sie ist in § 427 geregelt und bildet den gesetzlichen Regelfall. Sofern sich mehrere Personen durch Vertrag gemeinschaftlich zu einer teilbaren Leistung verpflichten, so haften sie im Zweifelsfall als Gesamtschuldner. Der Gläubiger kann von jedem Schuldner die gesamte Leistung verlangen, was dazu führt, dass der Gläubiger sich den solventesten Schuldner aussuchen kann. Für ihn ist die Gesamtschuld also die bequemste und sicherste Rechtsposition. Die gleichmäßige Verteilung der Schuld ist nicht Sache des Gläubigers, sondern der Schuldner. Sie müssen im Rahmen des sogenannten *Gesamtschuldnerausgleichs* untereinander Regress nehmen. Derjenige, der die ganze Leistung an den Gläubiger geleistet hat, wird kraft Gesetzes Inhaber der Forderung des Gläubigers gegen die übrigen Gesamtschuldner, § 426 II. Es findet ein gesetzlicher Forderungsübergang statt.

> Mieten die drei Studierenden A, B und C vom Vermieter V eine Wohnung und unterzeichnen alle drei den Mietvertrag als Mieter, so sind sie Gesamtschuldner der Miete. V kann nun von B die gesamte Miete verlangen. Ebenso könnte er aber auch A oder C in Anspruch nehmen. Wer die Miete gezahlt hat, erwirbt anschließend den Anspruch von V und kann von den anderen Regress verlangen.

215 Weil § 427 nur die Schuldnermehrheit betrifft und damit in dieser Hinsicht spezieller ist als § 420, ist die Auslegungsregel des § 420, wonach bei einer teilbaren Leistung eine Teilschuldnerschaft entsteht, praktisch außer Kraft gesetzt. Sie entfaltet nur noch hinsichtlich der Gläubigermehrheit Wirkung.

2. Gläubigermehrheit

216 Liegt eine Mehrheit von Gläubigern vor, so ergeben sich die gleichen Regelungskomplexe, allerdings seitenverkehrt. Man unterscheidet also *Teilgläubigerschaft* (§ 420) und *Gesamtgläubigerschaft* (§ 428). Wie die Gesamtschuldnerschaft für den Gläubiger günstig ist, so ist die Gesamtgläubigerschaft für den Schuldner günstig: Durch Leistung an einen beliebigen Gesamtgläubiger wird er von seiner Leistungspflicht befreit.

217 Zu den beiden genannten Formen tritt noch eine dritte Form, die *Gesamthandsgläubigerschaft*. Sie liegt vor, wenn mehrere Gläubiger die Leistung nur an alle fordern können. Typisch ist, dass jeder Gläubiger zwar ein Forderungsrecht hat, die Leistung jedoch nicht an sich, sondern nur an alle verlangen kann. Im Gegensatz zur Gesamtgläubigerschaft hat die

Gesamthandsgläubigerschaft den Vorteil, dass nicht das Risiko besteht, an einen unseriösen Gesamtgläubiger zu geraten, an dem der Ausgleichsanspruch der übrigen Gesamtgläubiger scheitert.

> A, B und C sind Gesellschafter einer offenen Handelsgesellschaft (OHG). Die OHG hat mit dem Kunden K einen Kaufvertrag geschlossen. A kann als Gesellschafter der OHG die Zahlung des Kaufpreises von K verlangen, allerdings nur an die OHG und nicht an sich selbst.

B. Besonderer Teil

Im Besonderen Teil des Schuldrechts finden sich einzelne vertragliche Schuldverhältnisse und die gesetzlichen Schuldverhältnisse. **218**

> Sie erinnern sich: Vertragliche Schuldverhältnisse kommen durch Willensübereinstimmung der Parteien zustande, gesetzliche Schuldverhältnisse hingegen entstehen, sobald die Voraussetzungen bestimmter Tatbestandsmerkmale erfüllt werden.

Der Gesetzgeber regelte die gebräuchlichsten Schuldverhältnisse für den Fall, dass die Parteien keine individuellen Abreden treffen. Dies bedeutet aber nicht, dass diese Regelungen verbindlich sind. Die meisten Vorschriften im Besonderen Teil des Schuldrechts, die vertragliche Schuldverhältnisse betreffen, sind *dispositiv* (Vertragsfreiheit). So ist es auch nicht verwunderlich, dass viele alltägliche Schuldverhältnisse sich aus mehreren gesetzlich geregelten Vertragstypen zusammensetzen. Man spricht bei diesen Verträgen von *gemischten Verträgen*. Ein Beherbergungsvertrag z.B. setzt sich aus Miet-, Dienst- und Werkvertrag zusammen. Sofern Sie die Minibar plündern, gesellen sich dazu auch Elemente des Kaufvertrages. Neben den gemischten Verträgen gibt es auch Vertragsarten, die der Gesetzgeber des ausgehenden 19. Jahrhunderts nicht einmal kannte. Sie haben sich mit der Zeit herausgebildet und sind nur teilweise durch Gesetzesnovellen geregelt worden (z.B. der Reisevertrag). Man nennt diese Schuldverhältnisse *Verträge eigener Art (sui generis)*. Beispiele für solche, nicht gesetzlich geregelten Vertragstypen sind der Leasingvertrag, der Factoring-Vertrag oder das Franchising.

In diesem Teil des Buchs wird es zunächst um das Kaufrecht und dessen **219** Mängelgewährleistungsrecht gehen. Dabei werden Sie viele Verweise auf das Allgemeine Schuldrecht bemerken und Bekanntes vorfinden. Bevor es schließlich zu den gesetzlichen Schuldverhältnissen geht, werden Sie noch einen kurzen Überblick über das Mietrecht sowie den Dienst- und Werkvertrag erhalten. Leasing, Factoring und Franchising werden ebenfalls kurz angeschnitten, um Ihnen die Grundzüge näherzubringen.

I. Vertragliche Schuldverhältnisse

1. Der Kaufvertrag

220 Der Kaufvertrag ist ein gegenseitiger Vertrag, die Leistungsbeziehungen stehen in einem synallagmatischen Verhältnis. Der Verkäufer verpflichtet sich nach § 433 I 1 zur Übergabe und Übereignung des Kaufgegenstandes, während sich der Käufer im Gegenzug zur Zahlung des vereinbarten Kaufpreises verpflichtet, § 433 II. Als weitere Pflichten stehen sich die Mangelfreiheit der Sache und deren Abnahme durch den Käufer gegenüber.

> Denken Sie daran, dass der Kaufvertrag ein Verpflichtungsgeschäft ist! Durch ihn wird die Sache weder übergeben noch wird das Eigentum übertragen. Dass dieser Eindruck im Alltag entsteht, hängt größtenteils damit zusammen, dass häufig Barkäufe getätigt werden, bei denen die sachenrechtliche Übereignung (Verfügungsgeschäft) erfolgt, sobald das Geld übergeben ist.

Zustande kommt der Kaufvertrag durch Angebot und Annahme. Das Angebot muss als wesentliche Vertragsmodalitäten (*essentialia negotii*) enthalten: die Vertragsparteien, den Kaufgegenstand und den Kaufpreis. Für den Abschluss des Kaufvertrages gilt die Formfreiheit. Aus beweistechnischen Gründen empfiehlt es sich natürlich, einen Kaufvertrag schriftlich zu fixieren, vom Gesetz vorgegeben ist dies jedoch in den meisten Fällen nicht. Vorgeschrieben ist eine besondere Form nur bei bestimmten Kaufgegenständen, wie z.B. einem Grundstück. Hier verlangt § 311b I die notarielle Beurkundung.

a) Das kaufrechtliche Mängelgewährleistungsrecht

221 Kern des Kaufrechts ist das Mängelgewährleistungsrecht. Da der Verkäufer verpflichtet ist, dem Käufer eine Sache zu verschaffen, die frei von Mängeln ist, kreist alles um den Begriff des Mangels. In Betracht kommen dabei nicht nur Sachmängel (§ 434), sondern auch Rechtsmängel (§ 435). Ein Rechtsmangel liegt beispielsweise vor, wenn das verkaufte Grundstück mit einer Grunddienstbarkeit belastet ist oder der Kaufgegenstand an einen Dritten vermietet ist. Sach- und Rechtsmangel sind mit Hinblick auf die Rechtsfolgen gleichgestellt. Insofern konzentrieren wir uns im Folgenden auf den Sachmangel.

aa) Begriff des Sachmangels

222 Nach § 434 I 1 liegt ein Sachmangel vor, wenn die Sache bei Gefahrübergang nicht die vereinbarte Beschaffenheit hat. Man spricht von einer Abweichung der Ist-Beschaffenheit von der Soll-Beschaffenheit. Der Gesetzgeber legt einen *subjektiven Fehlerbegriff* zugrunde. Entscheidend ist, was die Parteien vereinbart haben. Haben die Parteien nichts vereinbart, so bestimmt § 434 I 2, wann ein Mangel vorliegt.

Schuldrecht

> Beachten Sie die vom Gesetz vorgegebene Prüfungsreihenfolge: Erst in Ermangelung einer Beschaffenheitsvereinbarung kommt § 434 I 2 zum Tragen. Vorrangig ist also stets die Parteivereinbarung über die Beschaffenheit der Sache. Hintergrund ist, dass es den Parteien freigestellt sein soll, was sie als tauglichen Vertragsgegenstand definieren. Ein fahruntüchtiges, ansonsten aber gut erhaltenes Cadillac Eldorado Cabriolet aus dem Jahr 1953, dem Motor und Hinterachse fehlen, kann dennoch genau das sein, was die Vertragspartei kaufen möchte. So beispielsweise, wenn sie Front und Heck zur Deko in ihrem Restaurant verwenden möchte. In diesem Fall wäre das Cabrio frei von Sachmängeln, obwohl es objektiv gesehen als Fortbewegungsmittel untauglich ist.

Nach § 434 I 2 Nr. 1 liegt ein Mangel vor, wenn die Sache sich nicht für die nach dem Vertrag vorausgesetzte Verwendung eignet (Käufer kauft Yacht, um damit über den Atlantik zu segeln; die Yacht muss also hochseetauglich sein). Hilfsweise bestimmt § 434 I 2 Nr. 2, dass die Sache dann mangelhaft ist, wenn sie sich nicht für die gewöhnliche Verwendung eignet und eine Beschaffenheit aufweist, die bei Sachen der gleichen Art nicht üblich ist. Mit dieser Auffangregelung wird auf einen *objektiven Fehlerbegriff* zurückgegriffen. Weitere Mängel sind in § 434 II und § 434 III definiert (z.B. die sog. *IKEA-Klausel* der mangelhaften Montageanleitung).

Maßgeblicher Zeitpunkt für das Vorliegen des Sachmangels ist der in § 446 S. 1 definierte **223** *Gefahrübergang*. Im Normalfall ist dies die Übergabe der Sache. Beim Versendungskauf geht die Gefahr des zufälligen Untergangs in dem Zeitpunkt auf den Käufer über, in dem der Verkäufer die Kaufsache der für den Versand zuständigen Person übergeben hat, § 447.

bb) Ausschluss der Haftung

Kannte der Käufer bei Abschluss des Kaufvertrages den Mangel, so haftet der Verkäufer **224** nicht, § 442 I 1. Dies ist aber nicht der einzige Ausschlussgrund für die Verkäuferhaftung. Wird die Sache öffentlich versteigert, so kann dem Verkäufer die Haftung nicht zugemutet werden, § 445. Überdies spielt auch hier wieder die Vertragsfreiheit eine Rolle: Die Mängelgewährleistungsrechte können vertraglich abbedungen werden, sofern dies nicht durch Gesetz ausgeschlossen ist (beim Verbrauchsgüterkauf kann man beispielsweise nicht zum Nachteil des Verbrauchers von der gesetzlichen Regelung abweichen).

> Sollten Sie schon mal ein Auto gekauft haben oder jemandem dabei geholfen haben, so kennen Sie sicherlich die Floskel „gekauft wie gesehen und Probe gefahren", mit der die Gewährleistungsrechte ausgeschlossen werden. Dies ist nur möglich, wenn kein Unternehmer involviert ist. Verkauft ein Autohändler

> ein Auto, so darf er – weil es sich um einen Verbrauchsgüterkauf handelt – nicht in dieser Weise von der gesetzlichen Regelung abweichen.

cc) Rechte des Käufers

225 War die Sache mangelhaft und lag dieser Mangel bereits bei Gefahrübergang vor, kann der Käufer verschiedene Rechte geltend machen. Praktischerweise sind all diese Rechte in § 437 zusammengefasst, der *Vitrine des Mängelgewährleistungsrechts*.

Danach kann der Käufer

- Nacherfüllung verlangen,
- vom Vertrag zurücktreten,
- den Kaufpreis mindern,
- Schadensersatz geltend machen oder
- Ersatz für getätigte Aufwendungen verlangen.

Die Gewährleistungsrechte hat der Käufer allerdings nur alternativ und überdies stehen sie in einem gewissen Rangverhältnis.

aaa) Nacherfüllung

226 Ist die Kaufsache mangelhaft, so kann der Käufer nach §§ 437 Nr. 1, 439 Nacherfüllung verlangen. Dabei ist zu unterscheiden zwischen der *Nachbesserung* (Beseitigung des Mangels) und der *Nachlieferung* (Lieferung einer mangelfreien Sache). Die Wahl zwischen beiden Varianten steht dem Käufer zu, § 439 I. Die Kosten der Nacherfüllung trägt der Verkäufer, § 439 II. Ihm steht ein Verweigerungsrecht nach § 439 IV zu, sofern die Nacherfüllung nur mit unverhältnismäßig hohen Kosten möglich ist. Der Nacherfüllungsanspruch ist ein modifizierter Erfüllungsanspruch. War der Verkäufer ursprünglich zur Lieferung einer mangelfreien Sache verpflichtet, so muss er diese Pflicht nun „nacherfüllen".

227 Die Besonderheit der Nacherfüllung ergibt sich erst, wenn man sich die übrigen Käuferrechte des § 437 anschaut: Rücktritt (§ 323 I), Minderung („statt zurückzutreten") und Schadensersatz statt der Leistung (§ 281 I) setzen voraus, dass der Käufer erfolglos eine Frist zur Nacherfüllung gesetzt hat. Die Nacherfüllung ist damit das vorrangige Mittel im Rahmen der Gewährleistung. Erst, wenn sie gescheitert ist, kann der Käufer andere Rechte geltend machen. Man nennt dies das *Recht der zweiten Andienung*, das dem Verkäufer eine zweite Chance einräumt.

> **Fall 11a: Segel setzen!**
>
> Weil sein Hausgrundstück am Markkleeberger See über einen eigenen Bootsanleger verfügt, kauft Karl Kopfball von seinem Bekannten Udo ein kleines Segelboot zu einem Kaufpreis von 18.000 €. Im Kaufvertrag halten die

Schuldrecht

> beiden fest, dass das Boot zu Karl geliefert und auf seinem Grundstück zu Wasser gelassen wird. Weiterhin legen sie fest, dass Karl mit dem Boot sofort lossegeln können soll.
>
> Als Karl am Wochenende den ersten Ausflug mit dem Boot machen möchte, stellt er fest, dass eine der Winschen nicht korrekt funktioniert und er das Großsegel nicht trimmen kann. Verärgert über diesen Umstand kontaktiert er Udo und bittet um Reparatur. Zu Recht?

bbb) Rücktritt

228 Unter den Voraussetzungen der §§ 440, 323, 326 V kann der Käufer im Falle einer mangelhaften Sache vom Vertrag zurücktreten. § 437 Nr. 2 verweist hier auf die Regelungen des allgemeinen Schuldrechts. Modifiziert wird das Rücktrittsrecht nur durch § 440, der die Verweigerung oder das Fehlschlagen der Nacherfüllung betrifft. Das Rücktrittsrecht ist ein Gestaltungsrecht, muss also vom Käufer ausgeübt werden, § 349. Als Rechtsfolge des Rücktritts sind die einander gewährten Leistungen zurückzugewähren, § 346 ff.

> **Fall 11b: Segel setzen! – zweiter Versuch**
>
> Nachdem die beschädigte Winsch aus Fall 11a repariert wurde, versucht Karl erneut, die Segel zu setzen. Zwar ist das Vorhaben diesmal von Erfolg gekrönt. Schon nach kurzer Zeit stellt Karl aber fest, dass das Boot leichte Schlagseite hat. Er kehrt zurück und bemerkt, dass an der rechten Rumpfseite ein kleines Leck ist, wodurch Wasser in das Boot eindringt. Karl ruft Udo an und bittet um Reparatur des Lecks. Nachdem dies geschehen ist, unternimmt er einen weiteren Versuch. Wieder muss Karl jedoch feststellen, dass sich an exakt der gleichen Stelle wieder ein Leck gebildet hat. Wieder ruft er Udo an und bittet um Reparatur, die dieser erneut anstandslos durchführt. Gewillt, nun endlich sein Boot zu genießen, setzt Karl die Segel...
>
> ... und stellt fest, dass das Boot wieder an der gleichen Stelle leckt. Genervt erklärt er Udo gegenüber, das Segelboot zurückgeben und im Gegenzug die 18.000 € zurückhaben zu wollen. Udo erwidert, er repariere Karl den Schaden gerne ein weiteres Mal. Karl hat jedoch kein Interesse mehr an einer Reparatur.
>
> Kann Karl wie gewünscht das Segelboot im Austausch gegen die gezahlten 18.000 € zurückgeben?

ccc) Minderung

229 Anstatt zurückzutreten kann der Käufer auch den Kaufpreis mindern. Die Formulierung „statt zurückzutreten" führt dazu, dass die Voraussetzungen eines Rücktritts vorliegen müssen, insbesondere erfolglos eine Frist gesetzt wurde. Wie der Rücktritt ist auch die Minderung ein Gestaltungsrecht und muss dem Verkäufer gegenüber erklärt werden. Als Folge der Minderung ist der Kaufpreis in dem Verhältnis herabzusetzen, in dem zur Zeit des Vertragsschlusses der Wert der Sache in mangelfreiem Zustand zu dem wirklichen Wert gestanden hätte. In einer Gleichung ausgedrückt bedeutet dies also:

$$\text{geminderter Kaufpreis} = \frac{\text{tatsächlicher Wert der Sache}}{\text{Wert der Sache in mangelfreiem Zustand}} \times \text{Kaufpreis}$$

ddd) Schadens- und Aufwendungsersatz

230 Nachdem der Käufer dem Verkäufer erfolglos eine Frist zur Nacherfüllung gesetzt hat, kann er Schadensersatz statt der Leistung geltend machen oder die bereits getätigten Aufwendungen ersetzt verlangen. Wie zuvor, werden auch diese Rechte durch § 440 modifiziert.

b) Der Verbrauchsgüterkauf

231 Wie Sie bereits im Rahmen des Haftungsausschlusses erfahren haben, gibt es im BGB spezielle Vorschriften für den Kaufvertrag zwischen einem Unternehmer und einem Verbraucher, dem Verbrauchsgüterkauf. Geregelt ist dieser in den §§ 474 ff. Auf den Verbrauchsgüterkauf findet die Haftungsbegrenzung bei öffentlichen Versteigerungen genauso wenig Anwendung, wie die Regelung des § 447 hinsichtlich des Versendungskaufs. § 476 I gibt den §§ 433 – 435, 437, 439 – 443 sowie §§ 474 ff. zwingenden Charakter. Von diesen Bestimmungen darf beim Verbrauchsgüterkauf also nicht zum Nachteil des Verbrauchers abgewichen werden. Dies führt dazu, dass bei einem Verbrauchervertrag das ansonsten dispositive Gewährleistungsrecht nicht ausgeschlossen werden kann.

232 Eine wichtige Vorschrift im Rahmen des Verbrauchsgüterkaufs ist der § 477.

> Bitte beachten Sie: Durch das Gesetz zur Reform des Bauvertragsrechts, zur Änderung der kaufrechtlichen Mängelhaftung, zur Stärkung des zivilprozessualen Rechtsschutzes und zum maschinellen Siegel im Grundbuch- und Schiffsregisterverfahren (BGBl. 2017 I, 969) wurden die Vorschriften zum Verbrauchsgüterkauf neu gefasst. Seit 1.1.2018 ist der bisherige § 476 beispielsweise der neue § 477. Der alte § 477 wurde aufgehoben.

Er enthält eine Beweislastumkehr zugunsten des Verbrauchers. Wenn sich innerhalb der ersten sechs Monate nach Gefahrübergang ein Sachmangel an der Kaufsache zeigt, so wird vermutet, dass dieser bereits bei Gefahrübergang vorlag. Der Beweis, dass die Sache mangelhaft ist, obliegt noch immer dem Käufer. Er braucht jedoch nicht den Zeitpunkt zu beweisen. Wie auch bei § 280 I 2 kann sich der Verkäufer exkulpieren.

Fall 12:   Auf zum Nürburgring!

Karl Kopfball kann sich nicht nur für Fußball begeistern, sondern ist auch passionierter Motorsportfan. Als sein Freund Dieter Diesel ihn fragt, ob sie nicht gemeinsam beim nächsten 24h-Rennen auf der Nordschleife an den Start gehen wollen, stimmt er sofort zu. Schnell haben beide Dieters Opel Manta zum Auto ihrer Wahl auserkoren. Um die Regularien zu erfüllen, muss der Manta jedoch noch mit einem Überrollkäfig ausgestattet werden. Da sowohl Karl als auch Dieter schon häufiger an Autos „rumgeschraubt" haben, sparen sie Kosten und bauen den Käfig selbst ein. Die erforderlichen Einzelteile haben sie zuvor vom Händler H gekauft, dem sie von ihrem Vorhaben erzählt haben. Beim Einbau stellen beide fest, dass einige der Rohre eingedellt sind und verlangen Ersatz von H. Ob die Dellen bereits beim Kauf vorhanden waren, lässt sich nicht mehr feststellen. Sicher ist nur, dass die Dellen beim Einbau, der eine Woche nach Lieferung der Teile erfolgte, da sind. Der Händler lehnt den Austausch der Rohre mit der Begründung ab, der Mangel müsse bei Übergabe der Rohre vorliegen. Wenn Karl und Dieter einen Mangel behaupten, müssten sie auch beweisen, dass dieser bei Übergabe der Rohre vorgelegen habe. Da dies nicht möglich sei, sehe er nicht ein, die Rohre zu ersetzen.

Können Karl und Dieter Ersatz verlangen oder hat der Händler recht?

---

2.   Der Mietvertrag

Der Mietvertrag ist in den §§ 535 ff. geregelt. Unter einer Miete versteht man ein Rechtsgeschäft, das die zeitlich befristete und entgeltliche Überlassung eines Gegenstandes zu dessen Gebrauch beinhaltet. Abzugrenzen ist die Miete von der Leihe in den §§ 598 ff. Während bei Zahlung eines Entgelts eine Miete vorliegt, ist die Leihe unentgeltlich. Systematisch enthält das Mietrecht zunächst allgemeine Bestimmungen in den §§ 535 – 548. Es folgen spezielle Vorschriften zu Mietverhältnissen über Wohnraum (§§ 549 – 577a) sowie zu Mietverhältnissen über sonstige Sachen (§§ 578 – 580a). Ein Mietvertrag betrifft ausschließlich körperliche Gegenstände (bewegliche Sachen, Grundstücke). Die mit der Miete verwandte Pacht (§§ 581 ff.) kann hingegen auch unkörperliche Gegenstände, wie Rechte, Unternehmen oder Betriebe zum Inhalt haben.

233

a) Zustandekommen

234 Der Mietvertrag kommt durch Angebot und Annahme zustande. Die Parteien einigen sich über die zeitlich begrenzte Gebrauchsüberlassung eines bestimmten Mietgegenstandes gegen Entrichtung einer vereinbarten Miete. Haben die Parteien keine Mietzeit vereinbart, so ist der Vertrag so auszulegen, dass er auf unbestimmte Zeit abgeschlossen wurde.

235 Grundsätzlich bedarf der Mietvertrag keiner Form. Wird er aber über Wohnräume (§ 550 S. 1), Grundstücke (§§ 578 I, 550 S. 1) oder sonstige Räume (§§ 578 II, 550 S. 1) für einen Zeitraum von mehr als einem Jahr geschlossen, so bedarf er der Schriftform. Über § 578 wird der Anwendungsbereich des § 550 ausgedehnt, sodass die Vorschrift z.B. auch auf die Anmietung von Gewerberäumen Anwendung findet. Anders als dies im Allgemeinen Teil (§ 125) bestimmt ist, führt ein Verstoß gegen das Schriftformerfordernis nicht zur Nichtigkeit des Mietvertrages, sondern dazu, dass er als auf unbestimmte Zeit geschlossen gilt. Die Schriftform kann mit Wirkung ex tunc nachgeholt werden.

b) Inhalt

236 Der Vermieter hat dem Mieter die Mietsache zum Gebrauch zu überlassen. Dabei muss er dem Mieter die Mietsache in einem zum vertragsgemäßen Gebrauch geeigneten Zustand überlassen. Diesen Zustand hat der Vermieter während der Mietzeit zu erhalten. Diese Instandhaltungspflicht umfasst grundsätzlich alle erforderlichen Reparaturarbeiten, auch solche, die vom Mieter verursachte Verschlechterungen beseitigen. Einzige Voraussetzung ist, dass die Verschlechterung Folge eines vertragsgemäßen Gebrauchs ist (§ 538). Im Rahmen der Vertragsfreiheit kann § 538 abbedungen werden, was bei Wohnraummietverträgen gängige Praxis ist. Zumeist ist der Mieter verpflichtet, kleinere Reparaturen bei Bagatellschäden selbst zu besorgen.

237 Ein häufiger Streitfall sind die sog. *Schönheitsreparaturen*. Man versteht darunter die Beseitigung der durch den vertragsgemäßen Gebrauch der Mietsache entstandenen Abnutzungsspuren in den Mieträumen.[54] Als Teil der Instandhaltungspflicht trifft diese Pflicht nach dem gesetzlichen Leitbild des § 535 I 2 eigentlich den Vermieter. Mietvertraglich wird sie jedoch in den weit überwiegenden Fällen auf den Mieter übertragen, was wegen der Vertragsfreiheit grundsätzlich zulässig ist. Weil eine Übertragung der über die bloßen Schönheitsreparaturen hinausgehenden Erhaltungspflicht auf den Mieter nur in sehr engen Grenzen statthaft ist, ist es wichtig, den Umfang der Schönheitsreparaturen genau zu benennen. Umfasst sind das Tapezieren, Anstreichen oder Kalken der Wände und Decken, das Streichen der Fußböden, Heizkörper einschließlich Heizrohre, der Innentüren

---

[54] MüKo-BGB/*Häublein*, § 535, Rn. 136.

sowie der Fenster und Außentüren von innen.[55] Regelmäßig scheitert die rechtsgeschäftliche, insbesondere formularvertragliche Übertragung der Renovierungspflicht auf den Mieter, weil diesem zu viel aufgebürdet wird. Gemessen werden die von Vermietern verwendeten Klauseln an § 307 und am Maßstab des § 305c I, der vor überraschenden Klauseln schützt. Eine gesetzliche Regelung unterblieb bisher, sodass in Teilen der Literatur sogar von einem Versagen des Gesetzgebers die Rede ist.[56] Häufiger Anlass für die Unwirksamkeit der Renovierungspflichtübertragung nach § 307 II 1 ist ein Verstoß gegen das sog. *Reziprozitätsgebot*, also die Belastung des Mieters mit mehr Pflichten als sie den Vermieter nach der gesetzlichen Regelung des § 535 I 2 träfen.[57] Beispielhaft für die in dieser Hinsicht mannigfaltig vorhandene Rechtsprechung können hier die Unwirksamkeit starrer Schönheitsreparaturfristen oder isolierter Endrenovierungsklauseln genannt werden. Im erstgenannten Fall wird der Mieter verpflichtet, auf seine Kosten die Schönheitsreparaturen in genau bezifferten Mindestabständen zu übernehmen. Hier beruht die Unwirksamkeit auf dem Umstand, dass die Renovierungspflicht unabhängig vom tatsächlichen Zustand der Mieträume geregelt wird und dem Mieter damit ein Übermaß an Renovierungsverpflichtungen auferlegt. Der zweite Fall geht in eine ähnliche Richtung: Hier wird der Mieter dazu verpflichtet, unabhängig vom Zeitpunkt der Vornahme der letzten Schönheitsreparaturen die Mieträume renoviert zu übergeben. Auch Klauseln, die dem Mieter die Art der Ausführung der Renovierungsarbeiten vorschreiben, wurden vom BGH mehrfach für unwirksam erklärt.[58]

238 Der Mieter ist zur Zahlung der vereinbarten Miete verpflichtet, § 535 II. Die Forderung des Vermieters ist bei Wohnraummietverträgen durch das sogenannte *Vermieterpfandrecht* gesichert, § 562. Es handelt sich dabei um ein gesetzliches Pfandrecht an den in die Wohnung eingebrachten Sachen des Mieters.

c) Haftung für Mängel

239 Wie im Kaufrecht gibt es auch im Mietrecht einen ganzen Katalog an Rechten, die der Mieter im Falle eines Mangels geltend machen kann. Als Mangel wird auch hier die Abweichung des Ist-Zustandes vom Soll-Zustand betrachtet.

aa) Erfüllungsanspruch auf Mangelbeseitigung

240 Vergleichbar zum Nacherfüllungsanspruch hat der Mieter bei Vorliegen eines Mangels einen Anspruch auf Beseitigung des Mangels. Anders als bei der Nacherfüllung beinhaltet

---

[55] Man greift hier auf § 28 IV 3 der Verordnung über wohnungswirtschaftliche Berechnungen (Zweite Berechnungsverordnung – II. BV) vom 12. Oktober 1990 (BGBl. I S. 2178) zurück.
[56] So z.B. MüKo-BGB/*Häublein*, § 535, Rn. 136; vorsichtiger: *Artz*, NJW 2015, 1573 (1577).
[57] BGH NJW 2007, 3776 (3777); 2004, 2586 (2587).
[58] BGH NJW 2011, 514; 2007, 1743.

dieser jedoch nicht die Überlassung einer neuen Mietsache, sondern beschränkt sich auf die Mangelbeseitigung.

bb) Minderung und vollständige Befreiung von der Miete

241 Zum aus dem Kaufrecht bekannten Sach- und Rechtsmangel gesellt sich hinsichtlich der Minderung beim Mietvertrag noch die zugesicherte Eigenschaft, deren Fehlen zur Minderung der Miete berechtigt, § 536 II. Der Mangel oder das Fehlen einer zugesicherten Eigenschaft muss die Tauglichkeit der Mietsache aufheben oder mindern. Anders als die Minderung im Kaufrecht ist die Minderung im Mietrecht kein Gestaltungsrecht.

cc) Schadensersatz

242 In drei Fällen kann der Mieter vom Vermieter Schadensersatz verlangen:

- Vorliegen eines anfänglichen Mangels
- Auftreten nachträglicher Mängel
- Verzug mit der Mängelbeseitigung.

Die Haftung für anfängliche Mietmängel ist verschuldensunabhängig, die Haftung für später auftretende Mängel hängt vom Verschulden des Vermieters ab.

dd) Aufwendungsersatz bei Selbstvornahme

243 Ist der Vermieter mit der Beseitigung des Mangels im Verzug oder ist die umgehende Beseitigung zur Erhaltung der Mietsache erforderlich, kann der Mieter den Mangel selbst beseitigen und die getätigten Aufwendungen vom Vermieter ersetzt verlangen, § 536a II.

ee) außerordentliche fristlose Kündigung aus wichtigem Grund

244 Das Mietverhältnis kann nach § 543 I 1 von *jeder* Partei aus wichtigem Grund gekündigt werden. Nach § 543 I 2 liegt ein solcher Grund unter anderem dann vor, wenn dem Mieter der vertragsgemäße Gebrauch der Mietsache ganz oder zum Teil nicht rechtzeitig gewährt oder wieder entzogen wird. Ursache für die Nichtgewährung des Mietgebrauchs kann auch ein Mietmangel sein.[59]

d) Beendigung

245 Ein Mietvertrag kann durch Zeitablauf oder durch Kündigung beendet werden. Die Beendigungsgründe sind in § 542 aufgeführt. Zu unterscheiden ist dabei zwischen befristeten und unbefristeten Mietverträgen. Befristete Mietverträge können ausschließlich durch Zeitablauf und außerordentliche Kündigung beendet werden. Eine ordentliche Kündigung ist ausgeschlossen. Unbefristete Mietverträge enden durch Kündigung nach den gesetzlichen Vorschriften, also ordentliche oder außerordentliche Kündigung.

---

[59] BGH NJW 1976, 796.

Besonderheiten ergeben sich bei Wohnraummietverhältnissen. Bis auf wenige Ausnahmen (z.B. Studentenwohnheime) darf der Vermieter dem Mieter nur unter den Voraussetzungen des § 573 I (ordentlich) kündigen. Hauptanwendungsfall ist der Eigenbedarf des Vermieters an der Wohnung. Die ordentliche Kündigung durch den Vermieter ist an bestimmte Fristen (§ 573c) gebunden, die sich nach fünf und acht Jahren Mietzeit um jeweils drei Monate verlängern. Bei Wohnraummietverhältnissen muss die Kündigung schriftlich erfolgen (sowohl bei Kündigung durch den Vermieter, als auch bei Kündigung durch den Mieter). Die ordentliche Kündigung eines Wohnraummietverhältnisses durch den Mieter bedarf keines Kündigungsgrundes. Die Kündigungsfrist für den Mieter beträgt stets drei Monate.

> Die Formulierung des § 573c I 1 erscheint nur auf den ersten Blick kompliziert: Die Kündigung ist zulässig spätestens am dritten Werktag eines Kalendermonats zum Ablauf des übernächsten Monats. Gemeint ist damit nichts anderes, als dass ein Mietvertrag, der zum 30.11. eines Jahres enden soll, bis spätestens 3.9. gekündigt werden muss. Sonn- und Feiertage werden nicht mitgezählt (nur Werktage), Samstage nur dann, wenn nicht der letzte Tag der Frist auf diesen Tag fällt, § 193.
>
> Ist also der 1.9. in o.g. Beispiel ein Samstag, so muss die Kündigung spätestens am 4.9. erfolgen. „Dritter Werktag" = (1) Samstag, 1.9., (2) Montag, 3.9., (3) Dienstag, 4.9.; der 2.9. wird nicht mitgezählt, da es sich um einen Sonntag handelt.
>
> Fällt der 3.9. auf einen Samstag, so gilt § 193: Die Kündigung muss dann spätestens am Montag, 5.9. erfolgen.

3. <u>Der Dienstvertrag</u>

Der Dienstvertrag in den §§ 611 ff. ist der Grundtypus des Arbeitsvertrages. Durch den Dienstvertrag verpflichtet sich derjenige, der die Dienste zusagt, zur Leistung der versprochenen Dienste, der andere zur Gewährung der vereinbarten Vergütung. Der Dienstvertrag ist ein Dauerschuldverhältnis und umfasst selbständige, unselbständige, abhängige, eigen- oder fremdbestimmte Dienstleistungen. Der Dienstverpflichtete schuldet eine Bemühung, keinen Erfolg. Seine Arbeit hat er nach einem subjektiven Maßstab so zu leisten, dass er sie bei angemessener Anspannung seiner geistigen und körperlichen Kräfte auf die Dauer ohne Gefährdung seiner Gesundheit erbringen kann.[60] Hinsichtlich der Haftung des Dienstverpflichteten stellt § 619a eine Erleichterung auf, indem er von der

---

[60] BAG NJW 1971, 111.

Regelung des § 280 I 2 abweicht: Der anspruchstellende Dienstberechtigte muss beweisen, dass der Dienstverpflichtete die Pflichtverletzung zu vertreten hat.

> Erinnern Sie sich an die Beweislastumkehr in § 280 I 2? Sie wurde eingefügt, um dem Anspruchsteller die Durchsetzung seines Schadensersatzanspruches zu erleichtern. Im Falle des Dienstvertrages soll der Dienstverpflichtete geschützt werden. Entsprechend wird die Beweislast wieder dem Anspruchsteller aufgebürdet.

Der Dienstvertrag wird durch Kündigung oder Zeitablauf beendet.

4. Der Werkvertrag

248 In den §§ 631 ff. ist der Werkvertrag geregelt. Er verpflichtet den Unternehmer zur Herstellung des versprochenen Werkes und den Besteller zur Abnahme des Werkes und Entrichtung der vereinbarten Vergütung.

> Der Begriff des Unternehmers in § 631 I ist nicht identisch mit dem aus § 14! Es geht hier nicht um die Abgrenzung zwischen Unternehmer und Verbraucher. Gedanklich sollten Sie beim Werkvertrag also immer „*Werk*unternehmer" lesen.

a) Haftung für Mängel

249 Wie im Kaufrecht gibt es auch im Werkrecht eine „Vitrine" für die Gewährleistungsrechte, den § 634. Die einzelnen Gewährleistungsrechte korrespondieren mit den kaufrechtlichen. Einziger Unterschied ist das Recht zur Selbstvornahme in § 634 Nr. 2. Nach einer angemessenen Frist zur Nacherfüllung (auch im Werkrecht ist diese vorrangig!) kann der Besteller den Mangel selbst beseitigen und Ersatz der dafür getätigten Aufwendungen verlangen.

b) Abgrenzung von Dienst- und Kaufvertrag

250 Gegenstand des Werkvertrages ist ein Erfolg (Herstellung des Werkes), was ihn vom Dienstvertrag abgrenzt, der sich nur auf die Vornahme einer Tätigkeit richtet. Diese auf den ersten Blick simpel erscheinende Abgrenzung zwischen Werk- und Dienstvertrag bereitet in der Praxis erhebliche Schwierigkeiten. Auch eine Dienstleistung erfolgt schließlich in den meisten Fällen nicht um ihrer selbst willen, sondern im Hinblick auf einen speziellen Erfolg. Letzten Endes ist es eine Frage der Auslegung. Unabhängig von der Erfolgsbezogenheit ist ein Vertrag stets ein Dienstvertrag (und speziell ein Arbeitsvertrag), wenn der Arbeitgeber sich ein Weisungsrecht vorbehält. Im Übrigen kann die Haftung ein Abgrenzungskriterium sein: Der Unternehmer haftet nach den §§ 634 ff. für die Mangelhaftigkeit seines Werkes, den Dienstverpflichteten trifft eine solche Verpflichtung nicht.

Hinsichtlich des Kaufrechts lässt sich der Werkvertrag dadurch abgrenzen, dass der Kaufvertrag zu Übergabe und Übereignung einer Kaufsache verpflichtet, während beim Werkvertrag das Werk erst noch hergestellt werden muss.

> Beachten Sie hier jedoch § 650: Auf Verträge, die die Lieferung noch herzustellender oder zu erzeugender beweglicher Sachen betrifft, ist Kaufrecht anzuwenden.

5. Leasing, Factoring und Franchising

Zu Beginn des Abschnitts über den Besonderen Teil des Schuldrechts wurden bereits drei Vertragstypen ohne gesetzliche Regelung (*sui generis*) erwähnt, auf die nachfolgend kurz eingegangen werden soll.

a) Der Leasingvertrag

Wie Sie bereits wissen, ist das Leasing gesetzlich nicht geregelt. Gleichwohl kommt ihm eine erhebliche wirtschaftliche Bedeutung zu. Leasingverträge können – meist durch AGB – sehr unterschiedlich ausgestaltet sein. Allen gemein ist, dass es im Unterschied zum Kauf nicht auf den Erwerb des Eigentums am Vertragsgegenstand ankommt. Generell kann man vier typische Konstellationen des Leasings unterscheiden:

- Finanzierungsleasing
- Herstellerleasing
- Operatingleasing
- Sale-and-lease-back

Um den Umfang dieses Lehrbuchs nicht zu sprengen, soll hier kurz und exemplarisch das *Finanzierungsleasing* als wirtschaftlich bedeutendste Form des Leasings behandelt werden.

Beim Finanzierungsleasing sind in der Regel drei Parteien beteiligt: Leasingnehmer, Leasinggeber und Lieferant. Gekennzeichnet ist das Finanzierungsleasing durch zwei eigenständige Rechtsbeziehungen: Leasingvertrag und Kaufvertrag. Im Normalfall möchte der Leasingnehmer einen Gegenstand erwerben, den er jedoch mit den ihm zur Verfügung stehenden Mitteln nicht auf einen Schlag finanzieren kann oder will. An diesem Punkt kommt der Leasinggeber ins Spiel: Seine Funktion beschränkt sich größtenteils auf die Finanzierung des Gegenstandes. Zu guter Letzt gibt es noch den Lieferanten, der den gewünschten Gegenstand zur Verfügung stellt. Zwischen ihm und dem Leasinggeber (in der Regel eine Bank) wird ein Kaufvertrag geschlossen. Kaufgegenstand ist der vom Leasingnehmer gewünschte Gegenstand. Der Leasinggeber schließt mit dem Leasingnehmer einen Leasingvertrag ab, der im Wesentlichen ein Mietvertrag ist: Gegen Entrichtung einer vorher festgelegten Leasingrate darf der Leasingnehmer den Gegenstand während der Vertragsdauer nutzen (man stuft das Finanzierungsleasing daher als atypischen Mietvertrag ein). Der Leasingvertrag kann entweder auf Vollamortisation (dann decken die Leasingraten Kosten und Gewinn) oder auf Teilamortisation (in diesem Fall wird der von den Leasingraten nicht gedeckte Teil an Kosten und Gewinn von einer Abschlusszahlung oder Veräußerung des Gegenstandes abgedeckt) gerichtet sein. Da der Leasinggeber weder Preis- noch Sachgefahr tragen möchte und auch nicht für die Instandhaltung verantwortlich sein will, tritt er seine Ansprüche aus dem Kaufvertrag mit dem Lieferanten an den Leasingnehmer ab. Im Gegenzug verzichtet der Leasingnehmer auf die mietrechtlichen Gewährleistungsrechte gegen den Leasinggeber (meist im Rahmen von AGB).

> Stellen Sie sich zur Veranschaulichung den Fall des Fahrzeugleasings vor: Eine Frau möchte gerne ein Fahrzeug leasen und geht daher zum nahegelegenen Autohaus, das Vertragshändler der gewünschten Automarke ist. Die Autoverkäuferin wird ihr folgendes Konstrukt vorschlagen: Die hauseigene Bank (Leasinggeberin) schließt mit der Frau (Leasingnehmerin) einen Leasingvertrag über das gewünschte Fahrzeug. Zwischen Bank und Autohaus (Lieferant) wird ein Kaufvertrag über dieses Fahrzeug geschlossen. Weil die Bank als einzige Vertragspartnerin der Frau kein Interesse daran hat, wegen jedem Defekt am Fahrzeug in Kontakt mit ihr zu treten, tritt sie ihre kaufrechtlichen Mängelgewährleistungsrechte aus dem Kaufvertrag mit dem Autohaus an die Frau ab. Im Gegenzug verzichtet diese auf ihre Gewährleistungsrechte aus dem Leasingvertrag mit der Bank. Das Fahrzeug steht im Eigentum der Bank, Halterin wird die Frau als Leasingnehmerin.

b) Der Factoringvertrag

255 Unter Factoring versteht man den gewerbsmäßigen Ankauf von Forderungen durch ein Finanzierungsinstitut.[61] Selbiges wird auch als *Factor* bezeichnet. Im Rahmen einer langfristigen Vertragsbeziehung bevorschusst der Factor die gewerblichen Forderungen seines Vertragspartners (*Anschlusskunde*) gegen dessen Kunden (*Debitor*) und versichert ihn gegen Forderungsausfälle. Zwischen Factor und Anschlusskunde besteht ein als Dauerschuldverhältnis ausgestalteter Rahmenvertrag, der den Verkauf und die Abtretung der Forderungen regelt und üblicherweise für zwei Jahre geschlossen wird. Der Factor prüft während der Laufzeit des Rahmenvertrages fortlaufend die Solvenz der Vertragspartner des Anschlusskunden und räumt ihm für jeden Debitor ein Limit ein. Innerhalb dieses Limits tritt der Anschlusskunde all seine Geldforderungen (bestehende und künftige) an den Factor ab. Sobald der Anschlusskunde eine Geldforderung gegen einen Kunden hat, bietet

---

[61] *Stumpf*, BB 2012, 1045.

er diese dem Factor zum Kauf an. Der Factor zahlt dem Anschlusskunden daraufhin einen um einen *Sicherungseinbehalt* reduzierten Teil der Forderungssumme (meist 80 – 90%). Sobald der Debitor die Forderung beglichen hat, zahlt der Factor den Sicherungseinbehalt an den Kunden.

Durch das Factoring erreicht der Anschlusskunde drei Dinge: **256**

- Ihm wird sofortige Liquidität verschafft,
- das Ausfallrisiko wird auf den Factor transferiert und
- der Factor übernimmt zusätzlich das Debitorenmanagement (Rechnungserstellung, Mahnungen, Forderungseintreibung).

Dafür zahlt der Anschlusskunde dem Factor eine einmalige Einrichtungsgebühr, Zinsen für die Vorfinanzierung, die Factoringgebühr und Kreditprüfungsgebühren.

> Häufig lagern Ärzte die Rechnungserstellung für die Behandlung von Privatpatienten oder Selbstzahlern an Factoringdienstleister aus. Ein Beispiel dafür sind die PVS (Privatärztliche Verrechnungsstellen).

Rechtlich gesehen handelt es sich beim Factoring hauptsächlich um kaufrechtliche Elemente. Die Rechtsprechung stuft daher das Kausalgeschäft zwischen Factor und Anschlusskunde als Forderungskauf im Sinne der §§ 453, 433 ein.[62] **257**

c) Der Franchisevertrag

Ein weiteres verbreitetes Geschäftsmodell ist das Franchising. Der *Franchisegeber* stellt dabei dem *Franchisenehmer* gegen Entgelt die (regionale) Nutzung eines Geschäftskonzepts zur Verfügung. Franchising ist also die Gebrauchsüberlassung eines Geschäftssystems.[63] Der Franchisegeber kann so expandieren, ohne dafür wesentliche Ausgaben tätigen zu müssen. Der Franchisenehmer wiederum handelt im eigenen Namen und auf eigene Rechnung und kann auf ein bewährtes Geschäftskonzept zurückgreifen. **258**

Der zwischen Franchisegeber und Franchisenehmer geschlossene Franchisevertrag setzt sich aus Elementen des Kauf-, Pacht- und Geschäftsbesorgungsvertrages zusammen.[64] Er weist eine gewisse Nähe zum Lizenzvertrag auf und ist geprägt von drei Hauptelementen: **259**

- enge Einbindung des Franchisenehmers in das vom Franchisegeber vorgegebene Vertriebssystem,
- Befugnis und Verpflichtung des Franchisenehmers zur Nutzung dieses Systems,

---

[62] BGH NJW 1977, 2207.
[63] *Skaupy*, NJW 1992, 1785.
[64] Die genaue Einordnung des Franchisevertrages ist umstritten. Näher dazu MüKo-BGB/*Harke*, § 581, Rn. 28 f.

- Pflicht zur Zahlung des vereinbarten Entgelts an den Franchisegeber.

Der dem Franchisenehmer durch seine Absatzstellung im Franchisesystem zugewiesene Kundenstamm ist bei Beendigung des Franchisevertrages zurück zu gewähren.

> **Fall 13: Frikadellenfranchising**
>
> Karl Kopfball ist Gesellschafter der Saßnitzer Frischfisch GmbH (F), die auf Rügen mehrere Schnellrestaurants betreibt. F möchte expandieren und ihren Verkaufsschlager, die „Saßnitzer Fischfrikadelle mit Kartoffelsalat" u.a. in Sachsen auf den Markt bringen. Weil F keine weiteren eigenen Restaurants eröffnen und lieber auf ortskundige Interessenten zugreifen möchte, wird ein Franchisepaket zusammengestellt. Dieses beinhaltet unter anderem Unterlagen zum Know-How der F bei der Herstellung von Fischfrikadellen, der Vermarktung der Produkte sowie zur Art und Weise der Warenpräsentation und Gestaltung des Restaurants. Auch an einen für sämtliche künftigen Franchisenehmer vorformulierten Vertragsentwurf hat F gedacht. Dem Franchisenehmer wird darin gestattet, das Logo der F zu nutzen und auf deren Beratungsangebot zurückzugreifen. Im Gegenzug ist eine monatliche Franchisegebühr an die F zu entrichten.
>
> Für den Aufbau eines Frischfisch-Restaurants in Leipzig gewinnt Karl Kopfball seinen Bekannten Ronny Reisig, der sich vom Franchisesystem einen einfachen Einstieg in die Selbständigkeit erhofft. Der von Ronny und dem Geschäftsführer der F unterschriebene Franchisevertrag beinhaltet u.a. ein außerordentliches fristloses Sonderkündigungsrecht festgehalten, das die F dazu berechtigt, das Vertragsverhältnis zu beenden, wenn der Franchisenehmer das vorgeschriebene Verfahren zur Erwärmung der Fischfrikadellen nicht einhält.
>
> Die „Saßnitzer Fischfrikadelle" wird schnell zum Verkaufsschlager. Weil Ronny kaum mit der Bedienung der Kunden hinterherkommt, nimmt er es teilweise nicht ganz so genau mit dem Erwärmungsverfahren seines Produkts. Beschwerden von Kunden, die über Bauchschmerzen nach dem Besuch des Restaurants klagen, veranlassen die F zu unangekündigten Kontrollbesuchen. Die dabei festgestellten Verstöße mahnt die F gegenüber Ronny mehrfach an und weist auf das Sonderkündigungsrecht hin. Ronny stellt daraufhin seine Geräte korrekt ein und achtet auf die Einhaltung aller Vorschriften. Dennoch kündigt die F den Vertrag einige Monate später unter Berufung auf das Sonderkündigungsrecht. Ronny ist entsetzt und fürchtet um seine Existenz.
>
> Ist die Kündigung der F gegenüber Ronny wirksam?

6. Kreditsicherungsrechte im Schuldrecht

Zur Sicherung von Finanz- und Kreditgeschäften verlangt der Kreditgeber häufig Sicherheiten vom Kreditnehmer. Eine Sicherheit ist das durch (schuldrechtlichen oder dinglichen) Vertrag begründete Recht, das der Gläubiger in Anspruch nehmen darf, wenn die durch dieses Recht gesicherte Forderung vom Schuldner nicht oder nicht in voller Höhe befriedigt wird.[65] Solche Sicherheiten lassen sich in zwei Arten einteilen: Bei einer *Personalsicherheit* stehen eine oder mehrere natürliche oder juristische Personen für die Verbindlichkeiten des Schuldners mit ihrem Vermögen ein. Im Gegensatz dazu steht die *Realsicherheit*, bei der die Verbindlichkeit des Schuldners über die Bestellung dinglicher Rechte für den Kreditgeber gesichert wird. Realsicherheiten sind z.B. die Hypothek oder die Grundschuld, die Sie später, im Sachenrecht, kennenlernen.

Die an dieser Stelle relevanten schuldrechtlichen Sicherungsrechte sind allesamt Personalsicherheiten. Man kann sie weiter unterteilen in gesetzlich geregelte und gesetzlich nicht geregelte Sicherheiten.

> Sie merken: An dieser Stelle wird wieder das anfangs erwähnte Prinzip der Vertragsfreiheit (als Ausformung der Privatautonomie im Schuldrecht) relevant!

a) Gesetzlich geregelte Personalsicherheiten

Zu den gesetzlich geregelten Personalsicherheiten zählen die private Schuldübernahme (§§ 414 ff.) und die Bürgschaft (§§ 765 ff.).

aa) Die private Schuldübernahme

Durch die Schuldübernahme tritt der neue Schuldner an die Stelle des bisherigen Schuldners und übernimmt dessen Verbindlichkeit gegenüber dem Gläubiger, § 414. Um den Gläubiger vor einem weniger solventen Schuldner zu schützen, ist seine Zustimmung erforderlich (§ 414: „durch Vertrag mit dem Gläubiger"; § 415 I: „Wird die Schuldübernahme von dem Dritten mit dem Schuldner vereinbart, so hängt ihre Wirksamkeit von der Genehmigung des Gläubigers ab.").

bb) Die Bürgschaft

Einen Schuldvertrag, in dem sich der Bürge gegenüber dem Gläubiger eines Dritten zum Einstehen für die Erfüllung einer Verbindlichkeit verpflichtet, nennt man Bürgschaft. Der Bürgschaftsvertrag wird zwischen Bürge und Gläubiger geschlossen und verpflichtet nur den Bürgen, weshalb man von einem einseitig verpflichtenden Vertrag spricht. Voraussetzung für eine Bürgschaft ist eine bestehende Verbindlichkeit des Dritten

---

[65] *Muscheler/Schewe*, Rn. 3.

gegenüber dem Gläubiger, der notwendigerweise sowohl Hauptforderungs-, als auch Bürgschaftsgläubiger ist. Diese Abhängigkeit der Bürgschaft vom Bestand der Hauptforderung nennt man *Akzessorietät*. Erlischt die Hauptforderung, so erlischt auch die Bürgschaftsschuld. Um den Bürgen vor den Konsequenzen der Bürgschaft zu warnen, bedarf die Bürgschaftserklärung der Schriftform, § 766 S. 1.

> Beachten Sie, dass es ausschließlich um die Erklärung des Bürgen geht und nicht um den ganzen Vertrag!
>
> Ist der Bürge Kaufmann und die Bürgschaft für ihn ein Handelsgeschäft (vgl. § 343 I HGB), so entfällt die Formbedürftigkeit, weil er dann nicht mehr schutzwürdig ist, § 350 HGB.

Aus der Natur der Bürgschaft ergibt sich, dass der Bürge erst dann für die Verbindlichkeiten des Dritten einstehen möchte, nachdem dieser erfolglos in Anspruch genommen worden ist. Entsprechend stehen dem Bürgen die Einreden zu, die der Schuldner gegenüber dem Gläubiger geltend machen kann, § 768 I 1. Eine besondere Einrede des Bürgen ist die *Einrede der Vorausklage* nach § 771 S. 1.

> Die Betonung liegt dabei auf der ersten Silbe: VOR-ausklage. Als Eselsbrücke können Sie sich merken, dass der Gläubiger erst den Dritten „ausklagen" soll, bevor er sich an den Bürgen wendet.

Die Einrede der Vorausklage kann vertraglich ausgeschlossen werden, § 773. Man spricht in diesem Fall von einer *selbstschuldnerischen Bürgschaft*.

264   Auch die Bürgschaft erlischt durch Erfüllung. Befriedigt der Bürge den Gläubiger, so geht dessen Forderung gegen den Dritten auf ihn über, § 774 I 1.

> Es handelt sich um einen Fall der Legalzession, die sie bereits oben im Allgemeinen Schuldrecht kennengelernt haben.

Überdies erlischt die Bürgschaft wegen der Akzessorietät zur Hauptschuld auch dann, wenn diese erlischt. Gibt der Gläubiger vorsätzlich ein die Forderung sicherndes Recht auf, ohne vorher die Zustimmung des Bürgen eingeholt zu haben, so verschlechtert dies die Lage des Bürgen. Auch dies führt zum Erlöschen der Bürgschaft, § 776, soweit der Bürge sich aus dem Sicherungsrecht hätte befriedigen können.

b) Gesetzlich nicht geregelte Personalsicherheiten

Zu den gesetzlich nicht näher geregelten Personalsicherheiten zählen der Garantievertrag und die Patronatserklärung.

aa) Der Garantievertrag

Bei einem Garantievertrag verpflichtet sich der Garant dazu, in einem bestimmten, vorher festgelegten Garantiefall den eingetretenen Schaden zu tragen oder für den Eintritt eines bestimmten Erfolges einzustehen.[66] Dabei kann sich die Garantie auf einen von einem Dritten oder vom Garanten selbst geschuldeten Erfolg beziehen. Im Erstgenannten Fall gleicht der Garantievertrag einer Bürgschaft, mit Ausnahme der Akzessorietät. Im Falle der Garantie für einen vom Garanten selbst geschuldeten Erfolg erweitert der Garant die Möglichkeiten des Vertragspartners um einen selbstständigen Anspruch gegen den Garanten. Der Vertragspartner bleibt jedoch an dessen Vermögen gebunden; es tritt nicht die Möglichkeit des Zugriffs auf ein weiteres Vermögen (wie im Falle eines Dreipersonenverhältnisses) hinzu.

bb) Die Patronatserklärung

In Konzernen gerne angewendet wird die Patronatserklärung, bei der die Muttergesellschaft erklärt, für die Verbindlichkeiten der Tochtergesellschaft einzustehen. Diese Erklärung kann von einer unverbindlichen Auskunft bis hin zu einer garantieähnlichen Haftungsübernahme reichen. Man unterscheidet dementsprechend zwischen einer *weichen Patronatserklärung* und einer *harten Patronatserklärung*. Erstgenannter kommt mangels Rechtsbindungswillen kein rechtsgeschäftlicher Charakter und damit auch keine anspruchsbegründende Qualität zu. Die harte Patronatserklärung indes wird als Vertrag eigener Art (*sui generis*) eingestuft und begründet einen Anspruch gegen den Patron.

II. Gesetzliche Schuldverhältnisse

Wie Sie bereits wissen, kommen gesetzliche Schuldverhältnisse nicht durch Rechtsgeschäft, sondern durch die Erfüllung bestimmter, gesetzlich festgelegter Tatbestandsvoraussetzungen zustande. Die drei wichtigsten gesetzlichen Schuldverhältnisse sind die Geschäftsführung ohne Auftrag (§§ 677 ff.), die ungerechtfertigte Bereicherung (§§ 812 ff.) sowie die unerlaubte Handlung (§§ 823 ff.).

1. <u>Geschäftsführung ohne Auftrag</u>

Die Geschäftsführung ohne Auftrag (auch kurz GoA genannt; jeder Buchstabe wird einzeln gesprochen) regelt Fälle, in denen jemand (*Geschäftsführer*) das Geschäft eines anderen

---

[66] BGH NJW 1996, 2569 (2570); BGH NJW 1999, 1542 (1543).

(*Geschäftsherrn*) besorgt, ohne von ihm beauftragt oder ihm gegenüber sonst dazu berechtigt zu sein.

> Wenn ein Autofahrer eine am Straßenrand liegende, verletzte Person ins Krankenhaus bringt, dann kann er vom Verletzten Ersatz seiner Aufwendungen verlangen. Zwar bestanden zwischen Fahrer und Verletztem keinerlei Rechtsbeziehungen, es ist aber davon auszugehen, dass es im Interesse des Verletzten war, ins Krankenhaus gebracht zu werden.

Man unterscheidet zwischen *echter* und *unechter* GoA. Während die echte GoA die Fälle betrifft, in denen jemand für einen anderen ein Geschäft führt, geht es bei der unechten GoA um die Führung eines fremden Geschäfts als ein eigenes (*Eigengeschäftsführung*). Dies kann irrtümlich oder vorsätzlich geschehen. Bei der echten GoA muss man zwischen der *berechtigten* und der *unberechtigten* GoA unterscheiden. Insgesamt ist also wie folgt zu unterteilen:

- echte GoA
    - berechtigt
    - unberechtigt
- unechte GoA (Eigengeschäftsführung)
    - irrtümlich
    - vorsätzlich

a) Berechtigte Geschäftsführung ohne Auftrag

270 Voraussetzung für die berechtigte GoA ist die Geschäftsbesorgung für einen anderen, ohne von diesem beauftragt oder ihm gegenüber sonst dazu berechtigt zu sein. Es muss einer der Berechtigungsgründe der §§ 677 ff. vorliegen.

aa) Geschäftsbesorgung

271 Die Geschäftsbesorgung ist eine selbständige Tätigkeit wirtschaftlichen Charakters im Interesse eines anderen, die innerhalb einer fremden wirtschaftlichen Interessensphäre vorgenommen wird.[67] Sie umfasst nicht nur rechtsgeschäftliches und geschäftsähnliches, sondern auch rein tatsächliches Handeln.

bb) Fremdgeschäftsführungswille

272 § 677 setzt voraus, dass das Geschäft für einen anderen besorgt wird. Folglich muss der Geschäftsführer mit Fremdgeschäftsführungswillen handeln. Er muss wissen und wollen, dass die Vorteile des Geschäfts dem Geschäftsherrn zukommen. Handelt der

---

[67] BGH BB 1959, 134.

Geschäftsführer lediglich in eigenem Interesse, so ist der Fremdgeschäftsführungswille ausgeschlossen. Da es oftmals schwierig ist, den Willen des Geschäftsherrn nachzuweisen hat die Rechtsprechung folgende Beweislastregel entwickelt: Lässt sich das Geschäft bereits äußerlich erkennbar einer fremden Interessenssphäre zuordnen (*objektiv fremdes Geschäft*), so ist der Fremdgeschäftsführungswille anzunehmen, wenn dem Geschäftsherrn die Fremdheit des Geschäfts bewusst ist und er das Geschäft nicht nur als eigenes führen will. Im Falle eines Geschäfts, das nach seinem Inhalt keiner fremden Rechtssphäre zuzuordnen ist, muss der Fremdgeschäftsführungswille äußerlich erkennbar in Erscheinung getreten sein (*subjektiv fremdes Geschäft*). Besorgt der Geschäftsführer neben dem fremden Geschäft auch eine eigene Angelegenheit, so handelt es sich um ein *auch-fremdes Geschäft*, bei dem der Fremdgeschäftsführungswille ebenso wie beim ausschließlich fremden Geschäft vermutet wird (Eigentümer eines Reihenhauses löscht den Brand im Nachbarhaus).[68]

cc) Ohne Auftrag oder sonstige Berechtigung

Wird der Geschäftsführer vom Geschäftsherrn beauftragt, so handelt es sich nicht um eine Geschäftsführung ohne Auftrag, sondern um einen Auftrag im Sinne des § 662. Zu prüfen ist dementsprechend, ob ein Auftrag vorliegt. Erst bei Nichtvorlage kann eine GoA bestehen, wenn zusätzlich keine sonstige Berechtigung besteht. Als sonstige Berechtigung ist jede gesetzlich eingeräumte Befugnis anzusehen, für einen anderen ein Geschäft zu besorgen (Organ einer juristischen Person; Eltern, die für ihr Kind handeln).

dd) Berechtigungsgrund

Die Geschäftsbesorgung ist nur dann berechtigt, wenn sie entweder im Interesse und mit Willen des Geschäftsherrn erfolgt (§ 683 S. 1) oder zwar dem Willen widerspricht, jedoch im objektiven Interesse des Geschäftsherrn liegt (§ 679) oder vom Geschäftsherrn genehmigt wird (§ 674 S. 2).

ee) Rechtsfolgen

Die GoA führt zu Pflichten sowohl des Geschäftsführers als auch des Geschäftsherrn.

aaa) Pflichten des Geschäftsführers

Zunächst ist der Geschäftsführer zu einer ordnungsgemäßen Geschäftsführung verpflichtet. Das bedeutet, dass er das Geschäft so zu führen hat, wie es das Interesse des Geschäftsherrn mit Rücksicht auf dessen wirklichen oder mutmaßlichen Willen gebietet. Eine Pflicht zur Fortführung der einmal übernommenen Geschäftsbesorgung besteht nicht. Sie kann sich aber im Einzelfall aus dem Gebot von Treu und Glauben ergeben.

---

[68] BGH NJW 2007, 63; MüKo-BGB/*Schäfer*, § 677, Rn. 48.

277 Sobald es tunlich ist, hat der Geschäftsführer dem Geschäftsherrn die Übernahme des Geschäfts anzuzeigen, § 681 S. 1. Auch ist er dazu verpflichtet, Nachricht zu geben, Auskunft zu erteilen und Rechenschaft abzulegen, § 681 S. 2 (mit Verweis auf die Vorschriften über den Auftrag).

278 Der Geschäftsführer ist dem Geschäftsherrn zum Ersatz des aus einer Pflichtverletzung entstehenden Schadens verpflichtet. Anwendbar sind die allgemeinen Regeln der §§ 280 ff., 823 ff. Sofern die Geschäftsführung der Abwendung einer dem Geschäftsherrn drohenden dringenden Gefahr gedient hat, haftet der Geschäftsführer nur für Vorsatz und grobe Fahrlässigkeit, § 680.

bbb) Pflichten des Geschäftsherrn

279 Der Geschäftsherr ist dem Geschäftsführer gegenüber zum Ersatz der getätigten Aufwendungen verpflichtet. § 683 S. 1 verweist diesbezüglich auf das Auftragsrecht und den § 670.

b) Unberechtigte Geschäftsführung ohne Auftrag

280 Im Unterscheid zur berechtigten GoA liegt bei der unberechtigten GoA kein Berechtigungsgrund vor. Im Übrigen müssen die Voraussetzungen der berechtigten GoA vorliegen. Ob auch die unberechtigte GoA ein gesetzliches Schuldverhältnis entstehen lässt, auf das die §§ 677, 681 anzuwenden sind, wurde bisher überwiegend verneint. In jedem Fall steht dem Geschäftsführer kein Anspruch auf Ersatz der getätigten Aufwendungen zu. Hingegen kann er über § 684 und den Verweis auf das Bereicherungsrecht die Herausgabe des durch seine Geschäftsführung auf Seiten des Geschäftsherrn Erlangten verlangen.

c) Irrtümliche und vorsätzliche Eigengeschäftsführung

281 Führt der Geschäftsführer irrtümlich ein fremdes Geschäft als eigenes, so stellt § 687 I klar, dass die Vorschriften der §§ 677 – 686 keine Anwendung finden. Für das Verhältnis zwischen Eigengeschäftsführer und demjenigen, dem das Geschäft objektiv zuzurechnen ist, gelten die allgemeinen Bestimmungen über unerlaubte Handlung und ungerechtfertigte Bereicherung.

282 Im Falle der vorsätzlichen (unerlaubten) Eigengeschäftsführung führt der Handelnde ein objektiv fremdes Geschäft wissentlich ausschließlich zu seinem eigenen Vorteil. Wieder finden die Vorschriften über die unerlaubte Handlung und die ungerechtfertigte Bereicherung Anwendung. Der Geschäftsherr hat hier jedoch die Möglichkeit, nach § 687 II 1 das Geschäft an sich zu ziehen, indem er die Rechte des Geschäftsherrn einer GoA geltend macht. Handelt er in diesem Sinne, so ist er natürlich im Gegenzug dem Geschäftsführer nach § 684 S. 1 verpflichtet.

> **Fall 14: Rettung in höchster Not**
>
> Karl Kopfball findet auf dem Weg zum Trainingsplatz eine verletzte Katze am Straßenrand. Sofort bringt er das Tier zum Tierarzt, der die Katze erfolgreich operiert.
>
> Später stellt sich heraus, dass die Katze dem Nachbarn Heinz gehört. Dieser weigert sich jedoch, für die Behandlungskosten, die Karl übernommen hatte, aufzukommen, da die Operation ohne seine Zustimmung erfolgt sei.
>
> Kann Karl von Heinz die Behandlungskosten ersetzt verlangen?

2. Ungerechtfertigte Bereicherung

283 Die in den §§ 812 ff. festgehaltenen Regeln über das Bereicherungsrecht sollen nicht gerechtfertigte Vermögensverschiebungen ausgleichen. Insbesondere im Verhältnis zwischen Sachenrecht und Schuldrecht kommt dem Recht der ungerechtfertigten Bereicherung eine große Bedeutung zu: Wenn man wie im deutschen Recht das Verfügungsgeschäft klar vom Verpflichtungsgeschäft abgrenzt und im Sinne einer eindeutigen Rechtszuordnung z.B. das Eigentum an einer Sache trotz unwirksamem Kausalgeschäft wirksam übergegangen ist, muss es Regeln geben, die dies wieder korrigieren. Weil die Vorschriften des Bereicherungsrechts auf das römische Recht zurückgehen, spricht man noch heute von *Kondiktionen* (lat. Zurückforderung; die condictio war im römischen Recht eine Klage, mit der man eine Bereicherung zurückforderte).[69] § 812 I 1 teilt das Bereicherungsrecht in zwei Grundtatbestände ein: Die Bereicherung durch Leistung eines anderen (*Leistungskondiktion*) sowie die Bereicherung in sonstiger Weise (*Nichtleistungskondiktion*).

> Als eiserne Regel gilt: Die Leistungskondiktion sperrt die Nichtleistungskondiktion. Schon logisch schließen sich die beiden Kondiktionen aus: Die Bereicherung kann nicht zugleich durch Leistung und nicht durch Leistung erfolgen. Auch subsidiär gilt die Sperrwirkung: Erfolgt die Bereicherung durch eine Leistung, scheitert der Bereicherungsanspruch im Anschluss aber aus einem anderen Grund, so sperrt dies die Anwendung eines Anspruchs auf Herausgabe der Bereicherung aus Nichtleistungskondiktion. Dieser Vorrang der Leistungskondiktion ergibt sich auch aus dem Wortlaut: Die Formulierung „in sonstiger Weise" beschreibt die Subsidiarität.

---

[69] *Staake*, § 2 Rn. 2.

284 Das Bereicherungsrecht ist eine der schwierigsten und von Studierenden der Rechtswissenschaften am meisten „gefürchteten" Examensmaterien. Insbesondere in Drei-Personen-Verhältnissen verliert man ohne gefestigte Kenntnisse der Regelungen schnell den Überblick. Entsprechend schwierig ist es, Ihnen einen umfangreichen, dennoch aber nicht ausschweifenden Überblick zu verschaffen. Dieses Buch beschränkt sich daher auf Zwei-Personen-Verhältnisse und die absoluten Grundlagen des Bereicherungsrechts.[70]

a) Anspruchsgrundlagen des § 812

285 § 812 beinhaltet vier Anspruchsgrundlagen:

- Leistungskondiktion wegen fehlendem Rechtsgrund (condictio indebiti), § 812 I 1 Alt. 1,
- Nichtleistungskondiktion, § 812 I 1 Alt. 2,
- Leistungskondiktion wegen späterem Wegfall des rechtlichen Grundes (condictio ob causam finitam), § 812 I 2 Alt. 1,
- Leistungskondiktion wegen Nichteintritt des bezweckten Erfolges (condictio ob rem), § 812 I 2 Alt. 2.

> Achten Sie in Ihrer Klausur unbedingt darauf, genau zu zitieren! Diese Regel gilt zwar für sämtliche Bereiche der Rechtswissenschaft, besonders relevant wird sie aber bei Paragrafen, die mehrere Anspruchsgrundlagen beinhalten. § 812 ist ein solcher Paragraf, bei dem es unbedingt erforderlich ist, Absatz, Satz und Alternative eindeutig zu benennen. Wenn Sie in Ihrer Klausur schreiben, jemand könne einen Anspruch aus § 812 I haben, ist das ungenau (und kann streng genommen nicht mehr als korrekt bewertet werden).

Daneben gibt es über das Bereicherungsrecht verteilt noch fünf weitere Anspruchsgrundlagen, die Spezialfälle regeln (die drei Fälle des § 816, § 817 S. 1 sowie § 822).

aa) Condictio indebiti

286 Grundfall des Bereicherungsrechts ist die Leistungskondiktion wegen Wegfall des Rechtsgrundes in § 812 I 1 Alt. 1.

> Beispielsfall: A und B schließen einen Kaufvertrag, aufgrund dessen A dem B den Kaufgegenstand übereignet und B dem A den Kaufpreis zahlt. War der Kaufvertrag aus irgendeinem Grund unwirksam, fehlt für die Verfügungsgeschäfte (die Übereignung des Kaufgegenstandes und die des

---

[70] Zur Vertiefung empfehle ich die Lektüre des Kapitels zum Bereicherungsrecht bei *Staake*, S. 15 – 156.

> Geldes) jeweils der Rechtsgrund. Da Verpflichtungs- und Verfügungsgeschäft voneinander unabhängig sind (Abstraktionsprinzip), sind die Verfügungsgeschäfte aber wirksam. Die Korrektur dieser Situation erfolgt über § 812 I 1 Alt. 1.

Voraussetzung ist, dass jemand durch Leistung eines anderen und ohne rechtlichen Grund etwas erlangt hat. Dies ergibt sich ohne Probleme aus dem Wortlaut der Vorschrift, der bei Ausblendung der für die condictio indebiti irrelevanten Passage wie folgt lautet: „Wer durch die Leistung eines anderen […] etwas ohne rechtlichen Grund erlangt, ist ihm zur Herausgabe verpflichtet." Der *Bereicherungsgegenstand*, auf dessen Herausgabe der Anspruch gerichtet ist, wird durch das Merkmal „etwas erlangt" benannt. Über das Merkmal „durch Leistung" wird der Anspruch von der Nichtleistungskondiktion abgegrenzt. Zudem kann man hieraus entnehmen, dass die Vermögensverschiebung bewusst und zweckgerichtet erfolgte. Den *konditionsauslösenden Mangel* schließlich gibt das Tatbestandsmerkmal „ohne rechtlichen Grund" an. Es liefert damit die Begründung, warum der Empfänger das Geleistete nicht behalten darf.[71]

aaa) Etwas erlangt

Der Schuldner muss zunächst überhaupt etwas erlangt haben. Gemeinhin wird darunter jedweder Vermögensvorteil verstanden, einen materiellen Wert muss der Bereicherungsgegenstand nicht haben.[72] Möglich ist der Erwerb einer Rechtsposition, wie z.B. der Erwerb des Eigentums an einem Gegenstand oder auch die Befreiung von Schulden, z.B. durch ein Schuldanerkenntnis. Auch Gebrauchsvorteile oder geleistete Dienste können einen Vermögensvorteil darstellen.

287

bbb) Durch Leistung

Der Schuldner muss den Vermögensvorteil durch Leistung eines anderen erlangt haben (denn sonst handelte es sich um eine Nichtleistungskondiktion). Unter einer Leistung versteht man die bewusste und zweckgerichtete Mehrung fremden Vermögens.[73] Es reicht damit nicht aus, dass der Gläubiger bewusst eine Überweisung tätigt. Er muss damit auch einen bestimmten Zweck (in diesem Fall die Tilgung seiner vermeintlichen Schuld) verfolgen.

288

> Schwierig wird die Beurteilung bei den schon oben erwähnten Drei-Personen-Verhältnissen: Es gilt der Grundsatz, dass die Rückabwicklung immer in der jeweiligen Leistungsbeziehung erfolgt. A verkauft B ein Bild, dieser veräußert es

---

[71] *Staake*, § 3 Rn. 2.
[72] MüKo-BGB/*Schwab*, § 812, Rn. 3.
[73] BGH NJW 1979, 157; 1972, 864 (865); 1967, 1905; 1964, 399.

> sofort an C weiter und weist den A an, das Bild direkt an C zu liefern. Die Lieferung des Bildes an C stellt keine Leistung von A an C dar, sondern eine Leistung des A an B, denn A möchte seine Verbindlichkeit gegenüber B erfüllen. Sind alle Kaufverträge nichtig, so kann A nicht direkt von C das Bild nach § 812 I 1 Alt. 1 herausverlangen, da zwischen ihnen keine Leistungsbeziehung besteht. Ein Anspruch aus Nichtleistungskondiktion kommt nicht in Betracht, da Leistungsbeziehungen vorliegen (A-B, B-C). Damit A sein Bild zurückbekommt, muss also B das Bild von C herausverlangen und A schließlich gegen B vorgehen.

ccc) Ohne Rechtsgrund

289 Durch die condictio indebiti soll nur eine solche Leistung wieder rückgängig gemacht werden, die ohne Rechtsgrund erfolgte. Entsprechend darf für die Leistung des Gläubigers an den Schuldner kein Rechtsgrund bestehen. Dies ist der Fall, wenn der vermeintliche Anspruch, der mit der Leistung erfüllt werden sollte, nicht besteht. Eintreten kann dieser Fall z.B. durch Anfechtung, deren Wirkung die Nichtigkeit der getätigten Willenserklärung von Beginn an ist.

bb) Condictio ob causam finitam

290 Bei der Leistungskondiktion wegen späterem Wegfall des rechtlichen Grundes sind die Voraussetzung die gleichen, wie bei der einfachen Leistungskondiktion. Einziger Unterschied ist, dass der Rechtsgrund nicht von Beginn an fehlte, sondern erst später weggefallen ist. Dies kann z.B. durch eine auflösende Bedingung eintreten.

cc) Condictio ob rem

291 Wurde mit der Leistung ein bestimmter Zweck verfolgt und beide Parteien haben sich über diesen Zweck (zumindest stillschweigend) verständigt, so kann auch der Nichteintritt des bezweckten Erfolges zu einem Bereicherungsanspruch führen.

> Stellen Sie sich z.B. vor, jemand würde einem anderen einen bestimmten Geldbetrag zukommen lassen, in der Erwartung, dass dieser ihn daraufhin als Erben einsetzt. Verleiht der Zuwendende seinem Zweck Ausdruck und der Empfänger nimmt dies so hin, so entsteht ein Bereicherungsanspruch, wenn er ihn nicht als Erben einsetzt.

dd) Nichtleistungskondiktion

292 Liegt keine Leistungsbeziehung vor, so kommt ein Anspruch nach § 812 I 1 Alt. 2 in Betracht. Dazu muss der Schuldner in sonstiger Weise etwas auf Kosten des Gläubigers erlangt haben. In sonstiger Weise kann der Schuldner etwas z.B. durch Eingriff in Rechte

des Gläubigers erlangt haben (sog. *Eingriffskondiktion*). Dies ist etwa der Fall, wenn ein Unternehmen das Bild eines berühmten Sportlers zu Werbezwecken verwendet, ohne dafür das Einverständnis eingeholt zu haben. Da es üblich ist, die Verwertung des eigenen Bildes nur gegen Vergütung zu gestatten und das Unternehmen die Vergütung auf Kosten des Sportlers gespart hat, kann dieser einen Bereicherungsanspruch geltend machen. Das Merkmal „auf dessen Kosten" setzt übrigens nicht voraus, dass beim Anspruchsteller eine Vermögensminderung eingetreten sein muss. Es geht bei der Eingriffskondiktion nicht in erster Linie darum, einen Vermögensnachteil auszugleichen, sondern eine Bereicherung rückgängig zu machen, die dem Bereicherten nicht gebührt.

b) Kondiktionssperren

Das Bereicherungsrecht enthält Normen, die den Bereicherungsanspruch ausschließen, die sog. *Kondiktionssperren*. Es gibt vier derartige Sperren: **293**

- Ausschluss bei Kenntnis der Nichtschuld, § 814 Alt. 1
- Ausschluss bei sittlicher Pflicht oder Anstand, § 814 Alt. 2
- Ausschluss trotz Nichteintritt des bezweckten Erfolgs, § 815
- Ausschluss bei Gesetzes- oder Sittenwidrigkeit der Leistung, § 817 S. 2

Weil das Bereicherungsrecht eine ungerechtfertigte Bereicherung und damit einen Nachteil ausgleichen soll, fehlt es am maßgeblichen Beweggrund für die Herausgabepflicht, wenn der Leistende wusste, dass er nicht zur Leistung verpflichtet war. Gleiches gilt bei einer aufgrund sittlicher Pflicht oder Anstand erfolgten Leistung. Im Hinblick auf die Herausgabepflicht bei Nichteintritt des bezweckten Erfolgs erledigt sich der Beweggrund für die Herausgabepflicht, wenn der Eintritt des Erfolgs von Beginn an unmöglich war und der Leistende dies wusste oder den Eintritt des Erfolgs verhindert hat. Zuletzt verhindert § 817 S. 2, dass eine sittenwidrige oder gegen ein gesetzliches Verbot verstoßende Rückforderung erfolgt.

c) Rechtsfolge

Rechtsfolge eines jeden Anspruchs aus § 812 ist die Herausgabe des Erlangten. Das **294** Erlangte ist dabei grundsätzlich in natura herauszugeben (*Naturalrestitution*, vgl. § 249 I). Überdies sind gezogene Nutzungen und Surrogate herauszugeben, § 818 I. Ein solches Surrogat kann beispielsweise eine erlangte Versicherungssumme oder der Erlös aus der Verwertung eines ohne Rechtsgrund bestellten Sicherungsrechts sein. Ist Naturalrestitution nicht möglich, so hat der Schuldner den Wert des Erlangten zu ersetzen, § 818 II. Nach § 818 III ist die Verpflichtung zur Herausgabe oder zum Ersatz ausgeschlossen, soweit der Empfänger nicht mehr bereichert ist (sog. *Entreicherungseinwand*). An dieser Stelle kommt die sog. *Abschöpfungsfunktion* des Bereicherungsrechts zum Ausdruck: Zwar ist der Bereicherte verpflichtet, das ohne einen Rechtsgrund Erlangte herauszugeben oder dessen Wert zu ersetzen. Dabei soll er jedoch am Ende nicht schlechter stehen als ohne das Erlangte, also keine darüberhinausgehenden Vermögenseinbußen erleiden.[74]

> Wurde der herauszugebende Gegenstand z.B. zerstört, entfällt die Herausgabe und es ist auch kein Wertersatz zu leisten, da der Schuldner nicht mehr bereichert ist. Hat er indes eine Ersatzleistung für den zerstörten Gegenstand erhalten (z.B. die Versicherungssumme), handelt es sich um ein Surrogat, das nach § 818 I herauszugeben ist.

Der Entreicherungseinwand hat die Aufgabe eines Korrektivs dafür, dass die Herausgabe- bzw. Wertersatzpflicht verschuldensunabhängig ausgestaltet ist.[75] Wiederum besteht für diese besondere Form des Vertrauensschutzes kein Grund, sofern der Schuldner von der Rechtsgrundlosigkeit weiß (§ 819) oder dieses Wissen aufgrund einer Klage gegen ihn erlangt hat (§ 818 IV).

> **Fall 15: Undercut**
>
> Karl Kopfballs Tochter Mia (16 Jahre alt) hat lange blonde Haare, die ihr bis zur Taille reichen. Am Dienstag hat sie wegen Lehrermangels nur zwei Stunden Unterricht und nutzt die freie Zeit danach, um zum Friseur zu gehen. Dort lässt sie sich eine Kurzhaarfrisur mit Undercut schneiden und das Deckhaar pink färben. Die vom Friseur in Rechnung gestellten 80 € bezahlt Mia von dem Geld, das ihr Vater ihr zum Kauf von Schulsachen gegeben hat. Hin und weg von ihrer neuen Frisur führt sie diese Karl Kopfball am Abend vor. Seltsamerweise will sich jedoch so gar keine Begeisterung auf dem Gesicht von Karl einstellen. Stattdessen geht er sofort zum Friseur und verlangt von diesem die Rückzahlung der 80 €.
>
> Wie ist die Rechtslage?

3. Unerlaubte Handlung

295 Das Recht der unerlaubten Handlung ist in den §§ 823 ff. geregelt und wird auch Deliktsrecht genannt. Anders als beim Bereicherungsrecht geht es nicht um die Beseitigung einer Vermögensmehrung, sondern um die Wiedergutmachung eines Schadens. Dem Deliktsrecht kommt damit in allererster Linie eine Ausgleichsfunktion zu, die auch als Element der Befriedungsfunktion des Rechts verstanden werden kann. Erwünschtes

---

[74] BGH NJW 1998, 2529 (2530).
[75] *Staake*, § 6 Rn. 33.

Nebenprodukt der Ausgleichsfunktion ist die Präventionsfunktion des Deliktsrechts. Weil er um die Konsequenzen seiner Handlung weiß, richtet der Einzelne sein Verhalten so ein, dass er Schadensersatzansprüche nach Möglichkeit vermeidet.[76] Erfolgt durch eine unerlaubte Handlung ein Eingriff in einen fremden Rechtskreis unter den Voraussetzungen der §§ 823 ff. entsteht eine Schadensersatzpflicht des Handelnden gegenüber dem Geschädigten.

Anders als andere Rechtsordnungen haben die Schöpfer des BGB keine *große Generalklausel* eingeführt, wonach derjenige ersatzpflichtig ist, der einem anderen rechtswidrig und schuldhaft einen Schaden zufügt.

296

> Im französischen Code Civil heißt es in Art. 1382:
>
> *„Tout fait quelconque de l'homme, qui cause à autrui un dommage, oblige celui par la faute duquel il est arrivé à le réparer."*
>
> (Frei übersetzt: Jede Handlung eines Menschen, von welcher Art sie auch sei, verpflichtet, wenn sie einem anderen Schaden verursacht, denjenigen, durch dessen Verschulden dies geschah, zur Entschädigung)
>
> Es kommt also nicht darauf an, wie, sondern nur dass ein anderer einen Schaden durch eine menschliche Handlung erlitten hat.

Das BGB kennt stattdessen drei *kleine Generalklauseln*:

- Verletzung bestimmter Rechtsgüter, § 823 I
- Verstoß gegen ein Schutzgesetz, § 823 II
- Vorsätzliche, sittenwidrige Schädigung, § 826

Der Gesetzgeber des BGB sah die mit einer großen Generalklausel verbundene weit gehende Haftung als dem Wirtschaftsleben abträglich an und fürchtete zu große Unsicherheiten in der Rechtsprechung, wenn dem Richter nur eine Generalklausel an die Hand gegeben würde. Die inhaltliche Ausfüllung sei vorrangige Aufgabe des Gesetzgebers, die nicht auf die Gerichte abgewälzt werden dürfe. Zu unsicher sei, „zu welchen Konsequenzen die Einräumung einer autoritativen Stellung an den Richter führen und ob nicht die deutsche Rechtsprechung zu ähnlichen Auswüchsen gelangen werde, welche zahlreiche Urteile der französischen Gerichte aufwiesen. Diesen Bedenken gegenüber verdiene es den Vorzug, dem Richter zu seiner Entscheidung schon im Gesetze einen gewissen, objektiven Maßstab an die Hand zu geben."[77]

---

[76] Staudinger/*Hager*, Vor § 823, Rn. 10.
[77] Mugdan, Bd. II, Prot (1899), S. 1075.

> In Frankreich zwang die weite Formulierung des Art. 1382 CC die Rechtsprechung zu einer umfassenden Rechtsfortbildung. Man spricht dort gerne vom „gouvernement des juges en matière de responsabilité civile"[78] (wortwörtlich: Regierung der Richter auf dem Gebiet der zivilrechtlichen Haftung).

Die wichtigste Norm des Deliktsrechts, der § 823 I soll hier näher erläutert werden. Er gibt demjenigen einen Schadensersatzanspruch gegen den Handelnden, der durch die rechtswidrige und schuldhafte Verletzung bestimmter, in § 823 I aufgezählter Rechtsgüter einen Schaden erlitten hat.

a) Grundtatbestand, § 823 I

297 Dadurch, dass ein bestimmtes Handeln rechtswidriger und schuldhafter Natur sein muss, lässt sich die Prüfung des § 823 I in drei Oberpunkte unterteilen:

- Tatbestand
- Rechtswidrigkeit
- Verschulden.

Sicherlich erinnern Sie sich an die detaillierte Erarbeitung der einzelnen Tatbestandsmerkmale des § 823 I anhand des Gesetzestextes zu Beginn dieses Buches (Rn. 5 ff.). Wir brauchen darauf an dieser Stelle daher nicht mehr näher einzugehen. Unter dem Begriff Tatbestand sind die Rechtsgutsverletzung, die Verletzungshandlung und die haftungsbegründende Kausalität zusammengefasst. Nach der Feststellung der Rechtswidrigkeit und des Verschuldens ist schließlich noch auf den Schaden und die haftungsausfüllende Kausalität einzugehen.

aa) Rechtsgutsverletzung

298 Nur die Verletzung eines der in § 823 I genannten Rechtsgüter erfüllt den Tatbestand des § 823 I. Das Vermögen an sich ist im deutschen Deliktsrecht z.B. nicht geschützt. Entsprechend ist ein reiner Vermögensschaden auch nicht über § 823 I ersetzbar. Unter die *sonstigen Rechte* fallen nur solche Rechte, die einen ähnlich absoluten Schutz, wie die in § 823 I aufgezählten Rechtsgüter genießen. Dies sind z.B. der berechtigte Besitz und das allgemeine Persönlichkeitsrecht.

bb) Verletzungshandlung

299 § 823 I setzt ein menschliches Verhalten (Tun oder Unterlassen) voraus. Entsprechend scheidet eine unerlaubte Handlung dort aus, wo eine Bewusstseinskontrolle und damit eine

---

[78] Zitat geht zurück auf den frz. Rechtswissenschaftler *René Savatiers*.

Willenslenkung nicht möglich sind. Dies ist beispielsweise dann der Fall, wenn sich jemand im Zustand der Bewusstlosigkeit befindet. § 827 S. 2 stellt aber klar, dass derjenige, der sich „durch geistige Getränke oder ähnliche Mittel in einen vorübergehenden Zustand dieser Art versetzt" für den Schaden, den er in diesem Zustand widerrechtlich verursacht, verantwortlich ist.

cc) Haftungsbegründende Kausalität

Zwischen Verletzungshandlung und Rechtsgutverletzung muss ein Kausalzusammenhang bestehen. Die Rechtsgutverletzung muss also gerade durch die Verletzungshandlung eingetreten, die Handlung also ursächlich für die Verletzung gewesen sein. Gemeinhin liegt dann Kausalität vor, wenn die maßgebliche Handlung nicht hinweggedacht werden kann, ohne dass der tatbestandliche Erfolg entfiele (sog. *conditio sine qua non* – Formel). Diese Definition geht sehr weit und muss deshalb beispielsweise durch die Zurechenbarkeit eingeschränkt werden (sonst wäre die Mutter eines Mörders verantwortlich für den von ihrem Sohn begangenen Mord, da sie ihn zur Welt gebracht hat). Ob jemandem eine Rechtsgutverletzung zugerechnet werden kann, ist zentral für die Rechtfertigung einer möglichen Haftung. Bloße Kausalität genügt nicht, gleichzeitig ist ein Verschulden jedoch für die Zurechenbarkeit nicht erforderlich. Letztendlich kommt es hier also auf eine Wertung an.[79]

300

dd) Rechtswidrigkeit

§ 823 I setzt voraus, dass die Verletzungshandlung widerrechtlich erfolgt. Liegt der Tatbestand des § 823 I vor, indiziert dies die Rechtswidrigkeit. In Betracht kommen aber sogenannte *Rechtfertigungsgründe*, wie die Notwehr-, Notstands- und Selbsthilferechte, die sie bereits kennengelernt haben und die die Rechtswidrigkeit entfallen lassen. In der Regel führt auch die Einwilligung des Geschädigten zu diesem Ergebnis.

301

ee) Verschulden

Die deliktische Haftung des § 823 I ist eine verschuldensabhängige Haftung. Entsprechend muss der Schädiger die tatbestandsmäßige, rechtswidrige Handlung zu vertreten haben. Dies setzt neben der Verschuldensfähigkeit (§§ 827 f.) ein Verschulden des Schädigers voraus. Selbiges bestimmt sich nach § 276, womit der Schädiger für Vorsatz und Fahrlässigkeit haftet.

302

> Einen verschuldensunabhängigen Haftungstatbestand gibt es z.B. im Straßenverkehrsgesetz (StVG). Nach § 7 I StVG haftet der Halter eines

---

[79] *Staake*, § 7 Rn. 11.

> Kraftfahrzeugs ohne Rücksicht auf ein Verschulden. Auch die Tierhalterhaftung des § 833 ist eine verschuldensunabhängige Haftung.

ff) Schaden

303 Als ersatzfähiger Schaden kommt jeder Vermögensschaden in Betracht. Dies können beispielsweise die Arztrechnung für die Behandlung einer Körperverletzung oder die Rechnung für die Reparatur des beschädigten Eigentums sein. Da es sich bei § 823 I um ein gesetzliches Schuldverhältnis handelt, sind die Regeln des Allgemeinen Teils des Schuldrechts anwendbar. Entsprechend kann unter den Voraussetzungen des § 253 II auch ein immaterieller Schaden ersatzfähig sein (Schmerzensgeld).

gg) Haftungsausfüllende Kausalität

304 Zu guter Letzt muss zwischen Rechtsgutsverletzung und Schaden ein Kausalzusammenhang bestehen. Schwierig sind an dieser Stelle insbesondere die sogenannten *Folgeschäden*. Ist die haftungsausfüllende Kausalität noch einfach zu bejahen, wenn jemand Arztkosten aufgrund einer Körperverletzung hatte, so wird es problematisch, wenn der Verletzte sich beim notwendigen Krankenhausaufenthalt eine Infektion zuzieht. Eine solche *weitere Rechtsgutsverletzung* ist nur dann von der haftungsausfüllenden Kausalität erfasst, wenn sie spezifischer Ausfluss der ursprünglichen Rechtsgutsverletzung ist (also z.B. wenn der Verletzte wegen der Körperverletzung derartig geschwächt ist, dass ein erhöhtes Infektionsrisiko besteht; nicht hingegen, wenn die Infektion ohne unmittelbaren Zusammenhang zustande kam).

> **Fall 16: Überschwängliche Freude**
>
> Karl Kopfball und sein Freund Dieter Diesel haben mit ihrem Opel Manta tatsächlich 24 Stunden durchgehalten und die Nordschleife bezwungen. Auf der Ehrenrunde, bei der sich u.a. in der Dunlopkehre alle Streckenposten fahnenschwenkend auf der Strecke aufstellen, touchiert Karl aus Unachtsamkeit das Fahrzeug neben ihm. Dabei reißt er den Außenspiegel des Fahrzeugs ab.
>
> Kann der Eigentümer des anderen Fahrzeugs Ersatz für den Außenspiegel von Karl nach § 823 I verlangen?

b) Verletzung eines Schutzgesetzes, § 823 II

305 Kann jemand seinen Ersatzanspruch nicht auf § 823 I stützen, weil keines der dort genannten Rechtsgüter verletzt ist, so kommt ein Schadensersatzanspruch aus § 823 II in Betracht. Voraussetzung dieses Anspruchs ist die rechtswidrige und schuldhafte Verletzung eines Schutzgesetzes. Solch ein Schutzgesetz ist nach ständiger Rechtsprechung eine Norm, die nach Zweck und Inhalt wenigstens auch auf den Schutz von Individualinteressen von

Schuldrecht

einer näher bestimmten Art ihrer Verletzung ausgerichtet ist.[80] Als Schutznormen kommen insbesondere die Vorschriften des Strafgesetzbuches in Betracht, soweit sie Übergriffe in die private Rechtssphäre unter Strafe stellen.

> Ein Betrüger, der über eine Onlineplattform für Kleinanzeigen eine VR-Brille zum Preis von 250 € verkauft, ohne Eigentümer einer solchen Brille zu sein, haftet für die gezahlten 250 € auch nach § 823 II, wenn er infolge staatsanwaltschaftlicher Ermittlungen angeklagt und schließlich wegen Betrugs nach § 263 StGB verurteilt wurde.

c) Vorsätzliche, sittenwidrige Schädigung, § 826

Die vorsätzliche, sittenwidrige Schädigung in § 826 sanktioniert jede Schädigung eines anderen, unabhängig von der Art des verletzten Rechtsgutes (also auch das Vermögen). Die maßgebliche Einschränkung ist die vorsätzliche und sittenwidrige Art und Weise der Schadenszufügung. Praktisch ist § 826 nicht sehr relevant, einzig bei der Sanktionierung besonderen Fehlverhaltens kommt ihm Bedeutung zu.

306

d) Andere Haftungstatbestände

Neben den bereits genannten Haftungstatbeständen, gibt es noch weitere, die an dieser Stelle nur kurz aufgelistet werden sollen:

307

- Kreditgefährdung, § 824
- Haftung für Verrichtungsgehilfen, § 831
- Haftung des Aufsichtspflichtigen, § 832
- Haftung des Tierhalters, § 833
- Haftung des Tieraufsehers, § 834
- Gebäudehaftung, §§ 836 – 838.

Bedeutung kommt den Haftungstatbeständen des Produkthaftungsgesetzes sowie des Straßenverkehrsgesetzes zu.

aa) Produkthaftung

Im Produkthaftungsgesetz (ProdHaftG) ist in § 1 eine Haftung für eine Rechtsgutsverletzung im Sinne des § 1 I ProdHaftG vorgesehen. Eine solche kann sich ergeben, wenn durch ein fehlerhaftes Produkt ein Mensch getötet wird oder Körper- oder Gesundheitsschäden entstehen. Sachschäden sind von § 1 I 2 ProdHaftG erfasst. Entscheidend ist, dass der Schaden über das fehlerhafte Produkt hinausgeht. Adressat der Produkthaftung ist der Hersteller des Produktes, § 4 ProdHaftG. Die Produkthaftung ist

308

---

[80] BGH NJW 1993, 1580.

eine *Gefährdungshaftung*. Anders als bei der Ihnen bereits bekannten *Verschuldenshaftung* ist ein Verschulden nicht erforderlich – gehaftet wird für die Gefahr, die durch das Inverkehrbringen des Produktes entsteht.

bb) Haftung des Kfz-Halters

309 Wie die Produkthaftung, so ist auch die Haftung des Kfz-Halters in § 7 StVG eine reine Gefährdungshaftung. Der Halter des Fahrzeuges haftet, weil er als Halter die mit dem Betrieb eines Kraftfahrzeuges verbundenen Gefahren veranlasst hat. Geschützt sind Leben, Körper, Gesundheit und Eigentum.

cc) Haftung des Kfz-Fahrers

310 Auch der Fahrer eines Kraftfahrzeuges haftet, allerdings nicht für die Gefährlichkeit des Betriebes eines Kraftfahrzeuges, sondern für ein vermutetes Verschulden. Es handelt sich damit bei der Haftung nach § 18 StVG um eine Verschuldenshaftung, Rechtswidrigkeit und Verschulden sind zu prüfen. Letzteres wird jedoch vermutet, solange kein Entlastungsbeweis vorliegt.

Übungsaufgaben „Schuldrecht"

1. Erklären Sie den Begriff „Schuldverhältnis" mit eigenen Worten!
2. Was ist eine Obliegenheit?
3. Welche Arten der Leistungsstörung gibt es?
4. Was ist der Unterschied zwischen tatsächlicher und faktischer Unmöglichkeit?
5. Sophie kauft in Rudolfs Fotoladen eine seltene Spiegelreflexkamera, von der nur noch dieses Exemplar existiert. Weil Rudolf die Kamera noch einmal technisch überholen möchte, vereinbaren beide, dass Sophie die Kamera am folgenden Tag abholt. Als Rudolf am Morgen sein Geschäft aufschließen möchte, bemerkt er, dass das heruntergelassene Rollo gewaltsam geöffnet und die Schaufensterscheibe eingeschlagen wurde. Mehrere Kameras, darunter auch die von Sophie am Vorabend gekaufte, wurden gestohlen. Wie wirkt sich dieser Umstand auf Sophies Primäranspruch gegen Rudolf aus dem Kaufvertrag aus? Angenommen, Sophie hat die Kamera bereits bezahlt: Kann sie das Geld von Rudolf zurückfordern? Benennen Sie eine konkrete Anspruchsgrundlage!
6. Was versteht man unter dem Begriff „Allgemeine Geschäftsbedingungen"? Nennen Sie den relevanten Paragrafen und erläutern Sie kurz den Sinn und Zweck der AGB-Vorschriften im BGB!
7. Nennen Sie drei Möglichkeiten, wie eine Forderung übertragen werden kann!
8. Welche Mängelgewährleistungsrechte gibt es im Kaufrecht?
9. Was versteht man unter dem Begriff „Nacherfüllung" und was zeichnet die Nacherfüllung aus?
10. Eric kauft von Autohändler Bernd einen gebrauchten BMW 3er zu einem Preis von 12.000 €. Bei der ersten Fahrt stellt er fest, dass der Motor nur auf drei der vier Zylinder läuft und verlangt von Bernd die Reparatur. Dieser verweigert mit der Begründung, Eric habe das Fahrzeug – was zutrifft – wie gesehen und Probe gefahren gekauft. Eric erklärt daraufhin Bernd den Rücktritt und verlangt den Kaufpreis Zug um Zug gegen Rückgabe des BMW. Zu Recht?
11. Adriana und Tom sind Mieter einer Zwei-Zimmer-Wohnung in der Dresdner Neustadt. Sie erwarten Nachwuchs und möchten daher in eine größere Wohnung umziehen. Der neue Mietvertrag beginnt am 1.4. Am 12.2. schreibt Tom dem alten Vermieter einen auch von Adriana unterschriebenen Brief und erklärt darin die Kündigung zum

nächstmöglichen Zeitpunkt. Wann endet der alte Mietvertrag? Begründen Sie Ihre Antwort kurz und nennen Sie relevante Paragrafen!

12. Darf ein Vermieter den Mieter vertraglich dazu verpflichten, bei Auszug die Wohnung zu streichen? Worauf muss er bei der Formulierung des Mietvertrages achten? Begründen Sie Ihre Antwort kurz!
13. Nennen Sie zwei gesetzliche Schuldverhältnisse!
14. Welchen Zweck verfolgt das Bereicherungsrecht?
15. Was versteht man unter „sonstigen Rechten" im Sinne des § 823 I?
16. Günther und Bert geraten in einer Kneipe aneinander. Bert schlägt Günther mit der Faust ins Gesicht, sodass dessen Nasenbein bricht. Weil Günther Brillenträger ist, geht auch die Brille zu Bruch. Günther verlangt von Bert die Kosten für die Krankenhausbehandlung und seine neue Brille (die alte war irreparabel beschädigt). Zudem macht er Schmerzensgeld geltend. Zu Recht?
17. Nennen Sie zwei verschuldensunabhängige Haftungstatbestände!

Kapitel 5   Sachenrecht

Bauer/Stürner, Sachenrecht, 18. Auflage 2009; *Lüke*, Sachenrecht, 4. Auflage 2018; *Wellenhofer*, Sachenrecht, 35. Auflage 2020

Das Sachenrecht befindet sich im dritten Buch des BGB und regelt die Zuordnung von Sachen (Rechtsobjekte) zu Personen (Rechtssubjekte). Es handelt sich dabei um rein tatsächliche Rechtsbeziehungen, die zu teilweise seltsam anmutenden Ergebnissen führen und ggf. durch das Schuldrecht korrigiert werden müssen. Da die vertiefte Behandlung des Sachenrechts den Umfang dieses Buches sprengen würde, werden einige Teilgebiete nur kursorisch oder gar nicht behandelt. **311**

I.   Die Sache

Grundlegend unterscheidet man im Sachenrecht zwischen *beweglichen Sachen* (Mobilien) und *unbeweglichen Sachen* (Immobilien). Gemäß § 90a sind Tiere keine Sachen, wobei die Vorschriften über Sachen auch auf Tiere anzuwenden sind. Geistige Werke sind keine Sachen. Entsprechend kann man an ihnen auch kein Eigentum oder den Besitz erwerben, sondern lediglich Patent- und Urheberrechte. **312**

Was genau eine Sache eigentlich ist, bestimmt § 90: Danach sind Sachen im Sinne des BGB nur körperliche Gegenstände. Das Merkmal der Körperlichkeit untergliedert sich in drei Punkte: Ein Gegenstand ist dann körperlich, wenn er **313**

- sinnlich wahrnehmbar,
- räumlich abgrenzbar und
- beherrschbar ist.

Nicht notwendig ist, dass der Gegenstand in fester Form vorhanden ist. Auch in flüssigem oder gasförmigem Aggregatzustand handelt es sich um eine Sache, sofern diese die o.g. Kriterien erfüllt, und sei es erst durch technische Hilfsmittel. Auf diese Weise kann z.B. auch das Kondensat in einer Rohrleitung eine Sache sein. Keine selbständige Sache ist das Wasser. Ein Glas Wasser oder das Wasser in einem Schwimmbad kann indes Gegenstand von Rechten sein.

Unerheblich ist, ob die Sache aus einem Stück besteht (sog. *einfache Sache*) oder sich aus mehreren Teilen zusammensetzt (sog. *zusammengesetzte Sache*): Stets liegt eine *Einzelsache* im Sinne des § 90 vor. Keine Sacheigenschaft kommt demgegenüber aber den sog. *Sachgesamtheiten* zu. Vielmehr handelt es sich dabei um eine Vielzahl von Einzelsachen, die durch einen gemeinsamen wirtschaftlichen Zweck verbunden sind und häufig in der Verkehrsanschauung unter einem Begriff zusammengefasst werden. **314**

> 💡 Eine einfache Sache ist z.B. eine Glasscheibe oder ein Kaffeebecher. Paradebeispiel für eine zusammengesetzte Sache ist das Auto. Als Sachgesamtheit bezeichnet man z.B. eine Bibliothek oder ein Warenlager.

II. Prinzipien des Sachenrechts

315 Um die Regelungen des Sachenrechts nachvollziehen zu können, bedarf es der Kenntnis der Prinzipien, die dem Sachenrecht zugrunde liegen.

> 💡 Denken Sie daran, dass Abstraktions- und Trennungsprinzip auch und insbesondere im Sachenrecht gelten!

1. Numerus clausus der Sachenrechte

316 Die dinglichen Rechte sind aus Gründen der Rechtsklarheit abschließend im Gesetz geregelt. Sie unterliegen Beschränkungen sowohl hinsichtlich der normierten Typen (*Typenzwang*) als auch hinsichtlich des Inhalts und Umfangs (*Typenfixierung*). Verglichen mit dem Schuldrecht ist die Privatautonomie deutlich beschränkt. Die Schaffung neuer dinglicher Rechte ist beispielsweise unmöglich. Möglich ist hingegen die richterliche Rechtsfortbildung (so geschehen z.B. beim Sicherungseigentum).

2. Absolutheitsprinzip

317 Dingliche Rechte wirken nicht nur innerhalb einer Vertragsbeziehung (*inter partes*), sondern gegenüber jedermann (*erga omnes*). Der sachenrechtliche Berechtigte besitzt die absolute Herrschaftsmacht über die Sache.

3. Publizitätsprinzip

318 Aufgrund der absoluten Wirkung der dinglichen Rechte muss aus Gründen der Rechtssicherheit die dingliche Rechtslage offenkundig, also für Dritte erkennbar sein. Diese Offenkundigkeit wird bei beweglichen Sachen durch den Besitz erreicht und bei unbeweglichen Sachen durch die Eintragung im Grundbuch sichergestellt. Aus dem Publizitätsprinzip (auch Offenkundigkeitsgrundsatz genannt) leiten sich etliche Vermutungsregelungen des Sachenrechts ab.

4. Spezialitätsprinzip

319 Dingliche Rechtsgeschäfte müssen sich auf konkrete, bereits vorhandene oder zumindest bestimmbare Sachen beziehen. Auch das Spezialitätsprinzip (ebenfalls Bestimmtheitsgrundsatz genannt) dient der Rechtssicherheit. Es gibt beispielsweise kein dingliches Recht an einer Sachgesamtheit, wie z.B. einem Unternehmen. Ein

Unternehmenskauf ist daher nicht ohne weiteres möglich: Entweder man überträgt jede Sache, die zum Unternehmen gehört einzeln (*asset deal*) oder man tritt die Gesellschaftsanteile an der Gesellschaft ab (*share deal*).

III. Besitz und Besitzschutz

1. Begriff

Unter dem Begriff *Besitz* versteht man die tatsächliche Sachherrschaft einer Person über eine Sache, § 854 I. Der Besitz kann der Eigentumsordnung widersprechen. So ist ein Dieb z.B. Besitzer der gestohlenen Sache.

> An dieser Stelle führt der Unterschied zwischen Alltags- und Fachsprache leider immer wieder zu Missverständnissen: Merken Sie sich daher kurz und prägnant: Den Besitz an einer Sache habe ich inne, wenn ich sie einfach nur in der Hand halte. Eigentümer der Sache bin ich, wenn sie mir auch tatsächlich gehört.

Die unmittelbare Innehabung der Sache ist nicht zwingend erforderlich. Es reicht aus, wenn zwischen Person und Sache eine räumliche und auf gewissen Dauer angelegte fest Beziehung besteht (z.B. Inhalt eines Bankschließfaches, Mietwohnung). Erforderlich ist aber der Wille, die Sache zu besitzen (*Besitzwille*). Es handelt sich um einen natürlichen Willen, den auch Geschäftsunfähige haben können.

2. Besitzformen

Je nach Nähe zur Sache, Willensrichtung des Besitzers, Umfang der Berechtigung, Art der Besitzerlangung oder Berechtigung zum Besitz kann man den Besitz in verschiedene Besitzformen einteilen:

- Voll- und Teilbesitz, § 865
- Allein- und Mitbesitz, § 866
- Unmittelbarer und mittelbarer Besitz, § 868
- Eigen- und Fremdbesitz, § 872
- Fehlerhafter und nicht fehlerhafter Besitz
- Rechtmäßiger und unrechtmäßiger Besitz

a) Mittelbarer Besitz

Die relevanteste Unterscheidung betrifft den unmittelbaren und den mittelbaren Besitz. Nach § 868 liegt mittelbarer Besitz vor, wenn jemand eine Sache mittels eines anderen (*Besitzmittler*) besitzt. Für diese Besitzmittlung ist ein *Besitzmittlungsverhältnis* (auch Besitzkonstitut genannt) erforderlich. Neben rechtsgeschäftlich vereinbarten

Besitzmittlungsverhältnissen kommen auch gesetzliche in Betracht, wie z.B. die eheliche Lebensgemeinschaft oder die elterliche Vermögenssorge. Beim mittelbaren Besitz gibt es stets zwei Besitzer: den unmittelbaren und den mittelbaren.

> Das Ihnen wohl geläufigste Besitzmittlungsverhältnis ist der Mietvertrag. Der Mieter mittelt dem Vermieter den Besitz an der Wohnung mittels eines Mietvertrages. Der Vermieter ist mittelbarer, der Mieter unmittelbarer Besitzer der Wohnung.

b) Besitzdiener

323 Vom mittelbaren Besitz zu unterscheiden ist der Besitzdiener nach § 855. Er besitzt die Sache für einen anderen (*Besitzherr*), demgegenüber er in Bezug auf die Sache weisungsgebunden ist. Er steht damit in einem sozialen Abhängigkeitsverhältnis zum Besitzherrn und wird nicht selbst Besitzer.

3. Besitzschutz

324 Der Schutz des Besitzes ist in den §§ 859 ff. geregelt. Voraussetzung ist stets das Vorliegen von verbotener Eigenmacht (Entzug oder Störung des unmittelbaren Besitzes ohne den Willen des Besitzers, § 858 I). Zu beachten ist, dass es nicht darauf ankommt, ob der Besitzer rechtmäßig oder unrechtmäßig besitzt.

> Dies mag auf den ersten Blick seltsam erscheinen, ist aber durch die Eigenheit des Sachenrechts begründet. Der entsprechende Ausgleich wird an anderer Stelle geschaffen.

Wird der Besitz durch verbotene Eigenmacht entzogen, so kann der Besitzer nach § 861 die Wiedereinräumung des Besitzes von demjenigen verlangen, der ihm gegenüber fehlerhaft besitzt. Für Störungen durch verbotene Eigenmacht steht ihm der Beseitigungs- und Unterlassungsanspruch aus § 862 zur Verfügung. Überdies ist der (rechtmäßige) Besitz durch § 823 I deliktisch als sonstiges Recht geschützt.

a) Besitzwehr

325 Besonderheiten ergeben sich aus dem § 859, der zwei Selbsthilferechte beinhaltet: die *Besitzwehr* und die *Besitzkehr*. Die Besitzwehr des § 859 I ermächtigt den Besitzer, sich verbotener Eigenmacht mit Gewalt zu erwehren, sofern die verbotene Eigenmacht unmittelbar bevorsteht oder gerade stattfindet.

b) Besitzkehr

Ist die Sache dem Besitzer bereits mit verbotener Eigenmacht weggenommen worden, so darf der Besitzer sie dem auf frischer Tat betroffenen oder verfolgten Täter mit Gewalt wieder abnehmen, § 859 II. Beachten Sie die zeitliche Dimension: Steht die Besitzentziehung unmittelbar bevor oder findet gerade statt, so darf der Besitzer sich ihrer mit Gewalt erwehren. Hat die Besitzentziehung bereits stattgefunden, so darf er die Sache dem auf frischer Tat betroffenen oder verfolgten Täter mit Gewalt wieder abnehmen. Ist der Täter bereits weg, so bleibt dem Betroffenen der Rückgriff auf die übrigen Besitzschutzansprüche. Der Gesetzgeber sieht also nur bei unmittelbarem zeitlichem Zusammenhang ein eigenes Einschreiten vor. Im Übrigen wird der Betroffene auf den Rechtsweg verwiesen.

326

> **Fall 17: Nachgesetzt**
>
> Karl Kopfballs Tochter Mia geht mit einer Freundin in der Stadt einkaufen als ihr plötzlich ein Fremder die Handtasche von der Schulter reißt und wegrennt. Sofort rennt Mia hinterher und stellt den Dieb schließlich nach etwa 800 Metern an einer mehrspurigen Straße. Dank jahrelanger Kampfsporterfahrung gelingt es ihr schnell, den Dieb auszuhebeln und zu Boden zu bringen, um anschließend die Handtasche wieder an sich zu nehmen.
>
> Handelte Mia rechtmäßig?
>
> Wie wäre die Frage mit folgender Abwandlung zu beantworten: Der Dieb konnte entwischen und Mia entdeckt zwei Tage später ihre Handtasche im Klassenraum bei einer Mitschülerin. Mia nimmt sich die Handtasche mit der Begründung, es sei ihre (was tatsächlich zutrifft).

IV. Das Eigentum

Die umfassendste Rechtsposition im deutschen Recht ist das Eigentum. Es gibt dem Eigentümer das Recht, mit der Sache tun und lassen zu können, was immer er möchte und jeden anderen von jeglicher Eigentumseinwirkung auszuschließen, § 903 S. 1. Wie bereits eingangs erwähnt besteht Eigentum nur an Sachen, nicht an Forderungen oder Rechten. Das Eigentum soll klare Rechtsverhältnisse schaffen und wirtschaftliche Einheiten erhalten, indem es eine Sache ganzheitlich zuordnet.

327

1. Eigentum mehrerer

Mehrere Personen können Eigentum an einer Sache in unterschiedlicher Art und Weise innehaben.

328

329 Der gesetzliche Regelfall ist das Eigentum nach Bruchteilen. Jeder Miteigentümer hat einen rechnerischen Anteil am gemeinschaftlichen Eigentum, über den er frei verfügen kann, § 1008.

330 Beim Gesamthandseigentum ist jede Person für sich Eigentümer der gesamten Sache, kann aber nur gemeinschaftlich mit den anderen Gesamthandseigentümern über die Sache verfügen (z.B. die Gütergemeinschaft oder die Erbengemeinschaft).

331 Teileigentum liegt vor, wenn mehrere Eigentum an realen Teilen einer Sachgesamtheit haben. Da das BGB grundsätzlich von der Anknüpfung des Eigentums an ganzen Sachen ausgeht, kann Teileigentum nur an sonderrechtsfähigen realen Sachteilen entstehen (z.B. Wohnungseigentum).

2. Eigentumserwerb bei beweglichen Sachen

332 Das Eigentum an beweglichen Sachen kann entweder rechtsgeschäftlich durch Einigung und Übergabe oder kraft Gesetzes erworben werden.

a) Rechtsgeschäftlicher Eigentumserwerb

333 Beim rechtsgeschäftlichen Eigentumserwerb gilt es, zwischen dem Erwerb vom Berechtigten und dem Erwerb vom Nichtberechtigten zu unterscheiden. Diese Unterscheidung ist relevant, weil es vorkommen kann, dass jemand eine Sache veräußert, ohne Eigentümer zu sein. In diesen Fällen muss geklärt werden, ob und in welchen Fällen der Erwerber das Eigentum an der Sache erlangen kann.

aa) Erwerb vom Berechtigten

334 Der rechtsgeschäftliche Eigentumserwerb vom Berechtigten erfolgt nach den §§ 929 ff. durch Einigung und Übergabe der Sache. Die Übergabe der Sache kann ersetzt werden (*Übergabesurrogat*), sodass sich insgesamt vier Möglichkeiten ergeben, nach §§ 929 ff. Eigentum zu erwerben:

- Einigung und Übergabe, § 929 S. 1
- Schlichte Einigung, sofern Erwerber bereits im Besitz der Sache ist, § 929 S. 2
- Einigung und Vereinbarung eines Besitzkonstituts, §§ 929 S. 1, 930
- Einigung und Abtretung des Herausgabeanspruchs, §§ 929 S. 1, 931.

Die Besonderheiten des Eigentumsübergangs durch Vereinbarung eines Übergabesurrogats sollen in diesem Buch nicht thematisiert werden. Wir konzentrieren uns daher auf den Eigentumserwerb nach § 929 S. 1.

335 Zunächst müssen sich beide Parteien über den Übergang des Eigentums einigen. Diese Einigung ist nicht Teil des Kausalgeschäfts, das der Übereignung zugrunde liegt

(Trennungsprinzip!) und erfolgt in der Praxis meist konkludent. Wichtig ist, dass die Einigung noch im Zeitpunkt der letzten Erwerbshandlung vorliegt.

Die Übergabe ist ein rein tatsächlicher Vorgang, ein sogenannter *Realakt*, bei dem der Veräußerer dem Erwerber die Sache übergibt, ihm also den Besitz verschafft. Er verliert jegliche Form von Besitz an der Sache und verschafft dem Erwerber unmittelbaren Besitz. **336**

Zuletzt muss der Veräußerer zur Verfügung über das Eigentum an der Sache *berechtigt* sein. Die Berechtigung ist weder abdingbar noch beschränkbar, § 137 S. 1. Eine Verfügung ohne Berechtigung ist grundsätzlich unwirksam, kann aber durch Genehmigung des Verfügungsberechtigten wirksam werden. **337**

bb) Erwerb vom Nichtberechtigten

Ein rechtsgeschäftlicher Eigentumserwerb vom Nichtberechtigten ist nach den Gutglaubensvorschriften der §§ 932 ff. möglich. Diese sind in ihrer Systematik parallel zu den Übereignungstatbeständen aufgebaut. Anstelle der Berechtigung des Veräußerers tritt die Gutgläubigkeit des Erwerbers. Dieser gute Glaube knüpft an die Eigentümerstellung des Veräußerers an: Denkt der Erwerber, der Veräußerer sei Eigentümer der Sache, so ist er gutgläubig und kann das Eigentum an der Sache auch vom Nichtberechtigten erwerben. Die einzige Ausnahme von dieser Regel bildet § 935, der vorschreibt, dass man an gestohlenen, verloren gegangenen oder abhanden gekommenen Sachen nicht gutgläubig Eigentum erwerben kann. **338**

> **Fall 18: Ein toller Freund**
>
> Karl Kopfball verleiht seinem Freund Fritz sein Fahrrad. Dieser ist in arger Geldnot und veräußert das Fahrrad deshalb an Detlef, der das Fahrrad annimmt, obwohl er weiß, dass es nicht dem Fritz gehört. Detlef wiederum veräußert das Fahrrad an den unwissenden Uwe. Als Karl sein Fahrrad von Fritz zurückverlangt, erzählt dieser ihm die ganze Geschichte.
>
> Ist Karl noch Eigentümer des Fahrrades?

b) Gesetzlicher Eigentumserwerb

Das BGB kennt verschiedene Möglichkeiten des gesetzlichen Eigentumserwerbs. Wird beispielsweise eine bewegliche Sache mit einem Grundstück als wesentlicher Bestandteil verbunden, so liegt ein Fall von § 946 (Verbindung) vor und der Grundstückseigentümer wird Eigentümer der beweglichen Sache. Gleiches kann geschehen, wenn bewegliche Sachen derart miteinander vermengt werden, dass eine Trennung unmöglich ist (Vermischung, § 948). Auch die Verarbeitung nach § 950 ist ein Fall des gesetzlichen **339**

Eigentumserwerbs. Daneben gibt es noch die Ersitzung in § 937 und die Aneignung herrenloser Sachen in § 958.

3. Eigentumserwerb an Grundstücken

340 Ein Grundstück im formell-rechtlichen Sinne ist ein räumlich abgegrenzter Teil der Erdoberfläche, der katastermäßig vermessen und bezeichnet ist sowie im Grundbuch auf einem gesonderten Blatt geführt wird. Der Eigentumserwerb an einem Grundstück kann wieder in den Erwerb vom Berechtigten sowie vom Nichtberechtigten unterteilt werden.

a) Erwerb vom Berechtigten

341 Der Erwerb vom Berechtigten erfolgt nach Maßgabe der §§ 873 I, 925 I. Voraussetzung ist, dass sich Veräußerer und Erwerber über den Eigentumsübergang einigen. Die Einigung beim Erwerb von Grundstücken nennt man Auflassung. Sie ist grundsätzlich formfrei, allerdings müssen die Erklärungen in der Form des § 925 I erfolgen, mithin also bei gleichzeitiger Anwesenheit beider Parteien vor dem Notar geschehen.

> 💡 Gleichzeitige Anwesenheit meint übrigens nicht gleichzeitige *persönliche* Anwesenheit. Es ist daher durchaus üblich, dass beide Parteien einen Vertreter zur Abgabe der Erklärungen beim Notar schicken. Dies kann auch eine beim Notar angestellte Person sein.

Da der Grundstückskaufvertrag (kausales Verpflichtungsgeschäft für die Übereignung) nach § 311b I der Beurkundung bedarf und das Grundbuchamt den Nachweis der Einigung verlangt, wird die Auflassung häufig mit beurkundet, obwohl dies materiell-rechtlich nicht notwendig wäre.

342 Weiterhin bedarf es der Eintragung des Erwerbers in das Grundbuch und – wie beim Eigentumserwerb an beweglichen Sachen – des Einigseins der Parteien im Zeitpunkt der Vollendung des Rechtserwerbs sowie der Verfügungsbefugnis des Veräußerers.

b) Erwerb vom Nichtberechtigten

343 Vom Nichtberechtigten kann das Eigentum an einem Grundstück nach § 892 erworben werden. Diese Vorschrift bezweckt den Schutz desjenigen, der im Rechtsverkehr auf den Inhalt des Grundbuches vertraut. Das Grundbuch fungiert also wie der Besitz bei beweglichen Sachen als *Rechtsscheinträger*. Um nach § 892 das Grundstückseigentum zu erwerben muss zunächst ein Rechtsgeschäft vorliegen. Weiterhin muss das Grundbuch unrichtig sein und den Verfügenden als Eigentümer des Grundstücks ausweisen. Eine solche Unrichtigkeit liegt vor, wenn die formelle (d.h. im Grundbuch festgehaltene) Rechtslage mit der materiellen Rechtslage im Widerspruch steht. Der Erwerber muss überdies gutgläubig gewesen sein und es darf kein Widerspruch eingetragen sein.

c) Die Vormerkung

Wie Sie bereits gelernt haben, wird im BGB strikt zwischen dem schuldrechtlichen Verpflichtungs- und dem dinglichen Verfügungsgeschäft getrennt. Anders als z.B. in Frankreich, wo die Übereignung eines Grundstückes allein aufgrund einer formlosen Einigung erfolgt, die Bestandteil des Kaufvertrages ist,[81] bedeutet der Abschluss eines Grundstückskaufvertrages in Deutschland also noch nicht den Übergang des Grundstückseigentums an den Erwerber. Um zu verhindern, dass der Veräußerer entgegen seiner Verpflichtung zur Übereignung an den Erwerber das Grundstück an einen Dritten veräußert, wurde die Vormerkung als Sicherungsmittel geschaffen. Sie ist im Grundbuch einzutragen und sichert die Erfüllung schuldrechtlicher Ansprüche auf Vornahme dinglicher Rechtsänderungen zugunsten des Gläubigers. Die Vormerkung ist akzessorisch zum schuldrechtlichen Anspruch und wirkt dergestalt, dass solche Verfügungen gegenüber dem Vormerkungsgläubiger unwirksam sind, die dem Inhalt des gesicherten schuldrechtlichen Anspruchs widersprechen. Man spricht von einer relativen Unwirksamkeit, da die Verfügung ausschließlich gegenüber dem Vormerkungsgläubiger unwirksam ist, § 883 II. Ihm steht gegen den Erwerber ein Anspruch auf Zustimmung zur Eintragung oder Löschung zu, § 888 I.

344

V. Der Herausgabeanspruch des § 985

Einer der geläufigsten Ansprüche des Sachenrechts ist der Herausgabeanspruch des § 985 (auch *Vindikation* genannt). Mithilfe dieses Anspruchs kann der Eigentümer vom Besitzer die Herausgabe der Sache verlangen. Der Herausgabeanspruch besteht, wenn objektiv eine *Vindikationslage* vorliegt:

345

- Anspruchsteller ist Eigentümer der Sache
- Anspruchsgegner ist Besitzer der Sache
- Anspruchsgegner hat kein Recht zum Besitz

Gegenstand des Herausgabeanspruchs kann nur eine individualisierte bewegliche oder unbewegliche Sache sein (Spezialitätsprinzip!). Auch ein Miteigentümer kann die Herausgabe verlangen, allerdings nur an alle Miteigentümer. Der Herausgabeanspruch ist nicht selbständig abtretbar, da er als dinglicher Anspruch nicht von seinem Stammrecht (dem Eigentum) getrennt werden kann. Zulässig ist jedoch eine Ausübungsermächtigung, sodass ein Dritter den Anspruch in eigenem Namen geltend machen kann.

Bei der Prüfung des § 985 erfolgt häufig inzident eine Prüfung des Eigentumserwerbs, um festzustellen, ob der Anspruchsteller (noch immer) Eigentümer ist. Diese Prüfung beginnt

346

---

[81] Art. 711, 1196, 1583 CC.

stets mit dem Zeitpunkt, in dem der Anspruchsteller sicher als Eigentümer der Sache zu identifizieren war. Sodann wird chronologisch geprüft, ob er sein Eigentum an der Sache eventuell verloren haben könnte.

347 Dass der Anspruchsgegner Besitzer der Sache ist, bedarf zumeist keiner genaueren Prüfung. Wichtig ist die Prüfung, ob er eventuell ein Recht zum Besitz der Sache hat, § 986. Ein solches kann sich z.B. aus einem mit dem Eigentümer geschlossenen Mietvertrag ergeben.

> **Fall 19: Her damit**
>
> Bei einem Einbruch im vergangenen Jahr wurde Karl Kopfballs Fahrrad aus dem Keller gestohlen. Der Dieb veräußerte das Fahrrad anschließend an Lisa, die von der Vorgeschichte des Fahrrads nichts wusste. Lisa wiederum hat das Fahrrad an ihre Freundin Elsa verliehen. Bei einem Spaziergang erkennt Karl Kopfball sein Fahrrad anhand der markanten Lackierung wieder und spricht Elsa auf das Fahrrad an.
>
> Kann Karl das Fahrrad von Elsa nach § 985 herausverlangen?

VI. Das Eigentümer-Besitzer-Verhältnis

348 Das Eigentümer-Besitzer-Verhältnis (kurz: EBV) der §§ 987 ff. bezeichnet das Rechtsverhältnis zwischen dem Eigentümer einer Sache und deren Besitzer, der im Verhältnis zum Eigentümer kein Recht zum Besitz geltend machen kann (unrechtmäßiger Besitzer). Das EBV entspricht daher der oben beim Herausgabeanspruch besprochenen Vindikationslage (Eigentümer hat einen Anspruch aus § 985 gegen Besitzer). Der Sinn der Regelungen des EBV in den §§ 987 ff. erklärt sich, wenn man sich vergegenwärtigt, was mit der Sache passieren kann, bevor der Eigentümer sie nach § 985 herausverlangt: Im schlimmsten Fall ist die Sache zerstört, eventuell beschädigt worden. Ebenso kann der Besitzer Nutzungen gezogen oder Verwendungen auf die Sache getätigt haben. Das EBV hält daher Folgeansprüche für diese Situation bereit, die neben oder anstelle des Herausgabeanspruches treten können. Ihrer Natur her sind die Vorschriften der §§ 987 ff. schuldrechtliche Nebenansprüche. Sie bilden ein abschließendes Anspruchsgefüge, was § 993 I Hs. 2 verdeutlicht, der bei Vorliegen der Vindikationslage die Anwendung des Bereicherungsrechts sperrt. Aus Besitzersicht kann man das Ziel der §§ 987 ff. als Schutz des zwar unrechtmäßigen, aber gutgläubigen und nicht verklagten (redlichen) Besitzers vor deliktischer und bereicherungsrechtlicher Haftung definieren. Das EBV schützt also den Besitzer, der davon ausging, Eigentümer der Sache zu sein und als solcher mit der Sache anstellen zu können, was er will. Er wird in seiner Haftung vom EBV privilegiert.

VII. Kreditsicherungsrechte im Sachenrecht

Zur Sicherung eines Kredites räumt der Schuldner dem Gläubiger häufig besondere Sicherungsrechte ein. Im Sachenrecht sind dabei vor allen Dingen die Hypothek und die Grundschuld relevant. Das Pfandrecht an beweglichen Sachen, das ebenfalls im Sachenrecht geregelt ist, hat wegen seiner fehlenden Praktikabilität an Bedeutung verloren. Dafür ist die sogenannte Sicherungsübereignung immer mehr in den Vordergrund gerückt.

1. Grundpfandrechte

a) Die Hypothek

Das (zumindest für diejenigen, die schon einmal Monopoly gespielt haben) wohl bekannteste Sicherungsrecht ist die Hypothek. Sie ist eines von drei Grundpfandrechten (Hypothek, Grundschuld, Rentenschuld) und in den §§ 1113 – 1190 geregelt. Mit der Hypothek räumt der Schuldner dem Kreditgeber eine gegenüber persönlichen Gläubigern des Schuldners vorzugsweise Befriedigung aus seinem Grundstück ein. Die Hypothek ist *akzessorisch*, d.h. sie steht und fällt mit der ihr zugrunde liegenden Forderung. Man unterscheidet zwischen Buch- und Briefhypothek (gesetzlicher Regelfall).

Die Hypothek entsteht nach Maßgabe der §§ 873 I, 1113 ff. Zunächst bedarf es einer zu sichernden Forderung und der Einigung zwischen dem verfügungsberechtigten Grundstückseigentümer (Sicherungsgeber) und Gläubiger (Sicherungsnehmer) über die Belastung des Grundstücks. Sodann erfolgt die Eintragung der Hypothek in das Grundbuch gemäß § 1115 sowie die Übergabe des Hypothekenbriefs, § 1117 (fällt bei der Buchhypothek weg).

Sobald die Forderung beglichen wird, erlischt die Hypothek als Folge der Akzessorietät. Dies geschieht, indem die Hypothek mit dem Erlöschen der Forderung gemäß § 1163 I 2 auf den Eigentümer übergeht und sich zu einer Eigentümergrundschuld wandelt, § 1177 I 1. Wird die Forderung nicht beglichen, so entsteht dem Gläubiger ein Anspruch auf Befriedigung. Dieser Anspruch richtet sich gegen den Schuldner und zwingt ihn zur Duldung der Zwangsvollstreckung in das mit der Hypothek belastete Grundstück, § 1147.

b) Die Grundschuld

Die Grundschuld ist im Unterschied zur Hypothek nicht akzessorisch, d.h. in ihrem Bestand nicht von einer Forderung abhängig. Die Verknüpfung zwischen Forderung und Grundschuld basiert nicht auf einer gesetzlichen Regelung, sondern wird vertraglich im Rahmen einer Sicherungsabrede vereinbart. Die Grundschuld ist wesentlich verkehrsfähiger als die Hypothek, da im Grundbuch weder der Schuldgrund noch die Geldsumme eingetragen werden müssen. Im Zuge dessen können mit der gleichen Grundschuld auch mehrere Forderungen abgesichert werden. Aus diesen Gründen ist die Grundschuld das weitaus beliebtere Mittel zur Absicherung einer Forderung. Aktuell beträgt das Verhältnis Grundschuld zu Hypothek etwa 80:20.

c) Die Rentenschuld

354 Das dritte im BGB geregelte Grundpfandrecht ist die Rentenschuld. Sie ist in den §§ 1199 ff. geregelt. Bei der Rentenschuld wird das Grundstück in der Weise belastet, dass zu regelmäßig wiederkehrenden Terminen eine vorher bestimmte Geldsumme an den Berechtigten zu zahlen ist (Rente).

2. Das Fahrnispfandrecht

355 Neben den Pfandrechten an unbeweglichen Sachen gibt es noch das Pfandrecht an beweglichen Sachen (sogenanntes *Fahrnispfandrecht*) in den §§ 1204 ff. Es handelt sich dabei um ein vertraglich vereinbartes, streng akzessorisches Verwertungsrecht, das dem Gläubiger die Möglichkeit gibt, sich nach Fälligkeit der Forderung (Pfandreife) aus dem Pfand durch Pfandverkauf zu befriedigen. Neben dem vertraglichen Pfandrecht gibt es auch gesetzliche Pfandrechte, wie z.B. das Ihnen aus dem Mietrecht bekannte Vermieterpfandrecht.

3. Die Sicherungsübereignung

356 Da in Deutschland bei beweglichen Sachen nur das *Faustpfandrecht* existiert, ist das Fahrnispfand für den Wirtschaftsverkehr nicht geeignet (die Pfandsache verbleibt beim Pfandgläubiger, sodass der Verpfänder sie nicht nutzen kann). Aus diesem Grund hat sich die im Gesetz nicht geregelte *Sicherungsübereignung* entwickelt. Ähnlich wie bei der Sicherungsabtretung nutzt man ein gesetzlich geregeltes Institut zur Sicherung einer Forderung. Im Falle der Sicherungsübereignung ist dies die Übereignung. Der Sicherungsgeber übereignet dem Sicherungsnehmer eine bewegliche Sache zur Sicherung einer Forderung des Sicherungsnehmers. Vertraglich schließen beide eine Sicherungsabrede, in der der Sicherungsnehmer dem Sicherungsgeber die Nutzung der Sache einräumt und sich verpflichtet, die Sache nach Begleichung der Forderung wieder zurück zu übereignen. Die Sache bleibt damit im Besitz des Sicherungsgebers, die Sicherungsabrede beinhaltet die Vereinbarung eines Besitzkonstituts (z.B. Leihe). Charakteristisch für die Sicherungsübereignung ist die Ungleichheit der Rechte des Sicherungsnehmers im Außenverhältnis im Vergleich zum Innenverhältnis. Da er Eigentümer der Sache ist, kann er damit verfahren, wie immer er möchte. Allerdings hat er sich im Innenverhältnis dazu verpflichtet, die Sache nur bei Ausbleiben der Forderungserfüllung zu verwerten.

Übungsaufgaben „Sachenrecht"

1. Beurteilen Sie jeweils die Sacheigenschaft!
   a) elektrische Energie
   b) Schneeball
   c) Kaffeemaschine
   d) Briefmarkensammlung
2. Nennen Sie drei Prinzipien des Sachenrechts und erläutern Sie diese kurz!
3. Erläutern Sie mit eigenen Worten den Unterschied zwischen Besitz und Eigentum!
4. Welche Besitzformen gibt es? Bilden Sie drei Gegensatzpaare!
5. Was ist ein Besitzdiener?
6. Emil spaziert telefonierend durch die Innenstadt. Plötzlich bemerkt er, wie ihm ihm jemand das Handy aus der Hand reißen will, um anschließend wegzurennen… Schreiben Sie den Fall fort und erläutern Sie anhand der verschiedenen Varianten die Besitzschutzmechanismen des BGB!
7. Nora möchte im Antiquariat ein Buch kaufen. Erläutern Sie den Eigentumsübergang an dem Buch und nennen Sie relevante Paragrafen!
8. Nennen Sie die Voraussetzungen für einen Herausgabeanspruch nach § 985!
9. Melanie ist Mieterin einer Dachgeschosswohnung. Ihr Mietvertrag wurde mit dem Vermieter auf unbestimmte Zeit geschlossen. Eines Tages verlangt der Vermieter ohne erkennbaren Grund die Herausgabe der Wohnung. Er beruft sich dabei auf seine Eigentümerstellung und meint, er habe nach § 985 einen Herausgabeanspruch gegen Melanie. Stimmt das? Begründen Sie Ihre Antwort kurz!
10. Welche drei Grundpfandrechte gibt es?
11. Was versteht man unter dem Begriff „Sicherungsübereignung"? Was unterscheidet sie vom Fahrnispfand?

Kapitel 6 Familienrecht

> *Dethloff*, Familienrecht, 32. Auflage 2018; *Gernhuber/Coester-Waltjen*, Familienrecht, 7. Auflage 2020; *Schwab*, Familienrecht, 28. Auflage 2020

357 Im vierten Buch des BGB ist das Familienrecht geregelt. Die Darstellung des Familienrechts in diesem Buch erfolgt verkürzt, um Ihnen einen systematischen Überblick zu verschaffen und die relevantesten Begrifflichkeiten und Rechtsinstrumente zu erläutern, gleichzeitig jedoch nicht auszuufern. Das Familienrecht ist in drei Abschnitte unterteilt: Bürgerliche Ehe, Verwandtschaft sowie Vormundschaft, rechtliche Betreuung, Pflegschaft.

A. Die Bürgerliche Ehe

358 Die Ehe wird durch Art. 6 I GG geschützt. Dort steht, Ehe und Familie stünden unter dem besonderen Schutz der staatlichen Ordnung. Der Begriff der Ehe ist in Deutschland nicht gesetzlich geregelt. Gemeinhin wurde die Ehe bis 2017 als ein zwischen Mann und Frau geschlossenes Dauerschuldverhältnis personenrechtlicher Natur angesehen, das auf Lebenszeit geschlossen wird und durch Vertrag zustande kommt.[82] Diese Definition gilt jedoch seit 1. Oktober 2017 nicht mehr so: Am 30. Juni 2017 verabschiedete der Deutsche Bundestag den unveränderten Gesetzesentwurf des Deutschen Bundesrates zur Einführung des Rechts auf Eheschließung für Personen gleichen Geschlechts[83] mit einer Mehrheit von 393 Stimmen bei 226 Gegenstimmen und 4 Enthaltungen.[84] Eine Woche später passierte das Gesetz auch den Bundesrat und wurde am 20. Juli 2017 von Bundespräsident Frank-Walter Steinmeier ausgefertigt. Im Bundesgesetzblatt wurde es schließlich am 28. Juli 2017 verkündet.[85] Nach Art. 3 des Gesetzes trat dieses am „ersten Tag des dritten auf die Verkündung folgenden Monats in Kraft". Etwas kompliziert ausgedrückt ist damit der 1. Oktober 2017 gemeint. Seither ist es in Deutschland nicht mehr notwendig, dass die Ehe zwischen zwei Personen verschiedenen Geschlechts geschlossen wird. Auch gleichgeschlechtliche Paare können nun heiraten, was die vormals zur Ehe parallel existierende eingetragene Lebenspartnerschaft seit dem 1. Oktober 2017 obsolet macht.

> Durch Art. 1 Nr. 2 des Gesetzes zur Einführung des Rechts auf Eheschließung für Personen gleichen Geschlechts wurde § 1353 geändert:
>
> **§ 1353 BGB aF**
>
> (1) Die Ehe wird auf Lebenszeit geschlossen. [...]

---

[82] Vertiefend: MüKo-BGB/*Wellenhofer*, Vorbemerkung (Vor § 1303), Rn. 13 ff.; Staudinger/*Löhnig*, Einleitung zu §§ 1303-1312, Rn. 14 ff.
[83] BT-Drucks. 18/6665.
[84] Plenarprotokoll 18/244 des Deutschen Bundestages, S. 25117.
[85] BGBl. I, 2787.

> **§ 1353 BGB nF**
> (1) Die Ehe wird *von zwei Personen verschiedenen oder gleichen Geschlechts* auf Lebenszeit geschlossen. […]
>
> Anhand dieses Beispiels lässt sich anschaulich verdeutlichen, wie sich Änderungen in den Ethik- und Moralvorstellungen unserer Gesellschaft im Recht niederschlagen. Inhaltlich ist die alte Formulierung des § 1353 I durch die Einführung der gleichgeschlechtlichen Ehe nicht unrichtig geworden. Einer Änderung hätte es folglich gar nicht bedurft, sofern man in allseitigem Konsens davon ausgeht, dass heutzutage unter Ehe auch die gleichgeschlechtliche Verbindung zweier Menschen fällt. Genau hier liegt jedoch das Problem: Seit Gründung der Bundesrepublik Deutschland gingen Rechtsprechung und Lehre übereinstimmend davon aus, die Ehe sei die Verbindung zwischen Mann und Frau. In der DDR war dieser Grundsatz seit 1965 sogar ausdrücklich in § 5 I des Familiengesetzbuches geregelt: „Mit der Eheschließung begründen Mann und Frau eine für das Leben geschlossene Gemeinschaft, die auf gegenseitiger Liebe, Achtung und Treue, auf Verständnis und Vertrauen und uneigennütziger Hilfe füreinander beruht." Mit der Wiedervereinigung trat das Familiengesetzbuch der DDR außer Kraft und es blieb beim gewohnheitsrechtlich anerkannten Grundsatz der verschiedengeschlechtlichen Ehe. Zwar erlaubten seit den Niederlanden 2001 immer mehr Länder der Welt eine gleichgeschlechtliche Ehe und auch in Deutschland vermehrten sich diesbezügliche Forderungen. Von einem generellen Konsens konnte aber keine Rede sein. Wie aber ändert man jahrzehntealtes Gewohnheitsrecht, wenn kein allseitiger Konsens besteht? An dieser Stelle kommt die Omnipotenz des Gesetzgebers[86] zum Tragen: Durch Gesetz kann er Ethik- und Moralvorstellung zum geltenden Recht erklären. Anschließend sind Rechtsprechung und Lehre in einem Rechtsstaat an dieses Gesetz gebunden. Durch die Präzisierung des Ehebegriffes im Rahmen des § 1353 I wird der vorher vertretenen Auffassung der Boden entzogen. Aus einer Argumentation *praeter legem*[87] wird durch ausdrückliche Regelung des Begriffes eine (verbotene) Argumentation *contra legem*[88].

---

[86] Ausdruck des insbesondere von Hans Kelsen vertretenen normativen Rechtspositivismus: Die Geltung von rechtlichen Normen wird allein auf deren positive Setzung im Sinne eines kodifizierten Rechts zurückgeführt.
[87] Unter einer Argumentation *praeter legem* (lat. am Recht vorüber, außerhalb des Gesetzes) versteht man das Vertreten einer Ansicht, die vom Wortlaut einer Norm nicht gedeckt ist, ihr aber auch nicht widerspricht.
[88] Unter einer Argumentation *contra legem* (lat. gegen das Gesetz) versteht man das Vertreten einer Ansicht, die mit dem geltenden Recht nicht zu vereinbaren ist.

I. Das Verlöbnis

359 Der Abschnitt über die Bürgerliche Ehe beginnt mit dem Verlöbnis, §§ 1297 ff. Die genaue Rechtsnatur des Verlöbnisses ist umstritten, die Mehrheit in Lehre und Rechtsprechung folgt aber der Vertragstheorie, nach der das Verlöbnis ein Vertrag ist, auf den die Regelungen des Allgemeinen Teils mit Ausnahme der Stellvertretung Anwendung finden.[89] Relevant wird dieser Streit um die Rechtsnatur des Verlöbnisses nur im Falle des Verlöbnisses Minderjähriger, wenn es darum geht, ob zur Eingehung des Verlöbnisses die Geschäftsfähigkeit notwendig ist oder nicht. Zwar verpflichten sich die Verlobten zur Eingehung der Ehe, diese Pflicht ist jedoch nicht einklagbar, § 1297 I und darf nach § 1297 II auch nicht durch eine Vertragsstrafe abgesichert werden. Unterbleibt die Eheschließung, so können die gegenseitig gewährten Geschenke nach § 1301 herausverlangt werden. § 1301 ist eine Spezialvorschrift, die § 530 verdrängt.

II. Eingehung der Ehe

360 Um die Ehe eingehen zu können, bedarf es der Ehemündigkeit. § 1303 S. 1 schreibt vor, dass die Ehe nicht vor Vollendung des 18. Lebensjahres eingegangen werden darf. Ist einer der Ehegatten jünger als 17 Jahre, kann die Ehe nicht wirksam eingegangen werden, § 1303 S. 2. Die Formulierung der beiden Sätze des § 1303 hört sich zunächst seltsam an: Warum schreibt man im zweiten Satz eine Konkretisierung, wenn bereits der erste Satz des § 1303 die Eheschließung vor der Volljährigkeit verbietet? Hintergrund ist, dass es durchaus vorkommen kann, dass eine Ehe trotz Verbots mit einer minderjährigen Person geschlossen wurde. Ist dies der Fall, so soll eine Ehe zwischen einer 17-jährigen und einer 18-jährigen Person aufhebbar sein. Eine Ehe zwischen einer 16-jährigen und einer 18-jährigen Person indes ist gar nicht erst wirksam zustande gekommen (sog. „Nichtehe"). In erstgenanntem Fall kann aus der eigentlich nicht korrekt geschlossenen Ehe also mit Eintritt der Volljährigkeit eine wirksame Ehe werden, im zweiten Fall nicht. Die vermeintlichen Ehegatten müssten also nach Eintritt der Volljährigkeit erneut heiraten.

361 Die Ehe wird nach § 1310 I vor dem Standesbeamten geschlossen. Sie ist ein höchstpersönliches Rechtsgeschäft, weshalb die Erklärungen, die Ehe eingehen zu wollen, nach § 1311 persönlich und bei gleichzeitiger Anwesenheit beider Eheschließenden abzugeben sind.

362 Die §§ 1306 ff. enthalten Eheverbote, wie z.B. die Bigamie. Wurde eine Ehe trotz Vorliegen eines Verbotes geschlossen, so ist die Ehe aufhebbar, § 1314 I. Die Aufhebung erfolgt

---

[89] Näher zum Streitstand: MüKo-BGB/*Roth*, § 1297, Rn. 4; Staudinger/*Voppel*, Vorbemerkungen zu §§ 1297-1302, Rn. 19 ff.

durch richterlichen Akt, § 1313. Mit Rechtskraft der Entscheidung ist die Ehe aufgelöst. Die Antragsberechtigung ergibt sich aus § 1316.

> **Fall 20: Ehe oder nicht Ehe?**
>
> Seit einigen Jahren führt Karl Kopfball eine Beziehung mit Fiona Ferro. Die Ehe als Institution lehnen beide ab, heiraten aber, um Steuern zu sparen und in den Genuss der Partnervergünstigungen im örtlichen Golfklub zu kommen. Verpflichtungen nach § 1353 I wollen die beiden nicht begründen.
>
> Einige Jahre nach der Eheschließung – Karl und Fiona haben inzwischen wie ein Ehepaar zusammengelebt – fühlt sich Fiona immer mehr zu ihrem Golflehrer Gernot hingezogen. Sie fragt ihren Anwalt Rainer Ratlos, ob es im Falle einer Trennung von Karl der Scheidung bedarf oder ob die Ehe mit Karl möglicherweise aufhebbar ist.
>
> Wie wird der Anwalt antworten?

III. Ehewirkungen

Die verschiedenen Wirkungen der Ehe sind in den §§ 1353 ff. geregelt. Grundnorm ist § 1353, der die Ehegatten in Absatz 1 zur ehelichen Lebensgemeinschaft und gegenseitigen Verantwortung verpflichtet. Es handelt sich um eine Generalklausel, die verschiedene Bestandteile umfasst:

- Pflicht zur häuslichen Gemeinschaft, sofern nicht eine abweichende Lebensgestaltung vereinbart ist
- Pflicht zur Wahrung der ehelichen Treue
- Pflicht zur gegenseitigen Rücksichtnahme und Achtung
- Gewährung der Mitbenutzung von Haushaltsgegenständen

> An den zum Hausrat gehörenden Sachen haben die Ehegatten *Mitbesitz* und damit auch ein Recht zum Besitz nach § 986 I.

Nach § 1355 sollen die Ehegatten einen gemeinsamen Ehenamen bestimmen. Da es sich um eine Soll-Vorschrift handelt, geht damit kein Zwang einher. Wählen die Ehegatten keinen gemeinsamen Ehenamen, führen sie die zum Zeitpunkt der Eheschließung jeweils geführten Namen weiter. Relevant wird die Festlegung auf einen Namen, sobald aus der Ehe Kinder hervorgehen, da § 1617 I die Eltern, die keinen gemeinsamen Ehenamen führen, zur Bestimmung eines Geburtsnamens für das gemeinsame Kind verpflichtet.

Beide Ehegatten regeln die Haushaltsführung in gegenseitigem Einvernehmen, § 1356 I 1 und sind verpflichtet, durch ihre Arbeit und mit ihrem Vermögen die Familie angemessen zu unterhalten, § 1360 S. 1. Bewusst verzichtet der Gesetzgeber auf ein gesetzliches Leitbild für die Aufgabenverteilung innerhalb der Ehe und überlässt die genaue Ausgestaltung den Ehegatten. Neben den beiden Extremen der Hausfrauenehe und der Hausmannehe sind insbesondere Mischformen wie die Doppelverdienerehe oder die Zuverdienstehe denkbar.

366 Nach § 1357 I 1 sind die Ehegatten berechtigt, Geschäfte zur angemessenen Deckung des Lebensbedarfs der Familie auch mit Wirkung für den anderen Ehegatten zu besorgen. Kauft ein Ehegatte also einen neuen Rasenmäher, so wird durch diese Willenserklärung auch der andere Ehegatte (z.B. zur Kaufpreiszahlung) verpflichtet, obwohl die Willenserklärung nicht in seinem Namen abgegeben wurde. Es handelt sich um eine gesetzliche Mitverpflichtungsermächtigung, die auch *Schlüsselgewalt* genannt wird.

> Erinnern Sie sich an den Allgemeinen Teil des BGB, in dem die Stellvertretung (§ 164) geregelt ist. Sie setzt normalerweise voraus, dass der Vertreter eine eigene Erklärung *in fremdem Namen* abgibt!

367 Auch der Umfang der Sorgfaltspflicht wird durch die Ehe auf die eigenübliche Sorgfalt (*diligentia quam in suis*) beschränkt, § 1359. Damit ist der betroffene Ehegatte nach § 277 von der Haftung für leichte Fahrlässigkeit befreit.

368 Eine Gläubigerschutzvorschrift stellt § 1362 I dar: Er ordnet an, dass zugunsten der Gläubiger eines Ehegatten vermutet wird, dass die im Besitz eines oder beider Ehegatten befindlichen beweglichen Sachen dem Schuldner gehören. Dadurch soll verhindert werden, dass die Ehegatten sich gegenseitig das Eigentum an beweglichen Sachen zum Nachteil der Gläubiger „zuschieben".

IV. Güterstände

369 Das BGB kennt drei verschiedene Güterstände: Die Zugewinngemeinschaft, die Gütertrennung und die Gütergemeinschaft.[90]

1. Zugewinngemeinschaft

370 Vereinbaren die Ehegatten nichts anderes, so treten sie mit Eheschließung in den gesetzlichen Güterstand der *Zugewinngemeinschaft* ein. Die Vermögen der Ehegatten bleiben getrennt und werden nicht etwa zu einem gemeinsamen Vermögen verschmolzen.

---

[90] Genaugenommen gibt es daneben noch einen vierten Güterstand, die deutsch-französische Wahl-Zugewinngemeinschaft, auf den hier aber nicht näher eingegangen werden soll.

Familienrecht

a) Verfügungsbeschränkungen

Innerhalb des gesetzlichen Güterstandes lebende Ehegatten verwalten ihr Vermögen nach § 1364 Hs. 1 selbständig. Von diesem Grundsatz sehen die §§ 1365 ff. jedoch Ausnahmen vor, die sich aus dem Zusammenleben in ehelicher Lebensgemeinschaft ergeben.

aa) Verfügung über Vermögen im Ganzen

Möchte ein Ehegatte sich zu einer Verfügung über sein Vermögen im Ganzen verpflichten, so bedarf dies der Zustimmung des anderen Ehegatten, § 1365 I 1. Hat er sich bereits ohne Zustimmung des anderen verpflichtet, so kann er die Verpflichtung nur mit Einwilligung des Ehegatten erfüllen, § 1365 I 2. Es handelt sich hierbei um ein *absolutes Verfügungsverbot*. Der Gesetzgeber stuft den Schutz der Familie (und die Erhaltung deren wirtschaftlicher Grundlage) höher ein, als den Verkehrsschutz. Umstritten ist, wann ein Ehegatte sich verpflichtet, über sein *Vermögen als Ganzes* zu verfügen. Nach der sog. *Gesamttheorie* bedarf es einer Verfügung über das gesamte Vermögen *en bloc*; ein einzelner Vermögensgegenstand wird nicht als ausreichend erachtet, selbst wenn er das wesentliche Vermögen des sich zur Verfügung verpflichtenden Ehegatten darstellt.[91] Ein derartiges Verständnis der Norm würde ihren Anwendungsbereich jedoch auf wenige Ausnahmen reduzieren, weshalb nach h.M. auch Verfügungen über einzelne Vermögensgegenstände erfasst sein sollen, sofern ein solcher das gesamte oder zumindest einen wesentlichen Teil des Vermögens des Ehegatten ausmacht.[92] Dies ist der Fall, wenn der Einzelgegenstand 85% bzw., bei größeren Vermögen, 90% des Gesamtvermögens umfasst.[93]

371

> Die Verfügungsbeschränkung des § 1365 I 1 ist insbesondere für Unternehmer hinderlich: Besteht das Vermögen eines Ehegatten allein oder weit überwiegend aus einem Unternehmen, ist z.B. ein Rechtsgeschäft zu dessen Veräußerung nur mit Einwilligung des Ehegatten wirksam.

bb) Verfügungen über Haushaltsgegenstände

Eine weitere Verfügungsbeschränkung enthält § 1369 I in Bezug auf die einem Ehegatten gehörenden Gegenstände des ehelichen Haushalts. Auch hier darf ein Ehegatte nur verfügen und sich zu einer solchen Verfügung verpflichten, wenn der andere Ehegatte zustimmt.

372

cc) Abdingbarkeit durch Ehevertrag

Die Vorschriften der §§ 1365 ff. sind dispositiv, d.h. sie können durch einen Ehevertrag nach § 1408 I abbedungen werden. Der Ehevertrag bedarf der notariellen Form, d.h. er

373

---

[91] *Barz*, ZHR 126 [1964], 170 (172); *Rittner*, FamRZ 1961, 1, (2 ff.).
[92] BGH NJW 1961, 1301; MüKo-BGB/*Koch*, § 1365, Rn. 14; Staudinger/*Thiele*, § 1365, Rn. 17.
[93] BGH NJW 1980, 2350 (2351).

muss bei gleichzeitiger Anwesenheit der Ehegatten zur Niederschrift eines Notars geschlossen werden, § 1410. Werden Änderungen am Güterstand der Zugewinngemeinschaft durch Ehevertrag vorgenommen, ohne den Güterstand zu wechseln, spricht man von einer sog. *modifizierten Zugewinngemeinschaft*. Ein weiterer häufiger Regelungsgegenstand ist die Abbedingung des lebzeitigen Zugewinnausgleichs. Dazu sogleich mehr.

> Die Formulierung im Ehevertrag könnte z.B. lauten:
>
> „Für unsere Ehe soll es grundsätzlich beim gesetzlichen Güterstand verbleiben. Wir schließen jedoch die Verfügungsbeschränkungen der §§ 1365, 1369 BGB aus. Jeder Ehegatte ist somit berechtigt, ohne Zustimmung des anderen über sein Vermögen im Ganzen und die ihm gehörenden Gegenstände des ehelichen Haushalts zu verfügen. Wir beantragen die Eintragung in das Güterrechtsregister."[94]

b) Zugewinnausgleich

374 Wird die Zugewinngemeinschaft beendet, so wird der während der Ehe erzielte Zugewinn unter den Ehegatten nach ausgeglichen. Anspruchsgrundlage ist § 1378 I. Zu unterscheiden ist, ob der Güterstand durch Tod eines Ehegatten oder auf andere Weise beendet wird.

> Achtung: Es geht um die Beendigung des Güterstandes, nicht um die Beendigung der Ehe! Diese Unterscheidung ist wichtig, da die Ehegatten während der Ehe den Güterstand wechseln können, ohne die Ehe zu beenden.

aa) Im Todesfall

375 Im Falle des Todes eines Ehegatten erhöht sich der gesetzliche Erbteil des überlebenden Ehegatten um ein Viertel, § 1371 I. Dies gilt unabhängig davon, ob die Ehegatten einen Zugewinn erzielt haben. Man spricht daher auch von einem *pauschalierten Zugewinnausgleich*.

376 Einen Sonderfall stellt § 1371 II dar: Wird der Ehegatte nicht Erbe und steht ihm kein Vermächtnis zu, so erfolgt der Zugewinnausgleich wie im Fall des § 1372 nach den Vorschriften der §§ 1373 ff. mit Ausnahme der Normen, die speziell für Scheidung und Aufhebung konzipiert sind (§§ 1384 - 1387).

bb) In anderen Fällen

377 Wird der Güterstand der Zugewinngemeinschaft auf andere Weise beendet, erfolgt nach § 1372 der Ausgleich des Zugewinns nach den §§ 1373 bis 1390. „Auf andere Weise" erfolgt die Beendigung des Güterstands:

---

[94] Formulierung entnommen aus: Beck'sches Notar-Handbuch/*Grziwotz*, § 12 Rn. 76.

- durch *richterlichen Akt* (Aufhebung, Scheidung),
- durch Ehevertrag oder
- durch gleichzeitigen Tod beider Ehegatten.

Zwar ist letztgenannter Fall nicht ausdrücklich im Gesetz geregelt. Aus der gesamten Zugewinnausgleichsregelung geht jedoch hervor, dass § 1372 den Zugewinn unter lebenden Ehegatten meint. Dafür spricht auch der Umstand, dass das Gesetz in den §§ 1373 – 1390 von Vermögen oder Verbindlichkeiten der Ehegatten ausgeht, was voraussetzt, dass die Ehegatten leben.[95]

cc) Berechnung

Für die Berechnung des Zugewinnausgleichs in den Fällen der §§ 1373 ff. ist zunächst festzustellen, ob die Ehegatten einen Zugewinn erzielt haben. Zugewinn ist nach § 1373 der Betrag, um den das Endvermögen eines Ehegatten das Anfangsvermögen übersteigt. **378**

> Da es sich um den Betrag handelt, um den das Endvermögen das Anfangsvermögen *übersteigt*, kann der Zugewinn niemals negativ sein!

Bei der Berechnung von Anfangs- (§ 1374) und Endvermögen (§ 1375) gilt das *Stichtagsprinzip*. Entscheidend ist der Zeitpunkt des Eintritts in den gesetzlichen Güterstand (Heirat) und der Zeitpunkt der Beendigung des gesetzlichen Güterstandes. Bei letzterem ist Vorsicht geboten, da er, abhängig von der Art der Beendigung, unterschiedlich sein kann: Wird die Ehe geschieden, so ist der Zeitpunkt der Rechtshängigkeit des Scheidungsantrages maßgeblich, § 1384. Rechtshängigkeit tritt mit Zustellung des Scheidungsantrages ein, § 124 FamFG, § 253 ZPO. Wird die Ehe aufgehoben, so gilt der Zeitpunkt, zu dem die Entscheidung, die den Güterstand beendet, rechtskräftig wird. In den Fällen der §§ 1385, 1386 wird dieser Zeitpunkt nach § 1387 auf den Zeitpunkt der Antragstellung vorverlegt.

Das Anfangsvermögen ist nach § 1374 I das Vermögen, das einem Ehegatten nach Abzug der Verbindlichkeiten beim Eintritt des Güterstandes gehört. Hinsichtlich des Anfangsvermögens ist § 1374 II zu beachten: Dieser sorgt dafür, dass Vermögen, das ein Ehegatte nach Eheschließung im Wege eines Erbes oder einer Schenkung erwirbt, zum Anfangsvermögen gerechnet wird. Damit soll vermieden werden, dass z.B. die Erbschaft eines Hausgrundstückes zu einem Zugewinn führt (denn diese steht nicht in Zusammenhang mit der ehelichen Lebens- und Wirtschaftsgemeinschaft). Man spricht vom sog. *privilegierten Anfangsvermögen*. Nach § 1374 III sind Verbindlichkeiten über die Höhe des Vermögens hinaus abzuziehen, sodass das Anfangsvermögen auch negativ sein kann. **379**

---

[95] So auch: MüKo-BGB/*Koch*, § 1372, Rn. 9.

380 Das Endvermögen berechnet sich nach § 1375 I 1 und meint das Vermögen, das einem Ehegatten nach Abzug der Verbindlichkeiten bei Beendigung des Güterstands gehört. Wieder werden Verbindlichkeiten über die Höhe des Vermögens hinaus abgezogen, § 1375 I 2, sodass auch das Endvermögen negativ sein kann. Da es denkbar ist, dass ein Ehegatte sein Endvermögen künstlich schmälert, indem er beispielsweise unentgeltliche Zuwendungen macht oder Vermögen absichtlich verschwendet, existiert die Regelung des § 1375 II. Danach wird dem Endvermögen der Betrag hinzugerechnet, um den das Vermögen nach Eintritt des Güterstandes in drei aufgezählten Fällen durch den Ehegatten vermindert wurde. Ausnahmen von dieser Regelung sieht § 1375 III vor.

381 Nach Berechnung der erzielten Zugewinne sind diese miteinander zu vergleichen. Hat einer der Ehegatten einen höheren Zugewinn erzielt, so steht dem anderen Ehegatten eine Ausgleichsforderung in Höhe des hälftigen Überschusses zu, § 1378 I. Am einfachsten veranschaulichen kann man den Zugewinnausgleich durch folgende Grafik:

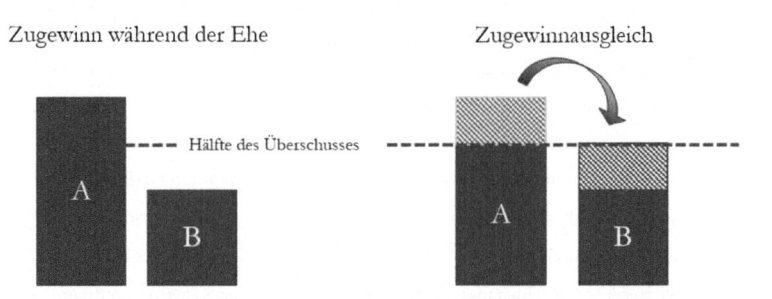

Sinn und Zweck des Zugewinnausgleichs ist es, die Ehegatten hinsichtlich des Zugewinns gleichzustellen. Das Gesetz geht davon aus, dass ein höherer Zugewinn eines Ehegatten auf der Mitwirkung des anderen Ehegatten beruht. Diese Mitwirkung soll durch den Zugewinnausgleich honoriert werden.

> A und B haben am 01.01.1991 die Ehe geschlossen. A hatte ein Vermögen von 50.000 €, B war vermögenslos. Am 01.01.2015 wird die Ehe geschieden. Zu diesem Zeitpunkt verfügt A über ein Vermögen in Höhe von 75.000 € und B über ein Vermögen in Höhe von 25.000 €.
>
> A hat hier einen Zugewinn in Höhe von 25.000 € erzielt. Gleiches gilt für B. Es bedarf also keines Zugewinnausgleichs.
>
> Anders läge der Fall, wenn A am Ende der Ehe nur noch über ein Vermögen in Höhe von 25.000 € verfügt hätte. Dann hätte B einen Zugewinn von 25.000 € und A keinen Zugewinn erzielt (A hat sogar 25.000 € verloren, negativen Zugewinn gibt es aber nicht). A hätte dementsprechend einen Zugewinnausgleichsanspruch gegen B in Höhe von 12.500 €.

Familienrecht

382 Für den Fall, dass die geschuldete Ausgleichssumme den Wert des Vermögens des Schuldners bei Beendigung des Güterstandes übersteigt, wird die Ausgleichsforderung nach § 1378 II auf den Betrag des vorhandenen Vermögens gekürzt. Dies kann auch dazu führen, dass die Ausgleichsforderung gänzlich wegfällt. Sinn dieser *Kappungsgrenze* ist die Ermöglichung eines schuldenfreien Starts des ausgleichspflichtigen Ehegatten in die Zukunft.[96] Die Ausgleichsforderung entsteht nach § 1378 III mit der Beendigung des Güterstands und ist von diesem Zeitpunkt an vererblich und übertragbar.

dd) Abdingbarkeit

383 Sowohl der Zugewinnausgleich als auch seine Durchführung können ehevertraglich modifiziert und ausgestaltet werden. Häufiger Gegenstand von derartigen Regelungen sind der Ausschluss des lebzeitigen Zugewinnausgleichs, Abreden über die Feststellung und Bewertung von Anfangs- und Endvermögen sowie die Vereinbarung eines Ausgleichs in Sachwerten. Auch die Herausnahme von Vermögenswerten aus dem Anfangsvermögen oder der Ausschluss von Wertsteigerungen kann vereinbart werden.[97]

> Der Ausschluss eines lebzeitigen Zugewinnausgleichs kann beispielsweise wie folgt in einem Ehevertrag formuliert werden:
>
> „Für den Fall der Beendigung des Güterstandes durch den Tod eines Ehegatten soll es beim Zugewinnausgleich durch Erbteilserhöhung oder güterrechtliche Lösung verbleiben. Wird jedoch der Güterstand auf andere Weise als durch den Tod eines Ehegatten beendet, insbesondere bei Scheidung unserer Ehe, so findet kein Zugewinnausgleich statt."[98]

Umstritten ist, ob der Zugewinnausgleich auch einseitig zugunsten eines Ehegatten ausgeschlossen oder eingeschränkt werden kann.[99]

> **Fall 21: Was wäre, wenn...**
>
> Nach der Rechtsberatung bei ihrem Anwalt fragt sich Fiona, ob es im Falle ihrer Scheidung von Karl Kopfball einen Zugewinnausgleichsanspruch gäbe. Um diese Frage zu klären, besucht sie ihren Onkel Norbert, der Notar ist. Ehevertragliche Vereinbarungen haben Fiona und Karl nicht getroffen. Auf die Frage nach dem beiderseitigen Vermögen gibt Fiona folgende Positionen an:
>
> Bei Eheschließung besaß Fiona einen gebrauchten Ford Focus im Wert von 10.000 €. Zudem hatte sie ein wenig Geld angelegt. Insgesamt verfügte sie über

---

[96] MüKo-BGB/*Koch*, § 1378, Rn. 6.
[97] Ausführlich: Beck'sches Notar-Handbuch/*Grziwotz*, § 12 Rn. 56 ff.
[98] Formulierung entnommen aus: Beck'sches Notar-Handbuch/*Grziwotz*, § 12 Rn. 60.
[99] Beck'sches Notarhandbuch/*Grziwotz*, § 12 Rn. 72.

5.000 €. Karl Kopfball war bei Eheschließung Eigentümer des mit einem Haus bebauten Grundstücks am Markkleeberger See. Das Hausgrundstück hatte zum damaligen Zeitpunkt einen Wert von 500.000 €. Die Gesellschaftsanteile an der Saßnitzer Frischfisch GmbH waren bei Eheschließung 200.000 € wert. Karls übriges Vermögen hatte einen Wert von 50.000 €. Der Hauskredit valutierte zum Zeitpunkt der Eheschließung mit 300.000 €.

Etwa zwei Monate nach der Eheschließung verstarb Fionas Tante. Sie vererbte Fiona ein mit einem Mietshaus bebautes Grundstück im Wert von 800.000 €. Ein halbes Jahr später gewann Karl im Lotto eine Summe von 50.000 €.

Aktuell stellt sich die Vermögenslage der Ehegatten wie folgt dar:

Ihren Ford Focus hat Fiona vor einem Monat zu einem Preis von 8.000 € verkauft. Ihr Kontostand – inklusive Anlagekonto – beträgt 10.000 €, das geerbte Grundstück ist mittlerweile 900.000 € wert. Fionas neues Auto, ein VW ID.3 hat einen Wert von 40.000 €. Karls Gesellschaftsanteile sind nach der Corona-Krise nur noch 150.000 € wert. Das Hausgrundstück am Markkleeberger See hat mittlerweile einen Wert von 600.000 € und Karl verfügt im Übrigen über ein Bankguthaben in Höhe von 50.000 €. Der Hauskredit valutiert noch mit 200.000 €.

Besteht für Fiona oder Karl gegen den jeweils anderen im Falle einer Scheidung ein Anspruch auf Ausgleich des Zugewinns?

2. Gütertrennung

384 Die Gütertrennung muss vertraglich zwischen den Ehegatten vereinbart werden, §§ 1408, 1414. Um den Güterstand der Gütertrennung zu wählen genügt es, den gesetzlichen Güterstand auszuschließen, § 1414 S. 1. Vereinbaren die Ehegatten die Gütertrennung, so bleiben die Vermögen der Ehegatten wie bei der Zugewinngemeinschaft getrennt. Im Unterschied zum gesetzlichen Güterstand findet jedoch bei Beendigung der Ehe kein Ausgleich zwischen den Ehegatten statt.

3. Gütergemeinschaft

385 Das Gegenteil der Gütertrennung ist die Gütergemeinschaft. Auch sie muss vertraglich vereinbart werden, §§ 1408, 1415. Bei der Gütergemeinschaft werden die Vermögen der Ehegatten zusammengelegt und zum gemeinschaftlichen Vermögen beider Ehegatten. Es entsteht eine Gesamthandsgemeinschaft.

V. Beendigung der Ehe

Die Ehe kann entweder durch den Tod eines Ehegatten oder durch *richterlichen Akt* beendet werden. Eine Möglichkeit des richterlichen Akts, die Aufhebung, kennen Sie bereits aus den Ausführungen zur Eingehung der Ehe. Die andere Möglichkeit ist die Scheidung. **386**

Die Scheidung erfolgt auf Antrag eines oder beider Ehegatten, § 1564 S. 1. Als Scheidungsgrund kommt nur noch das Scheitern der Ehe in Betracht. Bereits 1977 wurde das Schuldprinzip in Deutschland abgeschafft, sodass Ehebruch kein Scheidungsgrund mehr ist. Die Ehe ist gescheitert, wenn die eheliche Lebensgemeinschaft nicht mehr besteht und nicht erwartet werden kann, dass die Ehegatten sie wiederherstellen, § 1565 I. Für das Scheitern der Ehe gelten die gesetzlichen Vermutungen in § 1566. Danach gilt eine Ehe als gescheitert, wenn die Ehegatten ein Jahr lang getrennt leben und gemeinsam die Scheidung beantragen oder der Antragsgegner dem Scheidungsantrag zustimmt. Nach drei Jahren Getrenntleben gilt die Ehe ohne Zustimmung als gescheitert. **387**

B. Verwandtschaft

Die §§ 1589 ff. regeln die verwandtschaftlichen Beziehungen von Personen. Nach § 1589 I sind Personen in gerader Linie miteinander verwandt, deren eine von der anderen abstammt. Stammen zwei Personen von derselben dritten Person ab, so sind sie in der Seitenlinie miteinander verwandt. Der Grad der Verwandtschaft bestimmt sich nach der Zahl der sie vermittelnden Geburten. **388**

> M und F haben zwei Kinder: K1 und K2. K1 wiederum hat einen Sohn S.
>
> M/F und K1/K2 sind in gerader Linie miteinander verwandt, sie sind Verwandte ersten Grades.
>
> K1 und K2 stammen von derselben Person ab und sind daher in der Seitenlinie miteinander verwandt, sie sind Verwandte zweiten Grades.
>
> M/F und S sind Verwandte zweiten Grades, da es sich bei S um den Enkelsohn von M/F handelt.
>
> K2 und S sind Verwandte dritten Grades, da S der Sohn von K1 ist und somit der Neffe von K2.

I. Mutterschaft

Mutter eines Kindes ist die Frau, die das Kind geboren hat, § 1591. Dieser banal klingenden Regelung kommt in Zeiten der Leihmutterschaft durchaus Bedeutung zu. So mag zwar die Eizelle einer anderen Frau der Mutter eingesetzt worden sein. Nichtsdestotrotz ist sie als **389** diejenige, die das Kind zur Welt gebracht hat, die Mutter und nicht etwa die Eizellenspenderin.

II. Vaterschaft

390 Für die Vaterschaft nach § 1592 gibt es drei Möglichkeiten. Vater ist der Mann,

- der zum Zeitpunkt der Geburt mit der Mutter verheiratet ist,
- der die Vaterschaft anerkannt hat oder
- dessen Vaterschaft gerichtlich festgestellt wurde.

> Beachten Sie, dass der rechtliche Vater nicht zwingend der biologische Vater sein muss!

Stirbt der Ehemann und die Witwe gebiert innerhalb von 300 Tagen nach seinem Tod ein Kind, so gilt der verstorbene Ehemann nach § 1593 S. 1 als rechtlicher Vater des Kindes. Sind die Eltern nicht miteinander verheiratet, so bedarf es der Anerkennung der Vaterschaft. Diese erfolgt nach § 1594 und ist bereits vor der Geburt des Kindes zulässig, § 1594 IV. Die Anerkennung bedarf der Zustimmung der Mutter, § 1595 I. Sowohl die Anerkennung als auch die Zustimmung bedürfen der öffentlichen Beurkundung, § 1597 I. Zur Klärung der leiblichen Abstammung des Kindes können die in § 1598a aufgeführten Personen die Einwilligung zu einer genetischen Abstammungsuntersucht vom anderen verlangen.

> **Fall 22: Hier kommt Kurt!**
>
> Der Seitensprung mit dem Golftrainer war nur von kurzer Dauer und Fiona hat sich nicht von Karl Kopfball scheiden lassen. Etwa 9 Monate nach der Trennung von Gernot gebiert sie einen gesunden Sohn, der auf den Namen Kurt getauft wird. Von ihrem Verhältnis hat sie Karl erzählt und auch, dass sie sich nicht sicher ist, wer der Vater von Kurt ist, da sie zum Zeitpunkt der Empfängnis sowohl mit Karl als auch mit Gernot das Bett teilte.
>
> Wer ist aus rechtlicher Sicht Vater von Kurt und was könnte Karl tun, wenn er Sicherheit über die leibliche Abstammung von Kurt erlangen möchte?

Übungsaufgaben „Familienrecht"

1. Welche Rechtsnatur hat das Verlöbnis?
2. Kann ein Minderjähriger die Ehe eingehen?
3. Sören und Dieter haben am 23.7. die Ehe geschlossen. Zuvor war Sören mit Hanna verheiratet. Der Scheidungsbeschluss wurde den beiden vom Familiengericht am 20.7. zugestellt. Weil Sören beim Scheidungstermin jedoch nicht anwaltlich vertreten war, konnte kein Rechtsmittelverzicht erklärt werden, sodass der Ausspruch der Scheidung erst am 21.8. rechtskräftig wurde. Wirkt sich dies auf die Ehe zwischen Sören und Dieter aus? Begründen Sie Ihre Antwort kurz und nennen Sie relevante Paragrafen!
4. Welche drei Güterstände gibt es?
5. Maria und Anna leben im gesetzlichen Güterstand. Weil Maria Mehrheitsgesellschafterin eines Unternehmens ist, möchten die beiden ehevertraglich einige Modifikationen vornehmen. Gütertrennung wollen die beiden nicht vereinbaren, aber lebzeitig soll kein Ausgleich stattfinden. Welche Modifikationen empfehlen Sie den beiden und welche Form muss der Ehevertrag einhalten? Begründen Sie Ihre Antwort kurz und nennen Sie relevante Paragrafen!
6. Was versteht man unter dem Begriff „Zugewinnausgleich"?
7. Wie kann die Ehe beendet werden?
8. Simona ist mit Jürgen verheiratet. Weil Jürgen zeugungsunfähig ist, beide aber ein Kind haben wollen, zeugt Simona mit Heinz ein Kind. Wer ist aus rechtlicher Sicht Vater des Kindes und warum?
9. Lara und Timo haben drei Kinder: Max, Elias und Veronika. Elias wiederum hat zwei Kinder: Elsa und Charlotte. In welchem Grad sind die aufgezählten Personen miteinander verwandt? Begründen Sie Ihre Antwort kurz!

Kapitel 7   Erbrecht

Brox/Walker, Erbrecht, 28. Auflage 2018; *Frank/Helms*, Erbrecht, 7. Auflage 2018; *Leipold*, Erbrecht, 22. Auflage 2020

391 Das Erbrecht ist im fünften Buch des BGB geregelt und umfasst die §§ 1922 bis 2385. Um die Kompaktheit dieses Buches zu wahren, beschränken sich die folgenden Ausführungen auf die gesetzliche und die gewillkürte Erbfolge.

392 Stirbt eine natürliche Person, so geht ihr gesamtes Vermögen im Wege der Gesamtrechtsnachfolge (*Universalsukzession*) nach § 1922 auf den Erben über. Dabei ist es grundsätzlich unbeachtlich, ob der Erbe davon Kenntnis hat oder nicht. Es gilt das Prinzip des *Vonselbsterwerbs*. Das Vermögen beinhaltet sowohl Aktiva als auch Passiva, sodass der Erbe auch für Schulden des Erblassers haftet, § 1967 I. Als Todeszeitpunkt ist der Zeitpunkt anzusehen, in dem die Gehirnfunktionen irreversibel und vollständig ausfallen (Gehirntod).[100] Erbe ist, auf wen die mit dem Erbfall kraft Gesetzes (*gesetzliche Erbfolge*) oder durch Verfügung von Todes wegen (*gewillkürte Erbfolge*) vererblichen Rechtspositionen übergehen. Dabei ist stets die gewillkürte Erbfolge vorrangig vor der gesetzlichen. Nach § 1942 I geht die Erbschaft auf den berufenen Erben unbeschadet des Rechts über, die Erbschaft auszuschlagen. Man bezeichnet dies als *Anfall der Erbschaft*. Der Erbe kann die Erbschaft nach § 1944 I binnen sechs Wochen ausschlagen, beginnend mit dem Zeitpunkt, in dem der Erbe vom Anfall der Erbschaft und dem Grund der Berufung Kenntnis erlangt hat, § 1944 II 1.

> Zusammen bringen die §§ 1922 I und 1942 I den Grundsatz des Vonselbsterwerbs (auch *ipso-iure-Erwerb* genannt) zum Ausdruck. Einen Zeitraum, in dem die Erbschaft quasi in luftleerem Raum schwebt, gibt es nicht: Der Vonselbsterwerb sorgt dafür, dass in jedem Moment ein Träger des Nachlasses vorhanden ist.

393 Erbe kann nur derjenige sein, der zum Zeitpunkt der Erbfolge lebt, § 1923 I. Eine wichtige Vorschrift beinhaltet § 1923 II: War jemand zwar zum Zeitpunkt der Erbschaft noch nicht am Leben, war aber bereits gezeugt, so gilt er als vor dem Erbfall geboren. Erbfähig sind neben natürlichen Personen auch juristische Personen des öffentlichen und des privaten Rechts, sofern sie im Zeitpunkt des Erbfalles schon bestehen.

---

[100] BGH NJW-RR 1992, 1480 (1481).

A. Gesetzliche Erbfolge

I. Parentelsystem

Die gesetzliche Erbfolge bestimmt die Blutsverwandten des Erblassers zu Erben und teilt sie dazu in vier Gruppen ein, die man *Parentel* nennt (daher *Parentelsystem*). Der Begriff Parentel leitet sich vom lateinischen Wort *parens* ab, das man mit dem Wort *Elternteil* übersetzen kann. Eine Parentel stellt auf einen Ahnen ab, von dem alle übrigen Personen abstammen. Im BGB wird der Begriff *Ordnung* verwendet. Erben erster Ordnung sind die Abkömmlinge des Erblassers, also dessen Kinder, § 1924. Erben zweiter Ordnung sind die Eltern des Erblassers und – sofern diese bereits verstorben sind – deren Abkömmlinge (also Schwester/Bruder des Erblassers sowie deren Abkömmlinge), § 1925. Erben dritter Ordnung sind die Großeltern des Erblassers und deren Abkömmlinge, § 1926, und Erben vierter Ordnung schließlich sind die Urgroßeltern des Erblassers und deren Abkömmlinge, § 1928. Wer im jeweiligen Fall Verwandter ist, bestimmt sich nach dem Familienrecht (§ 1589). Gehört jemand in der ersten, zweiten oder dritten Ordnung mehreren Stämmen an, so erhält er den in jedem Stamm ihm zufallenden Anteil, § 1927. Ein Verwandter ist so lange nicht zur Erbfolge berufen, wie ein Verwandter einer vorhergehenden Ordnung vorhanden ist, § 1930.

394

> Im Erbrecht hilft es häufig, sich Skizzen zu machen, um die einzelnen Personen richtig zu verorten. Auf diese Weise können Sie auch komplizierte Verzweigungen schnell nachvollziehen.

II. Stammesprinzip

Innerhalb der einzelnen Ordnungen gibt es wiederum bestimmte Grundsätze zur Ermittlung des Erben. So wird der Grundsatz der Erbfolge nach Ordnungen innerhalb der ersten Ordnung ergänzt durch den Grundsatz der *Erbfolge nach Stämmen*. Einen Stamm bilden diejenigen Abkömmlinge, die durch ein und dieselbe Person mit dem Erblasser verwandt sind. Hat der Erblasser also drei Kinder, so bildet jedes Kind mit seinen Abkömmlingen einen Stamm. Jeder der drei Stämme des Erblassers erhält den gleichen Erbteil, wobei der nähere Abkömmling seine eigenen Abkömmlinge ausschließt (*Repräsentationsprinzip*, § 1924 II). Erst nach Wegfall des näheren Abkömmlings treten dessen Abkömmlinge an seine Stelle (*Eintrittsprinzip*, § 1924 III).

395

> Erblasser X ist gestorben (verdeutlicht in der Skizze durch ein kleines Kreuz) und hinterlässt zwei Kinder, von denen jedes jeweils ein eigenes Kind hatte. Ein Kind des X ist selbst bereits verstorben.

```
        X †
     ┌───┴───┐
    A †      B
     │       │
     C       D
```

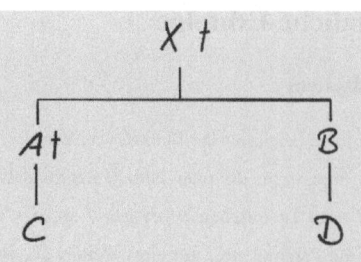

A und B bilden hier jeweils einen Stamm. Jeder Stamm erbt die Hälfte des Vermögens des X. Dadurch, dass A bereits verstorben ist, tritt C an seine Stelle. Es erben also B und C zu je $\frac{1}{2}$.

III. Linienprinzip

396 Sind keine Erben erster Ordnung, jedoch Erben zweiter oder dritter Ordnung vorhanden, so gilt das *Linienprinzip*: Jeder Elternteil des Erblassers bildet zusammen mit seinen Abkömmlingen eine Linie. Die einzelnen Linien erben zu gleichen Teilen. Wie auch beim Stammesprinzip gelten Repräsentations- und Eintrittsprinzip. Fällt eine Linie aus, so erbt der überlebende Teil einer anderen Linie allein, § 1925 III 2. Sind Halbgeschwister vorhanden, so erben sie nur den Teil, der auf den mit dem Erblasser gemeinsamen Elternteil entfallen wäre.

Xaver (X) verstirbt unerwartet. Er war nicht verheiratet und hatte keine Kinder. Seine Eltern sind bereits verstorben. Xaver hatte eine Schwester (S) und einen Bruder (B). Seine Schwester hat zwei Kinder, der Bruder eines. S ist bereits verstorben. Aus einer früheren Beziehung von Xavers Vater stammt sein Halbbruder (H).

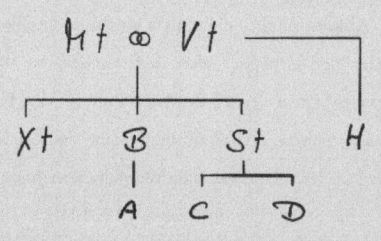

```
         M † ∞ V † ───────┐
       ┌────┼────┐        │
      X †   B    S †      H
            │    ┌─┴─┐
            A    C   D
```

Da X weder verheiratet war, noch Nachkommen hatte, erben seine Eltern zu gleichen Teilen. Weil beide Eltern verstorben sind, treten an ihre Stelle die Geschwister von X. Die Hälfte der Mutter erben B und S $\left(\text{je } \frac{1}{4}\right)$. Die Hälfte des

Erbrecht

Vaters erben B, S und H $\left(\text{je } \frac{1}{6}\right)$. An die Stelle der S treten ihre Kinder C und D. Die Erbquoten berechnen sich also wie folgt:

B: $\quad \frac{1}{4} + \frac{1}{6} = \frac{5}{12} = \frac{10}{24}$

C: $\quad \frac{1}{4} + \frac{1}{6} = \frac{5}{12} \div 2 = \frac{5}{24}$

D: $\quad \frac{1}{4} + \frac{1}{6} = \frac{5}{12} \div 2 = \frac{5}{24}$

H: $\quad \frac{1}{6} = \frac{2}{12} = \frac{4}{24}$

IV. Gradualprinzip

Nach dem Gradualsystem wird der Erbe nach dem Grad der Verwandtschaft mit dem Erblasser bestimmt. Erbe wird, wer am nächsten mit dem Erblasser verwandt ist. Mit der Entscheidung für das Parentelsystem hat sich der Gesetzgeber gegen das Gradualsystem und für die Bevorzugung der jüngeren Generation entschieden.

397

> Würde man das Gradualsystem anwenden, so würde die Mutter des Erblassers (Verwandtschaft 1. Grades) vor dessen Enkel (Verwandtschaft 2. Grades) erben.

In ferneren Ordnungen findet das Gradualsystem jedoch Anwendung, und zwar ab der vierten Ordnung, § 1928 III. Ein Abkömmling der Urgroßeltern des Erblassers, der mit diesem im 6. Grade verwandt ist, erbt vor einem ebenfalls zu dieser Ordnung gehörenden Abkömmling, der nur im 7. Grade mit dem Erblasser verwandt ist.

> Xaver (X) verstirbt unerwartet. Er war ein Einzelkind, nicht verheiratet und hatte keine Kinder. Seine Eltern sind bereits verstorben, Großeltern (ein Kind) und Urgroßeltern (zwei Kinder) ebenfalls. Die einzigen, noch lebenden Verwandten

sind F, Urenkel seines Urgroßvaters, und H, Ururenkel seines Urgroßvaters und Sohn des verstorbenen Bruders von F.

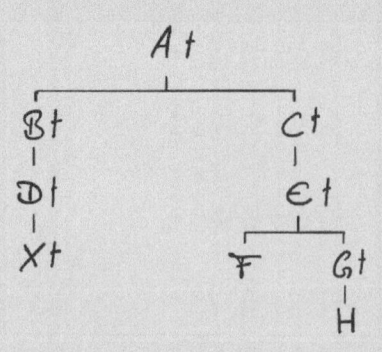

```
            A†
     ┌───────┴───────┐
     B†              C†
     │               │
     D†              E†
     │           ┌───┴───┐
     X†          F       G†
                         │
                         H
```

Da X weder verheiratet war, noch Nachkommen oder Geschwister hatte, erben seine Großeltern und deren Abkömmlinge. Weil diese bereits verstorben sind und keine Abkömmlinge hatten, erben die Urgroßeltern und deren Abkömmlinge (Erben vierter Ordnung, § 1928). Die einzigen noch lebenden Personen aus diesem Stamm sind F und H. A ist mit F im 6. Grad verwandt, H im 7. Grad. Aufgrund des § 1928 III ist F der einzige Erbe des X.

V. Gesetzliches Erbrecht des Ehegatten

398 War der Erblasser verheiratet, so erbt der Ehegatte neben Verwandten der ersten Ordnung zu einem Viertel und neben Verwandten der zweiten Ordnung sowie Großeltern zur Hälfte, § 1931 I. Sind weder Verwandte der ersten oder der zweiten Ordnung noch Großeltern vorhanden, so erhält der überlebende Ehegatte die ganze Erbschaft, § 1931 II.

399 Waren die Ehegatten im gesetzlichen Güterstand der Zugewinngemeinschaft verheiratet, so kommt zum gesetzlichen Erbteil des Ehegatten noch der pauschalierte Zugewinnausgleich im Todesfall nach § 1371 I. Der gesetzliche Erbteil erhöht sich um ein weiteres Viertel.

> **Fall 23: Ende im Gelände**
>
> Nicht nur auf der asphaltierten Rennstrecke fährt Karl Kopfball, auch auf dem Offroadgelände in der Nachbargemeinde frönt er seinem Hobby. Eines Tages kommt es dabei zu einem tragischen Unfall, bei dem sich Karls Wrangler Rubicon überschlägt, eine Absperrung durchbricht und 30 Meter in die Tiefe stürzt. Karl ist sofort tot. Er hinterlässt seine Ehefrau Fiona, mit der er im gesetzlichen Güterstand der Zugewinngemeinschaft verheiratet war und seine Kinder: Kurt, Mia und Luisa. Ein Testament existiert nicht.

> Wer erbt, warum und nach welchen Vorschriften? Bestimmen Sie die jeweilige Erbquote!

B. Gewillkürte Erbfolge

Dem Erblasser ist es überlassen, durch Verfügung von Todes wegen einen Erben zu bestimmen, § 1937. Die Verfügung von Todes wegen umfasst zum einen das Testament und zum anderen den Erbvertrag. Existiert eine solche Verfügung, so hat diese Vorrang vor der gesetzlichen Erbfolge. **400**

> Beachten Sie, dass der Begriff „Verfügung" hier missverständlich ist. Allgemein versteht man darunter ein Rechtsgeschäft, welches sich unmittelbar auf den Bestand eines Rechts auswirkt (z.B. die Ihnen aus dem Sachenrecht bekannte Übereignung einer Sache). Die Wirkung einer Verfügung von Todes wegen tritt jedoch erst mit dem Erbfall ein. Bis dahin erwirbt die als Erbe eingesetzte Person nicht einmal eine gesicherte Rechtsposition.

I. Das Testament

Das Testament ist eine einseitige, nicht empfangsbedürftige Willenserklärung und kann in drei Formen errichtet werden: Ordentlich vor dem Notar (öffentliches Testament, § 2232) oder eigenhändig (eigenhändiges Testament, § 2247) sowie außerordentlich vor dem Bürgermeister, drei Zeugen oder auf See (Nottestamente nach den §§ 2249 ff.). Eine solche *letztwillige Verfügung* ist immer dann anzunehmen, wenn der Erblasser erkennbar über sein Vermögen nach seinem Tod verfügen wollte.[101] Man spricht vom sog. *Testierwillen*. Der Erblasser ist frei, über sein Vermögen durch Testament zu verfügen. Diesen Ausfluss der Privatautonomie im Erbrecht nennt man *Testierfreiheit*. Sie wird lediglich durch das Pflichtteilsrecht eingeschränkt (dazu unten mehr). Die Fähigkeit, ein Testament zu errichten, nennt man *Testierfähigkeit*. Sie ist in § 2229 geregelt. Als Unterfall der Geschäftsfähigkeit unterscheidet man auch bei der Testierfähigkeit zwischen testierfähigen und testierunfähigen Personen: Jeder voll Geschäftsfähige ist gleichsam testierfähig, jeder Geschäftsunfähige auch testierunfähig; eine Zwischenstufe gibt es nicht.[102] § 2229 I erlaubt es indes auch dem Minderjährigen, der das 16. Lebensjahr vollendet hat, ein Testament zu errichten, sofern eine Amtsperson beratend zur Seite steht. Dieser Ausschluss des eigenhändigen Testaments ergibt sich aus § 2247 IV. Das Testament muss persönlich verfasst werden, § 2064. Eine Stellvertretung ist nicht zulässig. **401**

---

[101] BGH WM 1976, 744.
[102] BGH NJW-RR 2008, 164 (166).

1. Öffentliches Testament

402 Das öffentliche Testament wird zur Niederschrift eines Notars errichtet, § 2231 Nr. 1. Dies hat den Vorteil, dass kaum Zweifel an der Echtheit entstehen können, während z.B. bei einem eigenhändigen Testament häufig Berichtigungen oder Streichungen enthalten sind und eine Fälschung recht einfach möglich ist. Der Erblasser erklärt dem Notar entweder seinen letzten Willen oder übergibt ihm eine Schrift mit der Erklärung, dass die Schrift seinen letzten Willen enthalte, § 2232 S. 1. Wichtig ist in diesem Zusammenhang, dass die Schrift offen oder geschlossen übergeben werden kann und nicht vom Erblasser selbst geschrieben zu sein braucht, § 2232 S. 2.

> Diese Regelung stellt keinen Verstoß gegen das Gebot der persönlichen Errichtung dar. Entscheidend ist hier die Übergabe der Schrift an den Notar, verbunden mit der Erklärung, sie enthalte den letzten Willen. Das Verfassen der Schrift selbst ist <u>nicht</u> der Errichtungsakt.

2. Eigenhändiges Testament

403 Wie der Name bereits vermuten lässt, muss das eigenhändige Testament eigenhändig geschrieben und unterschrieben sein, § 2247 I. Der Erblasser soll Zeit und Ort angeben (§ 2247 II) und seine Unterschrift soll sowohl seinen Vornamen als auch seinen Familiennamen enthalten (§ 2247 III).

> An dieser Stelle können Sie gut den Unterschied zwischen einer zwingenden Regelung und einer sogenannten „Soll-Vorschrift" sehen: Das eigenhändige Testamten <u>muss</u> persönlich errichtet werden und eigenhändig geschrieben und unterschrieben sein. Die Angabe des Ortes und der Zeit sowie die Unterschrift mit Vor- und Zuname des Erblassers ist hingegen <u>nicht zwingend</u> notwendig.

Im Gegensatz zum öffentlichen Testament muss das eigenhändige Testament nicht amtlich verwahrt werden. Da auch keine Notarkosten anfallen, ist es eine kostengünstige und sehr flexible Variante, letztwillig zu verfügen. Bei der Errichtung des eigenhändigen Testamentes gibt es einige Ausnahmen zu beachten:

- wer nicht schreiben kann, kann auch das Erfordernis der Eigenhändigkeit nicht erfüllen,
- testierfähige Minderjährige sind ausgeschlossen, § 2247 IV,
- ebenso dürfen Menschen, die Geschriebenes nicht zu lesen vermögen, kein eigenhändiges Testament errichten, da nicht gewährleistet ist, dass sie auch das wollen, was sie schreiben.

II. Der Erbvertrag

Das Testament ist jederzeit widerruflich, § 2253. Teilweise besteht aber die Notwendigkeit nach einer Bindung des Erblassers. Dies lässt sich durch den *Erbvertrag* (§ 1941) bewerkstelligen.   **404**

> Stellen Sie sich z.B. vor, es geht um die Arbeit im elterlichen Betrieb und das Kind möchte sich vergewissern, dass es – sofern es zum jetzigen Zeitpunkt andere, möglicherweise lukrativere Stellenangebote ausschlägt, um im elterlichen Betrieb zu arbeiten – diesen später übernimmt.

Der Erbvertrag ist eine Mischung aus Verfügung von Todes wegen und Vertrag. Wie bei einem Testament erwirbt der Bedachte vor dem Tode des Erblassers keinen künftigen Anspruch, sondern lediglich eine rein tatsächliche Aussicht. Da es sich jedoch um einen Vertrag handelt, ist der Erblasser gebunden und in seiner Testierfreiheit eingeschränkt. Der Erbvertrag ist formbedürftig, § 2276 I, und muss zur Niederschrift vor einem Notar bei gleichzeitiger Anwesenheit beider Teile geschlossen werden. Die Geschäftsfähigkeit beider Teile ist notwendig und auf Seiten des Erblassers ist eine Stellvertretung nicht zulässig. Durch den Erbvertrag wird der Erblasser zwar in seiner Testierfreiheit eingeschränkt, ihm ist es jedoch unbenommen, über sein Vermögen durch Rechtsgeschäft unter Lebenden zu verfügen, § 2286. Zu beachten ist jedoch § 2287.

III. Das Vermächtnis

Im Testament kann der Erblasser einem anderen als dem Erben einen Vermögensvorteil zuwenden, ohne ihn zum Erben zu machen, § 1939. Dieses *Vermächtnis* gibt dem Vermächtnisnehmer einen Anspruch gegen den oder die Erben auf Herausgabe des vom Erblasser zugestandenen Vermögensvorteils, § 2174. Es kann auf einer durch den Erblasser getroffenen Verfügung von Todes wegen oder einer gesetzlichen Anordnung (Voraus des Ehegatten, § 1932 oder Dreißigster, § 1969) beruhen.   **405**

> Beim *Voraus des Ehegatten* handelt es sich um eine Art Vorzugsrecht des Ehegatten auf die zum ehelichen Haushalt gehörenden Gegenstände und die Hochzeitsgeschenke. Der Tod des Ehegatten soll den anderen nicht dazu zwingen, die Umstände seines Lebens radikal zu ändern.[103] Der überlebende Ehegatte kann den Voraus nur in Anspruch nehmen, wenn er auch gesetzlicher Erbe ist.

---

[103] MüKo-BGB/*Leipold*, § 1932, Rn. 1.

> Der *Dreißigste* zielt in eine ähnliche Richtung und gewährt den Familienangehörigen des Erblassers, die zur Zeit seines Todes zu dessen Hausstand gehören und von ihm Unterhalt bezogen haben, innerhalb der ersten 30 Tage nach Eintritt des Erbfalls das Recht, im selben Maße Unterhalt von den Erben zu verlangen und die Wohnung sowie die Haushaltsgegenstände zu benutzen.

Teilweise kann die Beurteilung, ob es sich um eine Erbeinsetzung oder ein Vermächtnis handelt, schwierig sein. Entscheidend ist, ob der Erblasser den Bedachten unmittelbar am Nachlass beteiligen (Erbeinsetzung) oder ihm lediglich einen schuldrechtlichen Anspruch gegen den oder die Erben (Vermächtnis) zuwenden wollte. Lässt sich diese Frage nicht klären, so stellt § 2087 Vermutungsregeln auf: Bei einer Zuwendung von Einzelgegenständen ist von einem Vermächtnis auszugehen, § 2087 II; bei der Einsetzung auf die Erbschaft im Ganzen oder auf einen Bruchteil liegt im Zweifelsfall eine Erbeinsetzung vor, § 2087 I.

Übungsaufgaben „Erbrecht"

1. Welche Voraussetzung muss erfüllt sein, damit eine Person Erbe wird?
2. Was ist das Parentelsystem?
3. Wie erbt der Ehegatte?
4. Heinrich stirbt im Alter von 97 Jahren bei einem Fallschirmsprung. Im Zeitpunkt seines Todes war er mit seiner dritten Ehefrau, Waldtraut, im gesetzlichen Güterstand verheiratet. Ein Testament existiert nicht. Mit Waldtraut hatte Heinrich drei Kinder: Theodor, Gustav und Hannelore. Theodor ist bereits verstorben, seine zwei Kinder, Anna und Stefanie, leben noch. Gustav hat keine Kinder, Hannelore hat einen Sohn namens Siegbert. Mit seiner zweiten Ehefrau, Helga, hatte Heinrich eine gemeinsame Tochter namens Gertrud. Sie erfreut sich bester Gesundheit und hat zwei Kinder namens Stefan und Horst. Aus der ersten Ehe mit Aurelie gingen die Kinder Jeanne und Louis hervor. Louis ist bereits verstorben und hinterlässt zwei Kinder: Maxim und Franck. Bei der Sichtung des Nachlasses taucht ein Brief Heinrichs an seine Geliebte, Erika, auf. Daraus geht hervor, dass er außerehelich eine weitere Tochter namens Lara hat. Wer erbt und mit welcher Quote? Begründen Sie Ihre Antwort kurz und nennen Sie relevante Paragrafen!
5. Kann ein eigenhändiges Testament wirksam errichtet werden, indem es am Computer geschrieben, anschließend ausgedruckt und unterschrieben wird? Begründen Sie Ihre Antwort kurz!
6. Was unterscheidet den Erben vom Vermächtnisnehmer?

Kapitel 8 Beispielklausur

Bei der folgenden Klausur handelt es sich um eine Originalklausur, die ich im Wintersemester 2019/2020 an der Universität Leipzig gestellt habe. In Klammern angegeben ist jeweils die erreichbare Maximalpunktzahl der Aufgabe.

- Gesamtumfang: 40 Punkte -

1. Erläutern Sie kurz die Begriffe „Rechtssubjekt" und „Rechtsobjekt"! Nennen Sie je ein Beispiel! (4)

2. Hans ist 7 Jahre alt und erfreut sich bester Gesundheit. Beurteilen Sie seine Rechts- und Geschäftsfähigkeit und belegen Sie Ihre Ausführungen mit den entsprechenden Paragrafen! (2)

3. Welche Wirkung hat eine Anfechtung? Nennen Sie den dazugehörigen Paragrafen! (1)

4. Nennen Sie drei Auslegungsmethoden! (3)

5. Wodurch kann ein Schuldverhältnis entstehen? (2)

6. Nina hat im Internet unter anderem einen Schal zum Preis von 15 € gekauft. Als sie den Schal auspackt, stellt Nina fest, dass der Schal doch nicht so gut aussieht, wie auf dem Bild. Sie möchte ihn zurückgeben. Was muss Nina dafür tun? Welche Rechtsfolge tritt ein? Begründen Sie Ihre Antwort und nennen Sie relevante Paragrafen! (4)

7. Was unterscheidet einen (Finanzierungs-)Leasingvertrag von einem Kaufvertrag? Erläutern Sie die Unterschiede am Beispiel einer Person, die sich ein neues Auto anschaffen möchte! (3)

8. Warum beurteilt man im Kaufrecht das Vorliegen eines Mangels vorrangig anhand des subjektiven Fehlerbegriffs? (1)

9. Wann bedarf der Mietvertrag einer Form? Nennen Sie den entsprechenden Paragrafen! (2)

10. Karl besticht den zuständigen Sachbearbeiter in der Kfz-Zulassungsstelle mit 1.000 €, damit dieser ihm einen neuen Fahrzeugschein (Zulassungsbescheinigung Teil II) ausstellt. Der Sachbearbeiter weigert sich. Kann Karl sein Geld nach den Grundsätzen der ungerechtfertigten Bereicherung zurückverlangen? Begründen Sie Ihre Antwort und benennen Sie die relevanten Paragraphen (genau zitieren)! (3)

11. Was ist der Unterschied zwischen dem deutschen und dem französischen Deliktsrecht? (1)

12. Beurteilen Sie die Sacheigenschaft (ja/nein) und begründen Sie Ihre Antwort kurz! (3)
    a. Schneeball ja
    b. Elektrizität no
    c. Bibliothek no
13. Nina Schmidt und Hanna Müller wollen heiraten. Ein Freund meint, sie müssten einen gemeinsamen Ehenamen wählen. Stimmt das? Begründen Sie Ihre Antwort und benennen Sie den relevanten Paragrafen! (2)
14. Waldtraut möchte möglichst kostengünstig ein Testament aufsetzen. Welche Möglichkeit empfehlen Sie ihr? Was sollte sie beachten? Begründen Sie Ihre Antwort kurz unter Nennung der relevanten Paragrafen! (4)
15. Heinrich ist im stolzen Alter von 102 Jahren bei einem Fallschirmsprung gestorben. Er hat keine letztwillige Verfügung getroffen. Heinrich war in erster Ehe verheiratet mit Anna. Aus dieser Ehe gingen die Kinder Sophia und Lisa hervor. In zweiter Ehe war Heinrich verheiratet mit Monika. Mit ihr zeugte er den Sohn Fritz, der jedoch bereits verstorben ist. Fritz' Tochter heißt Luisa. Zum Zeitpunkt seines Todes war Heinrich verheiratet mit Magdalena. Aus dieser Ehe ging der Sohn Lutz hervor. Lutz hat zwei Kinder, Mara und Dieter. Wer erbt und warum? Nennen Sie die relevanten Paragrafen! (5)

Lösung:

1. Rechtssubjekt: Träger von Rechten und Pflichten, kann natürliche oder juristische Person sein; Bsp: Mensch
   Rechtsobjekt: der Rechtsmacht eines Rechtssubjekts unterworfene Gegenstände (körperliche und nichtkörperliche); Bsp: Buch
2. Rechtsfähigkeit liegt vor, da Hans = Mensch und Geburt vollendet, § 1
   Beschränkte Geschäftsfähigkeit, da siebentes Lebensjahr vollendet, § 106
3. Anfechtung wirkt ex tunc, sodass angefochtenes Rechtsgeschäft von Beginn an nichtig ist, § 142 I
4. Wortlautauslegung, systematische Auslegung, historische Auslegung, *des Weiteren: Auslegung nach Sinn und Zweck, europarechtskonforme Auslegung*
5. Ein Schuldverhältnis kann durch Rechtsgeschäft oder kraft Gesetzes entstehen.
6. Nina muss den Vertrag widerrufen, damit die jeweils empfangenen Leistungen zurückgewährt werden, §§ 355 I, III. Dies ist möglich, da es sich bei dem Vertrag um einen Verbrauchervertrag handeln dürfte, und zwar einen Fernabsatzvertrag nach § 312c I (Zustandekommen über Internet). Bei einem Fernabsatzvertrag steht dem Verbraucher ein Widerrufsrecht nach § 355 zu, § 312g I. Der Widerruf erfolgt durch Erklärung gegenüber dem Unternehmer, § 355 I 2, aus der der Entschluss zum Widerruf hervorgehen muss. Die Widerrufsfrist beträgt 14 Tage, § 355 II 1.
   Ein Rücktritt dürfte hier ausscheiden, da der Eindruck Ninas, dass „der Schal doch nicht so gut aussieht wie auf dem Bild", lediglich eine unbeachtliche Geschmacksbekundung Ninas und damit keine nicht vertragsgemäß erbrachte Leistung darstellen dürfte
7. Der Leasingvertrag verpflichtet den Leasinggeber (die finanzierende Bank) zur Gebrauchsüberlassung des zuvor vom Lieferanten (Autohaus) erworbenen Fahrzeugs an den Leasingnehmer (Person, die das Fahrzeug anschaffen möchte), während der Kaufvertrag den Verkäufer (Autohaus) zur Übergabe und Übereignung an den Käufer verpflichtet. Der Leasingvertrag beinhaltet damit sowohl kaufvertragliche als auch mietvertragliche Elemente. Er zeichnet sich insbesondere durch die Abtretungskonstruktion aus: Weil sich die Bank als Leasinggeber nicht etwaigen Gewährleistungsansprüchen des Leasingnehmers aussetzen möchte, tritt sie ihre Gewährleistungsansprüche aus dem Kaufvertrag mit dem Lieferanten an den Leasingnehmer ab, der im Gegenzug auf die Gewährleistungsrechte aus dem Kaufvertrag verzichtet.
8. Die Mangelhaftigkeit einer Kaufsache beurteilt sich vorrangig anhand des subjektiven Fehlerbegriffes, weil zuvorderst die Vorstellungen der Parteien für die Vertragsgemäßheit der Kaufsache entscheidend sein sollen. Vereinbaren

diese, dass ein schrottreifer Gegenstand taugliches Vertragsobjekt sein soll, dann ist die Tatsache, dass der Gegenstand schrottreif ist, nicht von Belang bei der Beurteilung der Mangelhaftigkeit.

9. Der Mietvertrag bedarf der Schriftform, wenn er für längere Zeit als ein Jahr befristet geschlossen werden soll, § 550 S. 1.

10. Nein, er kann sein Geld nicht über das Bereicherungsrecht nach § 812 I 1 Alt. 1 zurückverlangen *(denkbar als Anspruchsgrundlage wäre auch § 817 S. 1, aber genaugenommen ist das zugrunde liegende Kausalgeschäft bereits wegen § 134 nichtig)*. Zwar hat der Sachbearbeiter etwas (die 1.000 €) durch Leistung (bewusste zweckgerichtete Mehrung fremden Vermögens) Karls ohne rechtlichen Grund (Bestechung ist verboten, womit das Rechtsgeschäft unwirksam ist, § 134) erlangt. Die Rückforderung ist jedoch nach § 817 S. 2 ausgeschlossen, weil der Leistende durch die Leistung gegen das Gesetz verstoßen hat.

11. Im französischen Deliktsrecht gibt es eine große Generalklausel (grob: Wer anderen einen Schaden zufügt, hat diesen zu ersetzen), während es im deutschen Deliktsrecht drei kleine Generalklauseln gibt: Schadensersatz wegen Rechtsgutsverletzung (§ 823 I), Schadensersatz wegen Verletzung eines Schutzgesetzes (§ 823 II) und Schadensersatz wegen vorsätzlicher sittenwidriger Schädigung (§ 826)

12. a. ja, weil Körperlichkeit (+); b. nein, weil weder beherrschbar noch räumlich abgrenzbar; c. nein, weil es sich um eine Sachgesamtheit handelt (also viele Einzelsachen)

13. Nein, so stimmt die Aussage nicht. Zwar normiert das Gesetz in § 1355 I, dass die Ehegatten einen Ehenamen bestimmen sollen. Dies ist jedoch lediglich eine Soll-Vorschrift, was § 1355 I 3 noch einmal verdeutlicht.

14. Sie kann ein eigenhändiges Testament nach § 2247 verfassen, was keine Kosten verursacht. Sie muss allerdings beachten, dass sie das Testament sowohl eigenhändig schreiben als auch eigenhändig unterschreiben muss, § 2247 I. Zudem sollte sie Ort und Datum angeben, § 2247 II, und mit Vor- und Zunamen unterschreiben, § 2247 III.

15. Es erben:
    a. die Ehefrau Magdalena, weil sie zum Zeitpunkt des Todes mit Heinrich verheiratet war, § 1931 I sowie nach § 1371 I, da beide im gesetzlichen Güterstand der Zugewinngemeinschaft verheiratet waren
    b. die beiden Kinder aus erster Ehe, Sophia und Lisa, nach §§ 1924 I

c. die Enkelin Luisa, nach §§ 1924 I, III, da ihr Vater Fritz der Sohn Heinrichs aus zweiter Ehe war, jedoch bereits verstorben ist und damit Luisa an seine Stelle tritt

d. der Sohn Lutz, nach § 1924 I; er schließt seine beiden Kinder, Mara und Dieter, von der Erbfolge aus, § 1924 II

Die beiden Exfrauen Anna und Monika erben nicht, da sie nicht mehr mit Heinrich verheiratet sind.

Notenschlüssel:

Note	Erreichte Punkte	Punktzahl
1,0	95 %	38
1,3	90 %	36
1,7	85 %	34
2,0	80 %	32
2,3	75 %	30
2,7	70 %	28
3,0	65 %	26
3,3	60 %	24
3,7	55 %	22
4,0	50 %	20
5,0	< 50 %	< 20

Kapitel 9   Lösungen der Übungsaufgaben

I.   Übungsaufgaben „Juristische Methodik"

1. Ein Tatbestandsmerkmal ist Teil des Tatbestands einer Norm. Als solcher benennt es eine Voraussetzung für den Eintritt der von der Norm vorgeschriebenen Rechtsfolge. Ungeschriebene Tatbestandsmerkmale sind zusätzliche Voraussetzungen einer Norm, die sich mit der Zeit durch die Rechtsanwendung (Rechtsprechung und Literatur) herausgebildet haben.

2. Unter dem Begriff „Auslegung" versteht man die Ermittlung des Sinnes einer Rechtsnorm, einer Willenserklärung oder eines Vertrages. Die Auslegungsmethoden gehen zurück auf Friedrich Carl von Savigny. Folgende Auslegungsmethoden gibt es:

    a. Grammatikalische Auslegung – Ermittlung des Sinnes einer Rechtsnorm nach deren Wortlaut

    b. Systematische Auslegung – Ermittlung des Sinnes einer Rechtsnorm nach dem Zusammenhang und der Verortung in der Systematik und Struktur des BGB

    c. Historische Auslegung – Ermittlung des Sinnes einer Rechtsnorm durch Analyse ihrer Entstehungsgeschichte (z.B. Begründung im Gesetzesentwurf)

    d. Teleologische Auslegung – Ermittlung des Sinnes einer Rechtsnorm durch Frage nach ihrem Zweck

    e. Europarechtskonforme Auslegung (keine der klassischen Auslegungsmethoden) – Ermittlung des Sinnes einer Rechtsnorm durch Vergleich mit der zugrundeliegenden EU-Richtlinie

3. Zunächst wird die Frage „Wer will was von wem woraus?" gestellt, um herauszufinden, wer Anspruchsteller und Anspruchsgegner sind, was der Anspruchsteller vom Anspruchsgegner verlangt und aus welcher Anspruchsgrundlage sich ein solcher Anspruch ergeben könnte. Anschließend wird die konkrete Anspruchsgrundlage geprüft.

4. „Heinrich *könnte* gegen den anderen Kunden einen Anspruch auf *Schadensersatz* nach § 823 I haben. Dazu müsste dieser ein *Rechtsgut* Heinrichs durch eine *rechtswidrige*, von ihm verschuldete Handlung verletzt haben und Heinrich dadurch ein *Schaden* entstanden sein.

5. Anspruchsentstehung: sämtliche rechtshindernden Einwendungen, z.B. Geschäftsunfähigkeit, Willensmängel, Formnichtigkeit, Verstoß gegen gesetzliches Verbot oder Sittenwidrigkeit, Anfechtung[104]

Anspruchsuntergang: sämtliche rechtsvernichtenden Einwendungen, z.B. Erfüllung, Rücktritt, Kündigung, Unmöglichkeit, Aufrechnung, Erlass

Anspruchsdurchsetzbarkeit: sämtliche rechtshemmenden Einwendungen (auch Einreden genannt), z.B. Verjährung, Einrede des nicht erfüllten Vertrages

II. Übungsaufgaben „Systematik und Prinzipien des BGB"

1. „Vor die Klammer ziehen" meint die Verortung des ersten Buches des BGB (Allgemeiner Teil) in der Struktur des Gesamtwerks: Die Normen des Allgemeinen Teils sind den übrigen Büchern in einem ersten Buch vorangestellt, weil sie für sämtliche Situationen Anwendung finden, in denen keine spezielleren Regelungen gelten. Ansprüche verjähren beispielsweise in der Regel nach 3 Jahren, § 195. Für Ansprüche aus einem Werkvertrag gelten die spezielleren Verjährungsregeln des § 634a. § 634a I Nr. 3 verweist aber wieder auf die allgemeine Regelung im § 195 („im Übrigen in der regelmäßigen Verjährungsfrist").

2. Privatautonomie: Jeder Mensch regelt seine Lebensverhältnisse nach seinem Willen selbst; Ausprägungen sind die Vertragsfreiheit im Schuldrecht, die Eigentumsfreiheit im Sachenrecht, die Eheschließungsfreiheit im Familienrecht und die Testierfreiheit im Erbrecht.

Trennungsprinzip: Das BGB unterscheidet zwischen Verpflichtungs- und Verfügungsgeschäft. Mit dem Abschluss des Kaufvertrages geht beispielsweise das Eigentum an dem Kaufgegenstand nicht über. Vielmehr handelt es sich um die Verpflichtung des Verkäufers, den Kaufgegenstand an den Käufer zu übergeben und zu übereignen. Die Erfüllung des Kaufvertrages geschieht dann über das Verfügungsgeschäft der Übereignung (deshalb nennt man das Verfügungsgeschäft auch Erfüllungsgeschäft).

3. Hier finden drei Geschäfte statt: Der Kaufvertrag über das Fahrrad zwischen Luise und dem Fahrradhändler als Verpflichtungsgeschäft sowie

---

[104] Ob die Anfechtung eine rechtshindernde Einwendung oder rechtsvernichtende Einwendung darstellt, ist umstritten. Nach hier vertretener Ansicht handelt es sich um eine rechtshindernde Einwendung, sodass sie unter dem Prüfungspunkt „Anspruch entstanden" zu prüfen ist; aA vertretbar.

Übergabe und Übereignung des Geldes als erstes Verfügungsgeschäft und Übergabe und Übereignung des Fahrrades als zweites Verfügungsgeschäft.

III. Übungsaufgaben „Allgemeiner Teil"

1. Eine natürliche Person ist immer ein Mensch, während eine juristische Person ein von der Rechtsordnung mit eigener Rechtsfähigkeit ausgestattetes Gebilde ist.
2. Ein Rechtsgeschäft ist jeder durch eine Willenserklärung begründete Rechtsakt, der eine Rechtsfolge herbeiführt, die eintritt, weil sie gewollt ist.
3. Beschränkte Geschäftsfähigkeit liegt bei Minderjährigen vor, die zwar das 7., aber noch nicht das 18. Lebensjahr vollendet haben, § 106.
4. Hier könnte ein Kaufvertrag zwischen dem Bäcker sowie Gisbert und Sören zustande gekommen sein. Beide Kinder sind minderjährig, aber über sieben Jahre alt, sodass sie nach Maßgabe des § 106 beschränkt geschäftsfähig sind. Willenserklärungen, die ein beschränkt Geschäftsfähiger abgibt und durch die dieser nicht lediglich einen rechtlichen Vorteil erlangt, bedürfen der Einwilligung des gesetzlichen Vertreters, § 107. Da der Kaufvertrag ein synallagmatisches Schuldverhältnis ist, das beide Teile zu einer Leistung verpflichtet, ist die Abgabe der dazugehörigen Willenserklärung nicht lediglich rechtlich vorteilhaft. Damit bedarf die Willenserklärung der Einwilligung. Diese haben die Eltern vorab erteilt, indem sie mit den Kindern den morgendlichen Brötchenkauf im Urlaub abgesprochen und ihnen das dazu notwendige Geld gegeben haben. Ein Kaufvertrag zwischen dem Bäcker und den Kindern liegt damit vor.

    Freilich könnte man sich in diesem Fall die Frage stellen, ob dies auch dem Gewollten entspricht. Denkbar wäre, dass der Vertrag zwischen den Eltern und dem Bäcker zustande kommen sollte und die Kinder lediglich als Vertreter nach § 164 I agieren. Erforderlich dazu ist, dass die Stellvertretung zulässig ist und der Vertreter eine eigene Willenserklärung innerhalb der ihm zustehenden Vertretungsmacht im Namen des Vertretenen abgibt. Da es sich beim Brötchenkauf um kein höchstpersönliches Geschäft handelt, ist die Stellvertretung zulässig. Weil die Kinder die Brötchen aussuchen dürfen, geben sie eine eigene Willenserklärung ab, die sich auch innerhalb der ihnen von den Eltern erteilten Vollmacht bewegt. Dass die Kinder beschränkt geschäftsfähig sind, hindert die wirksame Stellvertretung nicht, § 165. Fraglich ist indes, ob das Offenkundigkeitsprinzip gewahrt wurde, die Kinder also auch in fremdem Namen gehandelt haben. Dass die Kinder gegenüber dem Bäcker erklärt haben, für ihre Eltern zu handeln, geht aus dem Sachverhalt nicht hervor. Zudem ist es unwahrscheinlich, dass sie eine derartige Erklärung abgegeben haben. Vielmehr dürfte es der Lebenserfahrung entsprechen, dass die Kinder die Brötchen ausgesucht, entgegengenommen und dem Bäcker das Geld gegeben haben, ohne die Eltern zu erwähnen. Damit läge kein Handeln in fremdem Namen vor, womit auch keine Stellvertretung gegeben wäre.

Hier könnte indes ein Fall des sog. *Geschäfts für den, den es angeht* vorliegen, und zwar ein verdecktes Geschäft für den, den es angeht. Dieses ist dadurch gekennzeichnet, dass der handelnde Bevollmächtigte nicht zu erkennen gibt, ob er für sich oder einen anderen handelt. Tatsächlich will er aber für einen anderen aufgrund einer erteilten Vollmacht handeln und dem Geschäftspartner ist es gleichgültig, mit wem das Geschäft zustande kommt. Weil Gisbert und Sören die Brötchen nach Absprache mit den Eltern für das Familienfrühstück kaufen und dazu Geld von den Eltern bekommen haben, kann angenommen werden, dass die Kinder aufgrund einer ihnen erteilten Vollmacht handeln. Dem Bäcker ist es bei einem Bargeschäft des täglichen Lebens wie dem vorliegenden Brötchenkauf egal, mit wem der Vertrag zustande kommt, sodass eine teleologische Reduktion des Offenkundigkeitsprinzips hier möglich ist. Das ansonsten gegebene Insolvenzrisiko bei Geltendmachung etwaiger Ansprüche gegen den Hintermann kommt hier nicht zum Tragen.

Damit liegt hier eine Stellvertretung vor, im Zuge derer der Kaufvertrag über die Brötchen zwischen dem Bäcker und den Eltern von Gisbert und Sören zustande gekommen ist.[105]

5. Man unterscheidet zwischen empfangsbedürftigen und nicht empfangsbedürftigen Willenserklärungen.

6. Wann eine Willenserklärung wirksam wird, hängt davon ab, ob es sich um eine empfangsbedürftige oder nicht empfangsbedürftige Willenserklärung handelt. Eine nicht empfangsbedürftige Willenserklärung wird mit Abgabe wirksam. Bei der empfangsbedürftigen Willenserklärung bedarf es zudem des Zugangs beim Empfänger.

---

[105] Eine derartig ausführliche Lösung ist bei einer Klausur, die aus mehreren Verständnisfragen und kleinen Fällchen besteht, sicherlich nicht erforderlich. Wichtig ist, dass Sie eine vertretbare Lösung anbieten und diese mit Argumenten untermauern. Es ist zudem sicherlich diskutabel, ob der Fall genügend Anhaltspunkte für die hier durchgeführte Prüfung einer Stellvertretung bietet.

7. Inhaltsirrtum, Erklärungsirrtum, Eigenschaftsirrtum, *des Weiteren: Übermittlungsirrtum, Arglistige Täuschung und widerrechtliche Drohung*
8. Lea könnte einen Anspruch auf Übergabe und Übereignung der Jacke gegen Zahlung von 58 € gegen Anna nach § 433 I 1 haben. Die für den Kaufvertrag erforderlichen Willenserklärungen, Angebot und Annahme, wurden hier abgegeben. Fraglich ist, ob Anna ihre Willenserklärung, die Jacke für 58 € verkaufen zu wollen (in diesem Fall das Angebot), wirksam angefochten hat und die Willenserklärung damit nach § 142 I nichtig ist. Erforderlich ist eine fristgerechte und auf einem Anfechtungsgrund basierende Anfechtungserklärung. Denkbar wäre hier eine Anfechtung aufgrund eines Erklärungsirrtums nach § 119 I Alt. 2. Ein solcher ist dann gegeben, wenn der Erklärende eine Erklärung dieses Inhalts überhaupt nicht abgeben wollte. Hauptanwendungsfälle sind solche des Verschreibens, Versprechens und Vergreifens. Vorliegend hat Anna sich vertippt und 58 € statt 85 € geschrieben. Weil Anna bei verständiger Würdigung die Jacke nicht für 58 € verkauft hätte, war der Erklärungsirrtum auch kausal für die Abgabe der Willenserklärung. Ein Anfechtungsgrund liegt vor. Anna hat die Anfechtung unmittelbar nachdem sie ihren Tippfehler bemerkt hat gegenüber Lea erklärt. Eine fristgerechte (§ 121 I) Anfechtungserklärung (§ 143 I) liegt damit ebenfalls vor. Die Anfechtung wirkt nach § 142 I ex tunc, sodass kein wirksamer Kaufvertrag vorliegt. Lea hat folglich keinen Anspruch gegen Anna auf Übergabe und Übereignung der Jacke.
9. Die Voraussetzungen einer wirksamen Stellvertretung sind:
    a. Zulässigkeit der Stellvertretung
    b. Abgabe einer eigenen Willenserklärung
    c. Offenkundigkeit („im Namen des Vertretenen")
    d. Vertretungsmacht
10. Ein Bote übermittelt eine fremde Willenserklärung, der Vertreter gibt eine eigene Willenserklärung ab. Bote kann auch sein, wer geschäftsunfähig ist; Stellvertreter nur, wer mindestens beschränkt geschäftsfähig ist.
11. Die Regelverjährung beträgt laut § 195 drei Jahre.
12. „Ultimo-Verjährung" bedeutet, dass das Gesetz einheitlich den Beginn der Verjährung auf das Ende des Jahres festlegt, in dem der Anspruch entstanden ist und der Gläubiger von den Umständen, die den Anspruch begründen, Kenntnis erlangt hat. Die „Ultimo-Verjährung" dient praktischen Erwägungen und soll dazu führen, dass sich die maßgeblichen Verjährungsfristen leicht feststellen lassen.

13. Bei der Notwehr geht die Gefahr von einer Person, beim Notstand von einer Sache aus. Im Gegensatz zur Notwehr findet beim Notstand eine Güterabwägung statt.

IV. Übungsaufgaben „Schuldrecht"

1. Ein Schuldverhältnis ist eine Rechtsbeziehung zwischen zwei oder mehreren Personen, durch die eine Person (Gläubiger) berechtigt ist, von der anderen (Schuldner) eine Leistung zu fordern.
2. Obliegenheiten sind Gebote, die weder einen Anspruch auf Erfüllung begründen, noch einen Schadensersatzanspruch zur Folge haben, sollten sie verletzt werden. Ihre Einhaltung liegt aber im eigenen Interesse, da ansonsten Rechtsnachteile drohen.
3. Es gibt die Nichtleistung, Schlechtleistung und die Nebenpflichtverletzung.
4. Bei der tatsächlichen Unmöglichkeit ist die Leistungserbringung nicht mehr möglich, während sie bei der faktischen Unmöglichkeit noch möglich wäre, aber in keinem Verhältnis zum notwendigen Aufwand steht.
5. Sophies Primäranspruch gegen Rudolf ist gerichtet auf Übergabe und Übereignung der Kamera, § 433 I 1. An der Wirksamkeit des Vertrages bestehen keine Zweifel, allerdings könnte der Anspruch infolge Unmöglichkeit nach § 275 I durch den Diebstahl erloschen sein. § 275 I erfasst sowohl die anfängliche als auch die nachträgliche Unmöglichkeit. Da der Diebstahl vorliegend nach Vertragsschluss geschah, liegt ein Fall der nachträglichen Unmöglichkeit vor. Um festzustellen, ob die Leistung unmöglich geworden ist, ist der Inhalt der Leistungspflicht zu präzisieren. Wie bereits geschildert ist Rudolf zur Übergabe und Übereignung der Kamera verpflichtet. Da es sich bei der Kamera um ein Einzelstück handelt, liegt eine Stückschuld vor und die Leistungspflicht beschränkt sich auf exakt diese Kamera. Weil es zwar für den Dieb, nicht aber für Rudolf möglich ist, die Kamera zu übergeben und zu übereignen, liegt ein Fall der subjektiven (nachträglichen) Unmöglichkeit vor. Der Anspruch ist damit nach § 275 I erloschen.

   Für den Fall, dass Sophie die Kamera bereits bezahlt hat, kann sie von Rudolf das Geld nach § 326 IV i.V.m. §§ 346 – 348 zurückfordern.
6. Allgemeine Geschäftsbedingungen sind nach der Legaldefinition des Gesetzes in § 305 I 1 alle für eine Vielzahl von Verträgen vorformulierten Vertragsbedingungen, die eine Vertragspartei (Verwender) der anderen Vertragspartei bei Abschluss eines Vertrags stellt. Die AGB-Vorschriften im BGB sollen verhindern, dass eine der anderen überlegene Vertragspartei

diesen Vorteil durch Verwendung von überraschenden und missbräuchlichen Klauseln ausnutzt.

7. Eine Forderung kann mittels Rechtsgeschäfts, kraft Gesetzes oder durch Hoheitsakt übertragen werden.

8. Die Mängelgewährleistungsrechte des Kaufrechts sind in § 437 aufgelistet. Es handelt sich um folgende Rechte: Nacherfüllung, Rücktritt, Minderung, Schadensersatz, Ersatz vergeblicher Aufwendungen.

9. Nacherfüllung meint die Reparatur (Nachbesserung) oder Nachlieferung einer mangelhaften Sache, je nachdem für welche Art der Nacherfüllung sich der Gläubiger entscheidet. Als Mängelgewährleistungsrecht ist sie vorrangig vor den anderen kaufrechtlichen Mängelgewährleistungsrechten, weil sie dem Schuldner die Chance einräumen soll, den Mangel (selbst) zu beheben.

10. Eric könnte wirksam vom Kaufvertrag zurückgetreten sein und nun einen Anspruch auf Rückgewähr der gezahlten 12.000 € Zug um Zug gegen Rückgabe des BMW gegen Bernd aus §§ 346 I, 437 Nr. 2 Alt. 1, 323, 434, 433 haben. Dazu müsste ihm ein Rücktrittsrecht zustehen. Dieses könnte sich aus dem kaufrechtlichen Mängelgewährleistungsrecht und dem Umstand ergeben, dass der BMW mangelhaft ist und Bernd die Reparatur verweigert. Da der Motor nur auf drei der vier Zylinder läuft ist das Fahrzeug mangelhaft. Dieser Mangel müsste bereits bei Gefahrübergang, also bei der Übergabe des Fahrzeugs, bestanden haben, § 446 S. 1. Ob dies der Fall ist, lässt sich hier nicht nachvollziehen. Da Bernd in seiner Funktion als Autohändler jedoch als Unternehmer im Sinne des § 14 und Eric als Verbraucher im Sinne des § 13 agiert, handelt es sich um einen Verbrauchsgüterkauf nach § 474 I 1, womit § 477 Anwendung findet. Dieser stellt die Vermutung auf, dass ein Mangel, der sich innerhalb von sechs Monaten seit Gefahrübergang zeigt, bereits bei Gefahrübergang vorhanden war. Der Mangel zeigte sich bei der ersten Fahrt und Bernd hat nichts Gegenteiliges vorgetragen, sodass es bei der Vermutung bleibt. Möglicherweise ist die Sachmängelhaftung des Kaufrechts hier jedoch durch die Abrede „wie gesehen und Probe gefahren" ausgeschlossen. Grundsätzlich kann individualvertraglich der Ausschluss der Gewährleistung vereinbart werden. Im hier vorliegenden besonderen Fall des Verbrauchsgüterkaufs ist dies jedoch wegen § 476 I nicht möglich. Damit liegt ein Sachmangel vor, der Eric zum Rücktritt berechtigt, sofern er erfolglos eine Frist zur Nacherfüllung gesetzt hat. Vorliegend bat Eric um Reparatur des Fahrzeugs, die Bernd ablehnte. Aufgrund der dieser

Ablehnung innewohnenden Endgültigkeit ist eine ausdrückliche Fristsetzung hier nicht erforderlich, § 323 II Nr. 1. Da Eric Bernd gegenüber den Rücktritt erklärt hat, kann er Zug um Zug gegen Übergabe des BMW von Bernd die Rückzahlung der gezahlten 12.000 € verlangen.

11. Die Kündigung eines unbefristeten Wohnraummietvertrages richtet sich nach §§ 542 I, 573c I. Nach § 573c I 1 ist die Kündigung spätestens am dritten Werktag eines Kalendermonats zum Ablauf des übernächsten Monats zulässig. Weil Adriana und Tom erst am 12.2. gekündigt haben, ist der für die Berechnung relevante Ausgangskalendermonat der März. Der Ablauf des übernächsten Monats ist damit der 30. Mai, sodass der Mietvertrag am 30. Mai endet.

12. Ja, grundsätzlich darf der Vermieter den Mieter vertraglich dazu verpflichten, bei Auszug die Wohnung zu streichen. Zwar obliegen die Schönheitsreparaturen vom Gesetz her dem Vermieter. Diese Regelung ist aber dispositiv, sodass vertraglich der Mieter verpflichtet werden kann. Der Vermieter muss jedoch beachten, dass eine formularmäßige Verpflichtung, die Wohnung bei Beendigung zu streichen unwirksam ist, wenn sie den Mieter unabhängig vom Bedarf oder vom Zeitpunkt der letzten Renovierungsarbeiten zum Streichen verpflichtet. Keinen Bedenken begegnet die Verpflichtung, die Wohnung bei Vertragsende in bezugsfertigem Zustand zu übergeben.

13. Ungerechtfertigte Bereicherung, Geschäftsführung ohne Auftrag, *des Weiteren: Unerlaubte Handlung*

14. Das Bereicherungsrecht soll nicht gerechtfertigte Vermögensverschiebungen ausgleichen.

15. Sonstige Rechte sind Rechte, die einen ähnlich absoluten Charakter wie die in § 823 I genannten Rechtsgüter aufweisen und daher ebenso schutzbedürftig sind.

16. Günther könnte gegen Bert einen Anspruch auf Schadensersatz für die Krankenhausbehandlung und die Brille nach § 823 I haben. Durch den Faustschlag ins Gesicht hat Bert das körperliche Wohlbefinden Günthers sowie dessen Eigentum, die Brille, verletzt. Er handelte dabei mit Wissen und Wollen, somit vorsätzlich, und ohne Rechtfertigungsgrund, sodass der Tatbestand des § 823 I erfüllt ist. Weil durch die Handlung Berts ein gesetzliches Schuldverhältnis entstanden ist, finden die Regelungen des Allgemeinen Teils des Schuldrechts Anwendung und der zu ersetzende Schaden berechnet sich nach §§ 249 ff. Danach ist der Zustand herzustellen, der bestehen würde, wenn der zum Ersatz verpflichtende

Umstand nicht eingetreten wäre. Ohne Berts Faustschlag wären Günther keine Behandlungskosten entstanden und er hätte keine neue Brille benötigt. Nach § 249 II kann Günther den zur Herstellung dieses Zustands erforderlichen Geldbetrag verlangen. Demzufolge umfasst der zu ersetzende Schaden die Kosten der Krankenhausbehandlung sowie der neuen Brille. Günther kann von Bert Ersatz dieser Kosten nach § 823 I fordern.

Zudem kann Günther von Bert für die Körperverletzung auch eine billige Entschädigung in Geld (Schmerzensgeld) nach §§ 823 I, 253 II verlangen. Die Voraussetzungen sind erfüllt, s.o.

17. Produkthaftung nach § 4 ProdHaftG, Haftung des Kfz-Halters nach § 7 StVG, *des Weiteren: Haftung des Tierhalters nach § 833*

V. Übungsaufgaben „Sachenrecht"

1. a) Keine Sache, da weder beherrschbar, noch räumlich abgrenzbar,
   b) Sache, weil räumlich abgegrenzt (Ball), beherrschbar (kann aufgenommen und geworfen werden) und sinnlich wahrnehmbar,
   c) Sache, da Körperlichkeit gegeben ist und es sich um eine zusammengesetzte Sache und damit um eine Einzelsache handelt,
   d) keine Sache, da lediglich Sachgesamtheit, d.h. Ansammlung mehrerer Einzelsachen.

2. Absolutheitsprinzip (dingliche Rechte wirken gegenüber jedermann), Publizitätsprinzip (wegen absoluter Wirkung muss für den Rechtsverkehr die dingliche Rechtslage erkennbar sein), Spezialitätsprinzip (dingliche Rechtsgeschäfte müssen sich auf konkrete, bereits vorhandene oder zumindest bestimmbare Sachen beziehen), *des Weiteren: Numerus Clausus der Sachenrechte (die dinglichen Rechte sind aus Gründen der Rechtsklarheit abschließend im Gesetz geregelt)*

3. Besitz ist die tatsächliche Herrschaft über eine Sache, getragen von einem darauf gerichteten Willen. Eigentum ist das umfassende Recht, mit einer Sache tun zu können, was man möchte, weil einem die Sache gehört.

4. Voll- und Teilbesitz, Allein- und Mitbesitz, Eigen- und Fremdbesitz, *des Weiteren: unmittelbarer und mittelbarer Besitz, fehlerhafter und nicht fehlerhafter Besitz, rechtmäßiger und unrechtmäßiger Besitz*

5. Ein Besitzdiener besitzt eine Sache für jemand anderen. Diesem gegenüber ist er weisungsgebunden in Bezug auf die Sache und steht damit in einem Abhängigkeitsverhältnis.

6. … Just in dem Moment, als der andere nach dem Handy greift, schlägt Emil diesem ins Gesicht und verhindert damit die Wegnahme (Besitzwehr, § 859 I)

   … Die Wegnahme kann Emil zwar nicht verhindern, aber er stürzt sich auf den anderen, bevor dieser wegrennen kann und nimmt das Handy wieder an sich, indem er es dem anderen aus der Hand reißt (Besitzkehr, § 859 II)

   … Nachdem der andere entkommen ist, erstattet Emil Anzeige bei der Polizei. Über die Ermittlungen der Staatsanwaltschaft erfährt er den Namen des anderen, erhebt Klage und verlangt von dem anderen Wiedereinräumung des Besitzes (Anspruch wegen Besitzentziehung, § 861 I)

7. Die Übertragung des Eigentums an dem Buch als bewegliche Sache erfolgt nach § 929 S. 1 durch Einigung und Übergabe des Buches. Erforderlich ist zudem die Berechtigung des Veräußerers und das Einigsein im Zeitpunkt der Übergabe.

8. Der Anspruchsteller muss Eigentümer der Sache sein, der Anspruchsgegner deren Besitzer. Zudem darf der Anspruchsgegner kein Recht zum Besitz der Sache haben.

9. Der Vermieter ist Eigentümer der Wohnung und Melanie deren Besitzerin, da sie aktuell die tatsächliche Sachherrschaft über die Wohnung ausübt. Zwischen dem Vermieter und Melanie besteht allerdings ein Mietvertrag, der auf unbestimmte Zeit geschlossen ist, noch nicht gekündigt wurde und Melanie dazu berechtigt, die Wohnung zu nutzen. Melanie kann damit dem Vermieter gegenüber ein Recht zum Besitz der Wohnung geltend machen, § 986 I 1. Der Vermieter hat folglich keinen Herausgabeanspruch aus § 985 gegen Melanie.

10. Hypothek, Grundschuld, Rentenschuld

11. Bei der Sicherungsübereignung übereignet der Sicherungsgeber dem Sicherungsnehmer eine Sache zur Sicherung einer Forderung. Der Sicherungsnehmer wird Eigentümer der Sache, ist allerdings aufgrund einer mit dem Sicherungsgeber geschlossenen (schuldrechtlichen) Sicherungsabrede zur Rückübereignung der Sache verpflichtet, sobald der Sicherungszweck erfüllt ist.

VI. Übungsaufgaben „Familienrecht"

1. Die Rechtsnatur des Verlöbnisses ist umstritten. Mehrheitlich wird jedoch vertreten, dass es sich um einen Vertrag handelt, auf den die Regelungen

des Allgemeinen Teils mit Ausnahme der Stellvertretung Anwendung finden.

2. Nein, nach § 1303 S. 1 darf die Ehe nicht vor Eintritt der Volljährigkeit eingegangen werden.

3. Die Ehe zwischen Sören und Dieter könnte entgegen des Verbots der Doppelehe geschlossen worden und damit aufhebbar sein. Weil nach § 1564 S. 2 die Ehe erst mit Rechtskraft der Scheidungsentscheidung aufgelöst ist, bestand zum Zeitpunkt der Eheschließung am 23.7. die Ehe zwischen Sören und Hanna noch. Dies verstößt gegen das Verbot der Doppelehe nach § 1306 und stellt nach § 1314 I Nr. 2 einen Aufhebungsgrund dar. Die Aufhebung ist allerdings nach § 1315 II Nr. 1 ausgeschlossen, wenn vor der Schließung der neuen Ehe die Scheidung der früheren Ehe ausgesprochen ist und dieser Ausspruch nach Schließung der neuen Ehe rechtskräftig wird. Vorliegend datiert der Scheidungsausspruch vom 20.7. und damit drei Tage vor der Eheschließung mit Dieter. Die Rechtskraft der Entscheidung trat am 21.8. ein, folglich nach Schließung der neuen Ehe, sodass die Voraussetzungen des § 1315 II Nr. 1 gegeben sind. Die Ehe ist daher nicht aufhebbar, sodass sich der im Sachverhalt geschilderte Umstand nicht auf die Ehe zwischen Sören und Dieter auswirkt.

4. Zugewinngemeinschaft, Gütertrennung, Gütergemeinschaft

5. Maria und Anna sollten ehevertraglich die Zugewinngemeinschaft modifizieren. Dies ist nach § 1408 I möglich, da die Ehegatten ihre güterrechtlichen Verhältnisse durch Vertrag regeln dürfen. Zunächst sollten Maria und Anna die Verfügungsbeschränkungen der §§ 1365 ff. ausschließen. Der Sachverhalt gibt keine Auskunft darüber, ob Marias Gesellschaftsanteil ihr ganzes oder weit überwiegendes Vermögen ausmacht. Vorsichtshalber sollte aber durch den Ausschluss der Verfügungsbeschränkungen verhindert werden, dass jede Entscheidung in Bezug auf das Unternehmen von der Zustimmung Annas abhängig ist. Hinsichtlich des Wunsches, dass lebzeitig kein Zugewinnausgleich stattfinden soll, trotzdem aber keine Gütertrennung gewünscht ist, können beide im Ehevertrag eine modifizierte Zugewinngemeinschaft vereinbaren. Sie könnten den Zugewinnausgleich im Todesfall beibehalten und lediglich den lebzeitigen Ausgleich ausschließen. Der Ehevertrag bedarf der notariellen Form nach § 1410, weil dem Notar hier eine besondere Warnfunktion zukommt.

6. Zugewinnausgleich meint den Ausgleich des während der Ehe gemachten Zugewinns bei Beendigung des Güterstandes der Zugewinngemeinschaft. Hat ein Ehegatte einen größeren Zugewinn als der andere Ehegatte gemacht, so hat der Ehegatte mit dem geringeren Zugewinn nach § 1378 I Anspruch auf den hälftigen Überschuss.

7. Die Ehe kann beendet werden durch Tod oder richterlichen Akt (Scheidung, Aufhebung).

8. Aus rechtlicher Sicht ist Jürgen Vater des Kindes, weil er zum Zeitpunkt der Geburt mit der Mutter verheiratet ist, § 1592 Nr. 1.

9. Lara und Timo sind mit den Kindern Max, Elias und Veronika im ersten Grad miteinander verwandt, weil es sich bei den Kindern um ihre Abkömmlinge handelt, § 1589 I. Gleiches gilt für Elias in Bezug auf Elsa und Charlotte. Letztgenannte sind mit Lara und Timo im zweiten Grad miteinander verwandt, da es sich bei ihnen um die Abkömmlinge der Abkömmlinge von Lara und Timo handelt, diese also die Großeltern von Elsa und Charlotte sind. Untereinander sind Max, Elias und Veronika sowie Elsa und Charlotte im zweiten Grad miteinander verwandt, da sie Geschwister sind. Max und Veronika sind mit Elsa und Charlotte im dritten Grad miteinander verwandt, da es sich bei den Kindern um die Abkömmlinge ihres Bruders, Elias, handelt und alle von Lara und Timo abstammen.

VII. Übungsaufgaben „Erbrecht"

1. Die Person muss zum Zeitpunkt des Erbfalls lebendig sein, um Erbe werden zu können.

2. Das Parentelsystem bezeichnet ein System im Erbrecht des BGB, mit dem die gesetzliche Erbfolge geregelt wird. Innerhalb einer Parentel wird auf einen Ahnen abgestellt, von dem alle übrigen Personen abstammen. Das BGB verwendet hierzu den Begriff Ordnung.

3. Der überlebende Ehegatte erbt nach § 1931 I neben Verwandten der ersten Ordnung zu einem Viertel, neben Verwandten der zweiten Ordnung oder neben Großeltern zur Hälfte der Erbschaft als gesetzlicher Erbe. Sind weder Verwandte der ersten oder zweiten Ordnung noch Großeltern vorhanden, erhält der überlebende Ehegatte die gesamte Erbschaft, § 1931 II. Auch aus dem Familienrecht kann sich ein Erbrecht des Ehegatten durch den gesetzlichen Güterstand ergeben: Lebten die Ehegatten im Güterstand der Zugewinngemeinschaft, erhöht sich der gesetzliche Erbteil

des überlebenden Ehegatten im Wege des pauschalierten Zugewinns um ein Viertel der Erbschaft nach § 1371 I.

4. *Zur Beantwortung erbrechtlicher Fallgestaltungen, wie der der erbrechtlichen Übungsaufgabe Nr. 4 ist es hilfreich, sich zunächst mit einer Skizze einen Überblick zu verschaffen, um sämtliche Personen verorten zu können. Der hier zu lösende Fall enthält sicherlich eine übertriebene Vielzahl an Personen, verdeutlicht aber auf diese Weise gut die Unübersichtlichkeit, mit der Sie eventuell konfrontiert werden. Verheiratete Personen werden in der Skizze mit zwei horizontal überlappenden Kreisen dargestellt, geschiedene Personen mit zwei anliegenden Kreisen, getrennt durch einen senkrechten Strich und uneheliche Verbindungen mit zwei Kreisen mit horizontaler Verbindungslinie. Tote werden in der Skizze durch ein kleines Kreuz dargestellt.*

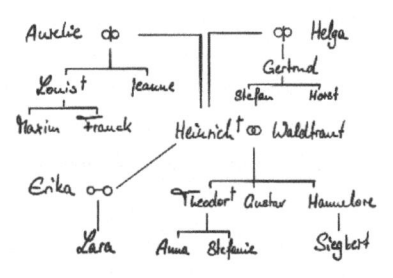

Heinrich hat kein Testament hinterlassen, sodass sich die Erbfolge nach dem Gesetz bestimmt. Zunächst erbt Heinrichs Ehefrau Waldtraut, und zwar zu einem Viertel aus § 1371 I, weil sie mit ihm zum Zeitpunkt seines Todes im gesetzlichen Güterstand der Zugewinngemeinschaft verheiratet war. Ein weiteres Viertel erhält Waldtraut als gesetzliche Erbin aufgrund des § 1931 I neben den Erben erster Ordnung. Waldtraut erhält somit die Hälfte der Erbschaft.

Die ersten beiden Ehefrauen Heinrichs erhalten keinen Anteil an der Erbschaft, ebenso wenig wie Erika.

Heinrichs Kinder Louis, Jeanne, Lara, Gertrud, Theodor, Gustav und Hannelore teilen sich die andere Hälfte der Erbschaft, §§ 1924 I, IV. Das Gesetz macht keinen Unterschied zwischen ehelichen und unehelichen Kindern. Alle Abkömmlinge Heinrichs erben damit ein Vierzehntel der Erbschaft. Weil Louis bereits verstorben ist, treten an seine Stelle seine Kinder Maxim und Franck, § 1924 III, die sich Louis' Vierzehntel teilen und demzufolge jeweils ein Achtundzwanzigstel der Erbschaft erben. Ebenso verhält es sich mit dem verstorbenen Theodor und seinen beiden

Kindern, Anna und Stefanie. Die Kinder der noch lebenden Kinder Heinrichs sind von der Erbfolge ausgeschlossen, § 1924 II.

Zusammengefasst ergeben sich also folgende Erbquoten:

Waldtraut: $\frac{1}{4} + \frac{1}{4} = \frac{1}{2} = \frac{14}{28}$

Jeanne, Lara, Gertrud, Gustav und Hannelore: jeweils $\frac{1}{14} = \frac{2}{28}$

Maxim und Franck sowie Anna und Stefanie: jeweils $\frac{1}{28}$

Kontrollrechnung: $\frac{14}{28} + 5 \times \frac{2}{28} + 4 \times \frac{1}{28} = \frac{28}{28}$

5. Nein, ein eigenhändiges Testament kann nicht in der beschriebenen Art und Weise errichtet werden. Aus § 2247 I ergibt sich, dass diese Form des Testaments eigenhändig geschrieben und unterschrieben sein muss. Zwar wurde das Testament hier eigenhändig unterschrieben. Es ist jedoch nicht eigenhändig geschrieben, sondern am Computer verfasst und ausgedruckt worden.

6. Der Erbe tritt mit dem Erbfall in die Rechtsstellung des Erblassers ein. Der Vermächtnisnehmer erwirbt über das Vermächtnis nur einen Anspruch gegen den Erben, gerichtet auf Herausgabe des Vermächtnisgegenstandes.

Kapitel 10 Lösungen der Beispielsfälle

I. Fall 1: Taschengeld

a)

Der Werkvertrag über das Tattoo könnte ohne Zustimmung Karls wirksam sein, wenn § 110 Anwendung findet. Mia ist 16 Jahre alt und damit nach § 106 beschränkt geschäftsfähig. Damit benötigt sie zur wirksamen Abgabe einer Willenserklärung, durch die sie nicht lediglich einen rechtlichen Vorteil erlangt, die Einwilligung ihres gesetzlichen Vertreters, § 107. Als ihr alleinerziehender Vater fällt Karl diese Rolle zu. Da der Werkvertrag Mia zur Zahlung des vereinbarten Werklohns verpflichtet, ist die Abgabe der für das Zustandekommen des Vertrags maßgeblichen Willenserklärung nicht lediglich rechtlich vorteilhaft, womit wiederum die Einwilligung Karls erforderlich wäre. Ist eine solche nicht gegeben und der Minderjährige schließt den Vertrag trotzdem, hängt die Wirksamkeit des Vertrages von der Genehmigung des gesetzlichen Vertreters ab, § 108 I.

Eine Ausnahme sieht § 110 vor: Danach gilt ein von einem Minderjährigen geschlossener Vertrag ohne die Zustimmung des gesetzlichen Vertreters als von Anfang an wirksam, wenn der Minderjährige die vertragsmäßige Leistung mit Mitteln bewirkt, die ihm zu diesem Zweck oder zur freien Verfügung von dem Vertreter überlassen worden sind. Karl hat Mia monatlich Taschengeld zukommen lassen, ohne ihr eine bestimmte Verwendung vorzuschreiben. Er hat ihr folglich Mittel zur freien Verfügung überlassen. Mit diesen Mitteln möchte Mia den Werklohn zahlen, sodass § 110 anwendbar wäre und es keiner Zustimmung Karls bedürfte.

Fraglich ist jedoch, ob die Überlassung von Mitteln zur freien Verfügung als Einräumung einer vollumfänglichen Freiheit zu verstehen ist, jedes beliebige Rechtsgeschäft vorzunehmen. Eine derartige Freiheit dürfte nur dann anzunehmen sein, wenn sie in dieser Form vom gesetzlichen Vertreter gewollt ist. Oftmals wird aber der gesetzliche Vertreter im Einklang mit der ratio des § 110 die pädagogische Maßnahme verfolgen, dem beschränkt Geschäftsfähigen das Haushalten mit seinen Mitteln beizubringen. Auch vorliegend bezweckt Karl mit der Gewährung von Taschengeld das Erlernen eines verantwortungsvollen Umgangs mit Geld. Dass er seinen Töchtern die Freiheit zum Abschluss jedweden Rechtsgeschäfts einräumen wollte, darf bezweifelt werden. Entsprechend wäre der mutmaßliche Wille Karls zu berücksichtigen. Gerade in dem hier zu beurteilenden Fall drängt sich eine Berücksichtigung seines mutmaßlichen Willens auch auf, da ansonsten der Erziehungszweck des Minderjährigenrechts konterkariert würde. Der Abschluss eines Tätowierungsvertrages und der damit einhergehende Eingriff in höchstpersönliche Rechtsgüter der Minderjährigen (Stichwort: körperliche Integrität) dürfte einen derartig schweren und irreversiblen kosmetischen Eingriff darstellen, dass von einer Billigung Karls nicht mehr ausgegangen werden kann. Mithin ist die Verwendung des Taschengelds für den Abschluss eines Tätowierungsvertrages zweckwidrig und der Vertragsschluss damit nicht ohne Zustimmung Karls wirksam.

> Der Fall ist einer Entscheidung des AG Münchens (NJW 2012, 2452) nachgebildet. Das AG hat § 110 für anwendbar erklärt und damit entgegen der hier vertretenen Auffassung[106] entschieden. Eine im Ergebnis von dieser Lösung abweichende Bearbeitung des Falles ist dementsprechend gut vertretbar.

b)

Wie in Teilfrage a) kommt es auch hier maßgeblich auf § 110 an. Luisa hat ihr Taschengeld zur freien Verfügung überlassen bekommen und der Kauf einer Spielekonsole dürfte keinen Anlass zu ähnlichen Erwägungen wie oben geben. Allerdings bewirkt Luisa nicht den gesamten Kaufpreis aus diesen Mitteln, sondern ergänzt 100 €, die sie von ihrer Oma bekommen hat. Die Oma ist ein Dritter i.S.d. § 110. Um die Erziehungsfunktion des § 110 nicht auszuhöhlen bedarf es bei der Mittelüberlassung durch einen Dritten der Zustimmung des gesetzlichen Vertreters. Vorliegend hat Karl jedoch nicht zugestimmt, sodass der Konsolenkaufvertrag nicht ohne seine Zustimmung wirksam ist.

---

[106] So vertreten auch von MüKo-BGB/*Spickhoff*, § 110, Rn. 31 sowie *Staudinger/Steinrötter*, JuS 2012, 97 (99).

II. Fall 2: Die fleißige Reinigungsfachkraft

Karl Kopfball könnte eine Willenserklärung abgegeben haben.

Durch das Ausfüllen des Bestellformulars hat er ein Angebot zum Abschluss eines Kaufvertrages formuliert. Fraglich ist, ob er dieses Angebot auch abgegeben hat. Bei der Abgabe eines Kaufangebots handelt es sich um eine empfangsbedürftige Willenserklärung. Diese gilt dann als abgegeben, wenn sie willentlich so in den Verkehr gebracht wurde, dass ohne weiteres Zutun des Erklärenden der Zugang erfolgen kann.

Vorliegend hat die Reinigungsfachkraft den Brief mit dem Bestellformular zur Post gebracht, ohne dass Karl Kopfball dies wollte. Damit fehlt es am willentlichen Inverkehrbringen. Etwas anderes ergibt sich auch nicht aus der Überlegung, dass dem Urheber das Inverkehrbringen zumindest zurechenbar sein muss. Zwar genügt es, wenn der Erklärende bei Anwendung der verkehrsüblichen Sorgfalt erkennen konnte, dass seine Erklärung auf den Übermittlungsweg zum Adressaten gelangt und die Möglichkeit bestand, dies zu verhindern. Indes konnte Karl selbst unter Beachtung jeglicher Sorgfalt hier nicht ahnen, dass eine Reinigungsfachkraft seinen Brief zur Post und damit in den Verkehr bringen würde. Anders liegen Fälle, in denen ein Sekretariat existiert und der Erklärende damit hätte rechnen können, dass ein fertig adressierter Brief in den Verkehr gebracht wird.

Karl Kopfball hat keine Willenserklärung abgegeben.

> Diese Fallkonstellation bezeichnet man als *abhanden gekommene Willenserklärung*. Die hier vertretene Auffassung, dass eine solche Willenserklärung nicht als wirksam angesehen werden kann, ist nicht unumstritten. Insbesondere in der Literatur wird argumentiert, dass eine abhanden gekommene Willenserklärung dann als wirksam abgegeben zu gelten hat, wenn der Erklärende das Inverkehrbringen zu vertreten hat.[107] Hier hätte man also diskutieren können, ob Karl Kopfball damit hätte rechnen müssen, dass die Reinigungsfachkraft seinen Brief zur Post bringt.

Lange, Die Willenserklärung – Teil 1, JA 2007, 687 (Fortsetzung: JA 2007, 766); *Meyer*, Die abhanden gekommene Willenserklärung, JuS 2017, 960; *Wertenbruch*, Abgabe und Zugang von Willenserklärungen, JuS 2020, 481

---

[107] MüKo-BGB/*Einsele*, § 130, Rn. 14 mwN.

III. Fall 3: Verflixtes Norwegisch

Frisch könnte gegen Groß einen Anspruch auf Nachlieferung von 214 Fass Walfleisch nach §§ 439 I Alt. 2, 433, 434 I, 437 Nr. 1 haben.

1. Kaufvertrag

Dazu müsste zunächst ein wirksamer Kaufvertrag zwischen den beiden geschlossen worden sein. Frisch und Groß einigten sich hier über den Kauf von 214 Fass „Haakjöringsköd" zu 4,30 € das Kilogramm. Weil damit alle essentialia negotii vorliegen, ist grundsätzlich ein wirksamer Kaufvertrag zustande gekommen. Fraglich ist hier jedoch, worüber genau sich die Parteien geeinigt haben, wenn zwar beide davon ausgingen, Walfleisch zu veräußern/erwerben, es sich bei „Haakjöringsköd" jedoch in Wirklichkeit um Haifischfleisch handelt. Grundsätzlich ist nach dem objektiven Empfängerhorizont auszulegen, also danach, wie ein sorgfältiger Dritter die Erklärung nach Treu und Glauben unter Berücksichtigung der Verkehrssitte und der Umstände des Einzelfalles verstehen durfte, §§ 133, 157. Nach dieser Maßgabe wären hier 214 Fass Haifischfleisch Gegenstand des Kaufvertrages gewesen. Von diesem Grundsatz ist dann eine Ausnahme zu machen, wenn beide Parteien übereinstimmend das Falsche erklärt haben, aber dasselbe meinen. In diesem Fall bedarf es keines Schutzes des Erklärungsempfängers, denn dieser erkennt richtig, was der Erklärende tatsächlich gewollt hat. Da hier sowohl Frisch als auch Groß davon ausgingen, dass „Haakjöringsköd" Walfleisch und nicht Haifischfleisch bedeutet, handelt sich um einen solchen Fall der *falsa demonstratio*, sodass Gegenstand des Kaufvertrages zwischen Frisch und Groß tatsächlich 214 Fass Walfleisch sind.

2. Sachmangel, § 434

Damit Frisch von Groß Nachlieferung verlangen kann, müsste die Lieferung von Haifischfleisch einen Mangel darstellen. Ein solcher liegt dann vor, wenn die Ist-Beschaffenheit von der Soll-Beschaffenheit in negativer Weise abweicht. Hier hat Groß 214 Fass Haifischfleisch anstelle von 214 Fass Walfleisch geliefert. Damit liegt ein Sachmangel nach § 434 III vor, der auch bereits bei Gefahrübergang, §§ 446, 447 bestand.

3. Kein Ausschluss der Mängelgewährleistungsrechte

Frischs Mängelgewährleistungsrechte dürften nicht ausgeschlossen sein. In Betracht kommt vorliegend nur ein Verstoß gegen die handelsrechtliche Rügeobliegenheit des § 377 HGB.

> Das HGB ist nicht Bestandteil dieses Buchs. Der Vollständigkeit halber wird im Folgenden jedoch kurz auf die Rügeobliegenheit nach § 377 HGB eingegangen.

Sowohl Frisch als auch Groß sind Kaufleute nach § 1 I HGB und für beide war der Kaufvertrag auch ein Handelsgeschäft nach § 377 I HGB. Damit ist das Handelsrecht auf den vorliegenden Fall anwendbar. Auch wurde die Ware an Frisch übergeben und dieser hatte Gelegenheit zur Untersuchung der Ware, bei der er durch Inaugenscheinnahme feststellte, dass es sich um Haifisch- und nicht Walfleisch handelt. Zudem müsste Frisch gerügt und dem Groß damit die Mängel aufgezeigt haben. Die Rüge ist an keine Form gebunden. Mit seinem Verlangen, 214 Fass Walfleisch im Wege der Nachlieferung von Groß geliefert zu bekommen, hat Frisch zum Ausdruck gebracht, dass die Ware nicht dem geschuldeten Leistungsgegenstand entspricht und somit einen Mangel aufweist. Er hat damit wirksam gerügt. Sowohl die Untersuchung als auch die Rüge erfolgten fristgerecht. Damit behält Frisch seine Mängelgewährleistungsrechte aus dem Kaufvertrag.

4. Rechtsfolge

Da die Kaufsache mangelhaft war und die Mängelgewährleistungsrechte nicht ausgeschlossen sind, kann Frisch von Groß nach §§ 437 Nr. 1, 439 I wahlweise Nachbesserung oder Nachlieferung verlangen. Vorliegend hat er sich für die Nachlieferung entschieden.

5. Ergebnis

Frisch hat gegen Groß einen Anspruch auf Nachlieferung von 214 Fass Walfleisch nach §§ 439 I Alt. 2, 433, 434 I, 437 Nr. 1.

> Der hier geschilderte Fall basiert auf einer Entscheidung des Reichsgerichts von 1920 (RGZ 99, 147).

IV. Fall 4: Kostenoptimierung

a)

Karl könnte gegen Siegbert einen Anspruch auf Übergabe und Übereignung des Grundstücks nach § 433 I 1 haben, wenn zwischen beiden ein wirksamer Kaufvertrag besteht.

I. Kaufvertrag zum Preis von 100.000 €

1. Nach außen in Erscheinung tretender Einigungstatbestand

Karl und Siegbert haben vor dem Notar erklärt, einen Grundstückskaufvertrag zu einem Preis von 100.000 € abschließen zu wollen. Für einen objektiven Dritten liegen damit zwei korrespondierende Willenserklärungen (Angebot und Annahme) vor.

2. Scheingeschäft, § 117

Fraglich ist, ob hier nicht anstelle des objektiv Erklärten abgestellt werden sollte auf das tatsächlich von den Parteien Gewollte, ähnlich wie in Fall 3 bei der *falsa demonstratio*. Es gäbe dann keine Einigung über 100.000 €. Nach § 117 I ist eine empfangsbedürftige Willenserklärung nichtig, die mit Einverständnis des anderen nur zum Schein abgegeben wurde. Angebot und Annahme sind empfangsbedürftige Willenserklärungen und werden somit von § 117 I erfasst. Bei Abgabe der Willenserklärungen vor dem Notar waren sich Karl und Siegbert darüber einig, das Grundstück für 200.000 € verkaufen zu wollen. Aus Gründen der Steuer- und Notarkostenersparnis gaben sie vor dem Notar einen Kaufpreis von 100.000 € an, wollten darüber also lediglich an die nach § 925a erforderliche Urkunde gelangen. Rechtswirkungen zwischen Karl und Siegbert sollten die beurkundeten Erklärungen nicht entfalten. Es fehlte beiden insofern der Rechtsbindungswille, womit die gegenseitigen Willenserklärungen mit dem Einverständnis des jeweils anderen nur zum Schein abgegeben wurden. Der Kaufvertrag über 100.000 € ist damit unwirksam.

3. Ergebnis zu I.

Mangels wirksamer Willenserklärungen kam kein wirksamer Grundstückskaufvertrag über 100.000 € zustande.

II. Kaufvertrag zum Preis von 200.000 €

Das von Karl und Siegbert tatsächlich gewollte Rechtsgeschäft könnte indes nach Maßgabe des § 117 II wirksam sein, wenn es seinerseits die für dieses geltenden Gültigkeitsvoraussetzungen erfüllt.

1. Einigung über 200.000 €

Karl und Siegbert haben sich über den Verkauf des Grundstücks zu einem Preis von 200.000 € geeinigt. Diesen Willenserklärungen fehlt nicht die notwendige Ernsthaftigkeit, sodass § 117 I keine Anwendung findet.

2. Nichtigkeit wegen Verstoß gegen gesetzliches Verbot, § 134

Dieses Rechtsgeschäft könnte aber nach § 134 nichtig sein, wenn es auf Vornahme einer Steuerhinterziehung gerichtet ist. § 370 Abgabenordnung (AO) bewährt die Steuerhinterziehung mit Strafe. Es handelt sich um ein Verbotsgesetz i.S.d. § 134. Zu klären ist indes, ob das hier abgeschlossene Rechtsgeschäft von § 370 AO erfasst wird. Nach ständiger Rechtsprechung wird ein Vertrag, mit dessen Abwicklung eine Steuerhinterziehung verbunden ist, von § 370 AO nur dann verboten, wenn die Steuerhinterziehung Hauptzweck des Vertrages ist und nicht lediglich Nebenzweck.[108] Vorliegend bezweckten Karl und Siegbert in erster Linie den Verkauf des Grundstücks. Bei diesem möchten sie Steuern und Notarkosten sparen, was aber nicht der Hauptzweck des Vertrages ist. Eine Nichtigkeit nach § 134 i.V.m. § 370 AO kommt daher nicht in Betracht.

3. Nichtigkeit wegen Formmangels, § 125 S. 1

Die Nichtigkeit könnte sich jedoch aus § 125 S. 1 ergeben, wenn eine gesetzliche Form für das Rechtsgeschäft vorgeschrieben war und nicht eingehalten wurde.

a) gesetzlich vorgeschriebene Form

Ein Grundstückskaufvertrag muss nach § 311b I notariell beurkundet werden, bedarf also einer gesetzlich vorgeschriebenen Form.

b) Nichteinhaltung der Form

Die notarielle Beurkundung des Vertrages erfolgte zwar, allerdings nur für das Scheingeschäft über 100.000 €. Der Kaufvertrag über 200.000 € wurde nicht notariell beurkundet. Weil die Rechtsordnung die Umgehung der Formvorschriften missbilligt und verhindert werden soll, dass die Parteien diesen Zweck erreichen, kann die erfolgte Beurkundung des Scheingeschäfts nicht die Form des tatsächlichen Geschäfts wahren. Die Form des § 311b I wurde daher nicht eingehalten.

c) Heilung nach § 311b I 2

Der Formmangel könnte möglicherweise durch Übereignung des Grundstücks nach § 311b I 2 geheilt worden sein. Zur Übereignung notwendig ist nach § 925 die Einigung über den

---

[108] BGH NJW 2003, 2742; NJW-RR 2001, 380 (381); NJW 1997, 2599 – diese Rechtsprechung müssen Sie natürlich nicht kennen.

Eigentumsübergang sowie die Eintragung der Rechtsänderung im Grundbuch. Da zum Zeitpunkt der Fragestellung noch keine Übereignung stattgefunden hat, wurde der Formmangel auch nicht geheilt.

<u>4. Ergebnis zu II.</u>

Auch über 200.000 € kam kein wirksamer Kaufvertrag zustande.

III. Ergebnis

Mangels wirksamen Kaufvertrags kann Karl von Siegbert nicht die Übergabe und Übereignung des Grundstücks nach § 433 I 1 verlangen.

b)

Mit der Übereignung des Grundstücks ändert sich die Sachlage. Wie oben bereits dargestellt, wird der unter einem Formmangel leidende Grundstückskaufvertrag über 200.000 € seinem ganzen Inhalt nach gültig, wenn die Auflassung und die Eintragung in das Grundbuch erfolgen, § 311b I 2. Beides ist hier erfolgt, sodass nun eine wirksame Rechtsgrundlage für den Anspruch auf Zahlung des Kaufpreises in Höhe von 200.000 € besteht. Siegbert kann daher die Zahlung nach § 433 II von Karl verlangen.

Preuß, Geheimer Vorbehalt, Scherzerklärung und Scheingeschäft, Jura 2002, 815

V. Fall 5: Urlaubsgeschäfte

Da Karl Kopfball selbst nicht gehandelt hat, könnte ein Kaufvertrag nach § 433 mit Bert nur zustande gekommen sein, wenn Karl von seiner Tochter Mia vertreten wurde.

1. Zulässigkeit der Stellvertretung

Da es sich beim Kaufvertrag nicht um ein höchstpersönliches Rechtsgeschäft handelt, ist die Stellvertretung zulässig.

2. Eigene Willenserklärung des Vertreters

Mia müsste eine eigene Willenserklärung gegenüber Bert abgegeben haben. Das Kriterium der eigenen Willenserklärung grenzt die Stellvertretung von der Botenschaft ab, bei der lediglich eine fremde Willenserklärung übermittelt wird. Vorliegend bat Karl seine Tochter, ihm ein Buch zu kaufen. Die Entscheidung, welches Buch es wird, überließ er Mia, sodass er ihr einen Entscheidungsspielraum einräumte. Da der Vertreter selbst das Wie des Vertrages bestimmt, ist die Einräumung eines solchen Entscheidungsspielraums stets ein Indiz für die Abgabe einer eigenen Willenserklärung. Hier gab Mia eine eigene Willenserklärung ab. Diese ist auch trotz ihrer Minderjährigkeit wirksam, da Mia als 16-Jährige beschränkt geschäftsfähig ist, § 106, und dies laut § 165 kein Hindernis darstellt.

3. Vertretungsmacht

Da Karl Mia ausdrücklich damit betraute, für ihn ein Buch zu kaufen, liegt die für eine wirksame Stellvertretung notwendige Vertretungsmacht vor.

4. Handeln im fremden Namen

Mia müsste zuletzt Bert gegenüber auch zum Ausdruck gebracht haben, dass sie in fremdem Namen, nämlich für Karl, handelt. Dies ist vorliegend jedoch nicht geschehen, womit das Offenkundigkeitsprinzip nicht gewahrt wurde. Dieses stellt sicher, dass der Geschäftspartner erkennen kann, wer sein Vertragspartner ist. Eine Ausnahme vom Offenkundigkeitsprinzip kommt dann in Betracht, wenn der Geschäftspartner nicht schutzwürdig ist. Dies ist immer dann der Fall, wenn es ihm egal ist, mit wem er kontrahiert. Eine derartige Situation liegt insbesondere bei Bargeschäften des täglichen Lebens vor. Hier kommt es dem Verkäufer oftmals nicht darauf an, wer sein Vertragspartner ist, da es sich ohnehin nur um verhältnismäßig geringe Geldbeträge handelt. Auch ein Buchkauf fällt in diese Kategorie von Geschäften. Man spricht in solchen Fällen von einem Geschäft für den, den es angeht. Bert ist es egal, mit wem er den Vertrag schließt, solange er sein Geld bekommt. Da Mia zudem mit dem Willen handelte, für ihren Vater ein Buch im Rahmen der ihr erteilten Vollmacht zu kaufen, liegt hier eine Ausnahme vom Offenkundigkeitsprinzip vor.

5. Ergebnis

Ein Kaufvertrag zwischen Karl und Bert über das Buch liegt hier vor.

> *Lorenz*, Grundwissen – Zivilrecht: Stellvertretung, JuS 2010, 382; *Petersen*, Das Offenkundigkeitsprinzip bei der Stellvertretung, Jura 2010, 187

VI. Fall 6: Die Trikotbestellung

Karl könnte gegen V einen Anspruch auf Übergabe und Übereignung des Trikotsatzes aus § 433 I 1 haben.

I. Anspruch entstanden

Dazu müsste zwischen Karl und V ein wirksamer Kaufvertrag geschlossen worden sein. Ein Kaufvertrag kommt durch zwei korrespondierende Willenserklärungen (Angebot und Annahme) zustande. Vorliegend hat Karl angeboten, die Trikots zu einem durch V festgelegten Preis zu erwerben. V hat dieses Angebot angenommen. Ein wirksamer Kaufvertrag liegt damit vor, womit Karl grundsätzlich einen Anspruch aus § 433 I 1 gegen V geltend machen kann.

II. Anspruch untergegangen

Dieser Anspruch könnte jedoch aufgrund der Zerstörung des Pakets untergegangen sein. Dazu müsste die Leistung (Übergabe und Übereignung des Trikotsatzes) für V oder jedermann unmöglich geworden sein, § 275 I. Der in dem Paket an Karl verpackte Trikotsatz ist durch den Brand des Versandzentrums zerstört worden. Entsprechend ist die Übereignung und Übergabe dieser Trikots nicht mehr möglich. Fraglich ist jedoch, ob die V hier eine Beschaffungspflicht trifft. Eine solche könnte sich ergeben, wenn die V eine nur der Gattung nach bestimmte Sache schuldet, § 243 I und noch keine Konkretisierung eingetreten ist, § 243 II.

1. Gattungsschuld

Karl hat vorliegend einen Trikotsatz bestellt, ohne dass die Trikots näher beflockt oder anderweitig individualisiert sind. Da anzunehmen ist, dass V nicht nur diesen einen Trikotsatz auf Lager hat, schuldet V eine nur der Gattung nach bestimmte Sache. Es liegt folglich eine Gattungsschuld vor.

2. Konkretisierung

Möglicherweise hat sich diese Gattungsschuld durch die Verpackung und das Ablegen der Sendung im Ausgangskorb bereits zu einer Stückschuld konkretisiert. Dazu müsste V das zur Leistung ihrerseits Erforderliche getan haben. Das Erforderliche bestimmt sich danach, welche Art der Schuld vereinbart wurde. Da es sich hier um ein Versandgeschäft handelt, ist anzunehmen, dass es sich um eine Schickschuld handelt. Bei dieser sind zur Konkretisierung die Aussonderung des Vertragsgegenstandes sowie dessen Versand erforderlich. Zwar hat der Mitarbeiter der V den Trikotsatz bereits verpackt und damit ausgesondert. Jedoch wurde das Paket noch nicht versendet bzw. einer Versandperson übergeben. Folglich ist noch keine Konkretisierung eingetreten.

3. Ergebnis zu II.

Da V über noch ein weiteres Versandzentrum verfügt und die Gattungsschuld sich noch nicht zu einer Stückschuld konkretisiert hat, trifft sie eine Beschaffungspflicht. Der Anspruch des K aus § 433 I 1 ist daher noch nicht untergegangen.

III. Anspruch durchsetzbar

Mangels gegenteiliger Informationen ist der Anspruch auch durchsetzbar.

IV. Ergebnis

Karl hat einen Anspruch auf Übergabe und Übereignung des Trikotsatzes gegen V aus § 433 I 1.

Bernhard, Holschuld, Schickschuld, Bringschuld – Auswirkungen auf Gerichtsstand, Konkretisierung und Gefahrübergang, JuS 2011, 9

VII. Der große Juwelenraub

I. Anspruch auf Übergabe und Übereignung der Uhr, § 433 I 1

Karl könnte gegen den Juwelier einen Anspruch auf Übergabe und Übereignung des Chronographen nach § 433 I 1 haben.

<u>1. Anspruch entstanden</u>

Der notwendige Kaufvertrag zwischen dem Juwelier und Karl wurde am Abend durch den Anruf Karls beim Juwelier geschlossen, sodass der Anspruch dem Grunde nach entstanden ist.

<u>2. Anspruch untergegangen</u>

Er könnte indes wegen Unmöglichkeit nach § 275 I untergegangen sein, wenn dem Uhrmacher die Übergabe und Übereignung der Uhr nicht mehr möglich ist. Beim nächtlichen Einbruch in das Juweliergeschäft wurde auch der Chronograph, den Karl gekauft hat, gestohlen. Da sich der Juwelier nicht mehr im Besitz der Uhr befindet, kann er sie auch nicht wirksam an Karl übereignen und somit seiner Verpflichtung aus dem Kaufvertrag nicht nachkommen. Eine andere Uhr gleicher Machart gibt es nicht, da es sich um ein Einzelstück handelt. Die Übergabe und Übereignung wäre den Dieben noch möglich, sodass es sich um einen Fall der subjektiven Unmöglichkeit nach § 275 I handelt. Die Leistungspflicht des Juweliers ist damit ausgeschlossen und der Anspruch Karls auf Übergabe und Übereignung untergegangen.

<u>3. Ergebnis zu I.</u>

Karl hat keinen Anspruch auf Übergabe und Übereignung des Chronographen gegen den Juwelier aus § 433 I 1.

II. Schadensersatz, §§ 280 I, III, 283

Anstelle des Primäranspruchs könnte Karl möglicherweise vom Juwelier Schadensersatz nach §§ 280 I, III, 283 verlangen. Das dazu erforderliche Schuldverhältnis besteht mit dem Kaufvertrag zwischen Karl und dem Juwelier. Auch eine Pflichtverletzung liegt mit der soeben festgestellten Unmöglichkeit der Leistungserbringung nach § 275 I vor. Allerdings dürfte der Juwelier den Umstand, der zur Befreiung von der Leistungspflicht geführt hat, nicht zu vertreten haben. Er hat das Geschäft abgeschlossen und die Alarmanlage eingeschaltet, sodass ihm weder Vorsatz noch Fahrlässigkeit angelastet werden können. Ein Schadensersatzanspruch Karls gegen den Juwelier aus §§ 280 I, III, 283 scheidet damit aus.

Zudem hat Karl auch keinen Schaden erlitten: Nach § 249 I wäre der Zustand herzustellen, der bestünde, wenn der Vertrag ordnungsgemäß erfüllt worden wäre. In diesem Fall wäre Karl Eigentümer eines

Chronographen im Wert von 13.000 € geworden und hätte dafür 13.000 € bezahlt. Seine Vermögenslage wäre keine andere gewesen als zum jetzigen Zeitpunkt, da er zwar kein Eigentum erhält, wegen § 326 I 1 aber auch nicht zur Leistung des Kaufpreises verpflichtet ist.

III. Herausgabe des Ersatzes, § 285 I

Karl könnte gegen den Juwelier jedoch einen Anspruch auf Abtretung des Anspruchs gegen die Versicherung nach § 285 I haben.

<u>1. Anspruch entstanden</u>

Der Gläubiger kann vom Schuldner nach § 285 das sog. *stellvertretende commodum* verlangen, also das, was der Schuldner infolge der Befreiung von der Leistungspflicht erlangt hat.

a) Schuldverhältnis, Befreiung von der Leistungspflicht

Wie bereits geprüft, bestand zwischen Karl und dem Juwelier ein Schuldverhältnis, dessen Primärleistungspflicht auf Seiten des Juweliers durch den Einbruch und die damit verbundene subjektive Unmöglichkeit, die Uhr zu übergeben und zu übereignen, nach § 275 I untergegangen ist.

b) Erlangung eines Ersatzes

Der Chronograph, den Karl gekauft hat, war versichert. Infolge des Einbruchs und damit infolge des Umstands, auf Grund dessen der Juwelier nach § 275 I die Leistung nicht zu erbringen braucht, hat der Juwelier einen Anspruch gegen seine Versicherung in Höhe von 15.000 € erlangt. Dass der Versicherungsanspruch den Kaufpreis des Chronographen übersteigt, ist nicht von Belang. Der Gesetzeswortlaut ist insofern eindeutig und schreibt vor, dass alles, was der Schuldner erlangt, herauszugeben ist.

c) Identität von geschuldetem und ersetztem Gegenstand

Auch die von § 285 I geforderte Identität zwischen dem geschuldeten Gegenstand und dem Gegenstand, für den der Schuldner Ersatz bekommen hat, ist vorliegend gegeben.

d) Ergebnis zu 1.

Karl kann dem Grunde nach also vom Juwelier die Abtretung des Anspruchs gegen die Versicherung verlangen *(um diesen anschließend aus abgetretenem Recht gegenüber der Versicherung geltend machen zu können)*.

<u>2. Anhaltspunkte für einen Untergang dieses Anspruchs sind nicht ersichtlich</u>

<u>3. Anspruch durchsetzbar</u>

Dieser Anspruch müsste auch durchsetzbar sein. Daran könnte es hier möglicherweise fehlen, wenn der Juwelier die Einrede des nicht erfüllten Vertrages aus § 320 I erhebt. Nach dieser Vorschrift kann derjenige, der aus einem gegenseitigen Vertrag verpflichtet ist, die ihm obliegende Leistung bis zur Bewirkung der Gegenleistung verweigern.

An die Stelle des Primäranspruchs auf Übergabe und Übereignung des Chronographen tritt durch die Unmöglichkeit der Sekundäranspruch aus § 285 I. Das ursprüngliche Gegenseitigkeitsverhältnis (Synallagma) des Kaufvertrages bleibt damit bestehen. Macht Karl hier den Anspruch auf das stellvertretende commodum nach § 285 I geltend, so bleibt er nach § 326 III 1 zur Gegenleistung verpflichtet. Damit stünde dem Juwelier die Einrede des nicht erfüllten Vertrages aus § 320 I zu. Da es sich bei dieser um eine Einrede handelt, muss der Juwelier sie jedoch auch gegenüber Karl erheben. Dies ist – zumindest bisher – nicht geschehen, sodass Karl aktuell den Anspruch aus § 285 I ungehindert geltend machen kann. Der Anspruch ist demzufolge durchsetzbar.

4. Ergebnis zu III.

Karl hat einen Anspruch gegen den Juwelier auf Abtretung des Versicherungsanspruchs nach § 285 I.

IV. Ergebnis

Karl kann gegen den Juwelier einen Anspruch geltend machen, und zwar kann er die Abtretung des Versicherungsanspruchs in Höhe von 15.000 € verlangen. Fordert er die Abtretung des Versicherungsanspruchs, ist er aber weiterhin zur Zahlung des Kaufpreises in Höhe von 13.000 € verpflichtet. Der Juwelier kann insoweit die Einrede des nicht erfüllten Vertrages nach § 320 I erheben.

Lehmann/Zschache, Das stellvertretende commodum, JuS 2006, 502

VIII. Fall 8: Der unachtsame Maler

I. Schadensersatz, §§ 280 I, 241 II

Karl könnte vom Maler Ersatz des an den Möbeln entstandenen Schadens nach §§ 280 I, 241 II verlangen.

1. Schuldverhältnis

Dazu müsste zunächst ein Schuldverhältnis zwischen Karl und dem Maler bestanden haben. Ein solches wird nach § 311 I durch Vertrag begründet. Karl und der Maler haben vereinbart, dass der Maler Karls Wohnzimmer streichen soll. Da er einen Erfolg schuldet, besteht zwischen beiden ein Werkvertrag nach § 631 und damit ein Schuldverhältnis.

2. Pflichtverletzung

Der Maler müsste eine Pflicht aus diesem Schuldverhältnis verletzt haben. Seine Arbeit hat der Maler ohne Beanstandung zur Zufriedenheit von Karl ausgeführt. Allerdings kann das Schuldverhältnis jeden Teil zur Rücksicht auf die Rechte, Rechtsgüter und Interessen des anderen Teils verpflichten, § 241 II. Der Maler war im vorliegenden Fall dazu verpflichtet, bei seinen Arbeiten auf die Möbelstücke im Flur und damit Karls Eigentum Rücksicht zu nehmen. Indem er auf dem Weg zwischen Lieferwagen und Arbeitsort mehrfach mit seinen Werkzeugen und der Leiter gegen die Möbelstücke stieß und diese dabei beschädigte, hat der Maler diese Rücksichtnahmepflicht verletzt.

3. Vertretenmüssen

Die Pflichtverletzung müsste der Maler auch zu vertreten haben. Das Vertretenmüssen wird grundsätzlich vermutet. Dafür spricht die Negativformulierung des § 280 I 2. Zu prüfen ist demzufolge, ob der Maler sich eventuell exkulpieren kann. Zu vertreten hat er nach § 276 I Vorsatz und Fahrlässigkeit. Weil der Maler nicht beabsichtigte, die Möbel zu beschädigen, scheidet vorsätzliches Handeln aus. In Betracht kommt daher eine fahrlässige Handlung. Fahrlässig handelt, wer die im Verkehr erforderliche Sorgfalt außer Acht lässt, § 276 II. Indem er nicht sorgsam darauf geachtet hat, beim Transport der Werkzeuge und der Leiter nicht irgendwo anzustoßen, ließ der Maler die notwendige Sorgfalt außer Acht. Er handelte damit fahrlässig und kann sich nicht exkulpieren.

4. Schaden

Karl ist ein Schaden in Höhe von 800 € entstanden. Rechtsfolge des Anspruches aus §§ 280 I, 241 II ist der Ersatz des durch die Pflichtverletzung entstandenen Schadens. Nach § 249 I ist dazu der Zustand herzustellen, der bestehen würde, wenn der zum Ersatz verpflichtende Umstand nicht eingetreten wäre. Ohne die Beschädigung der Möbel hätte Karl keinen Vermögensnachteil in Höhe von 800 € erlitten. Da es sich um eine

Sachbeschädigung handelt, hat der Maler statt der Herstellung den dazu erforderlichen Geldbetrag zu leisten, § 249 II 1.

5. Ergebnis zu I.

Karl hat gegen den Maler einen Anspruch auf Schadensersatz nach §§ 280 I, 241 II in Höhe von 800 €.

II. Schadensersatz, § 823 I

Karl könnte zudem einen Schadensersatzanspruch gegen den Maler aus § 823 I haben, wenn dieser ein absolut geschütztes Rechtsgut des § 823 I rechtswidrig und schuldhaft verletzt hat und hieraus ein Schaden entstanden ist.

1. Rechtsgutsverletzung

Der Maler hat – wie oben bereits festgestellt – die Möbel und damit das Eigentum Karls beschädigt. Das Eigentum ist ein absolut geschütztes Rechtsgut des § 823 I.

2. Verletzungshandlung, Kausalität

Das Anstoßen mit Leiter und Werkzeugen gegen die Möbel war für die Eigentumsverletzung kausal.

3. Rechtswidrigkeit

Weil keine gegenteiligen Anhaltspunkte ersichtlich sind und die Tatbestandsmäßigkeit die Rechtswidrigkeit indiziert, kann bei unmittelbaren Verletzungshandlungen – wie hier gegeben – die Rechtswidrigkeit angenommen werden.

4. Verschulden

Wie bereits oben geprüft, handelte der Maler fahrlässig nach § 276 II und damit schuldhaft.

5. Schaden, haftungsausfüllende Kausalität

Karl entstand durch die zahlreichen Dellen und Kratzer in den Möbeln ein Sachschaden in Höhe von 800 €. Dieser wurde durch die Rechtsgutsverletzung des Malers verursacht, sodass die Rechtsgutsverletzung kausal für den Schaden ist. Nach § 249 II 1 kann Karl 800 € vom Maler verlangen.

6. Ergebnis zu II.

Karl hat auch einen Schadensersatzanspruch aus § 823 I gegen den Maler. Die Ansprüche stehen zueinander in Anspruchskonkurrenz.

IX. Fall 9: Probleme mit dem Eigenheim

I. Vergütungsanspruch, § 631 I

F könnte gegen Karl einen Anspruch auf Zahlung einer Vergütung für die von ihm geleisteten Fliesenlegearbeiten aus § 631 I haben. Dazu müsste zwischen F und Karl ein Werkvertrag geschlossen worden sein. Da Karl vorliegend mit F selbst keinerlei Vertragsverhandlungen über die Fliesenlegearbeiten geführt hat, kann er nur dann Vertragspartei geworden sein, wenn H ihn wirksam gemäß § 164 I 1 vertreten hat.

1. wirksame Stellvertretung

H hat eine auf den Vertragsschluss mit F gerichtete Willenserklärung im Namen Karls abgegeben, § 164 I 1. Fraglich ist jedoch, ob sie dabei innerhalb einer ihr zustehenden Vertretungsmacht gehandelt hat. Eine solche könnte sich hier aus der Vollmachtserteilung nach § 167 I durch die Klausel in den „Bedingungen für den Eigenheimbau" ergeben. Danach erteilt Karl der H eine Vollmacht, in seinem Namen Handwerker zur Fertigstellung des Hauses zu beauftragen.

Diese Vollmachtserteilung beruht nicht auf einer autonomen Entscheidung Karls und wurde auch nicht individuell zwischen ihm und der H ausgehandelt. Möglicherweise könnten die „Bedingungen für den Eigenheimbau" und damit die entsprechende Vollmachtklausel jedoch nach § 305 II Bestandteil des Werkvertrages zwischen Karl und H geworden sein.

a) sachlicher Anwendungsbereich der §§ 305 ff.

Dazu müsste es sich bei den „Bedingungen für den Eigenheimbau" zunächst um AGB i.S.d. § 305 I handeln. Dies ist dann der Fall, wenn sie für eine Vielzahl von Verträgen vorformulierte Vertragsbedingungen darstellen, die eine Vertragspartei der anderen bei Vertragsabschluss stellt.

Wegen des sehr knapp gehaltenen Sachverhalts ist es an dieser Stelle schwierig, eine vernünftige Subsumtion zu dieser Frage zu schreiben. Der Verweis auf § 310 III Nr. 1 erleichtert die Argumentation etwas. Es ist aber auch durchaus zulässig, den folgenden Absatz im Urteilsstil zu formulieren, etwa: „Bei den ‚Bedingungen für den Eigenheimbau' handelt es sich um AGB i.S.d. § 305 I, da sie einseitig von H gestellt wurden, für eine Vielzahl von Verträgen bestimmt und nicht zwischen den Parteien ausgehandelt worden sind. Damit sind die §§ 305 ff. anwendbar."

Die vorliegend von H verwendeten „Bedingungen für den Eigenheimbau" sind offenbar von H ausgearbeitet und für eine Vielzahl von Verträgen vorformuliert. Dass sie von H gestellt wurden, ohne Karl die Möglichkeit zur Einflussnahme auf den Inhalt zu geben, ist zumindest gemäß § 310 III Nr. 1 zu vermuten: H hat im Rahmen ihrer gewerblichen

Tätigkeit und somit als Unternehmerin i.S.v. § 14 I gehandelt, Karl dagegen zu einem privaten Zweck als Verbraucher i.S.v. § 13. Damit liegt hier ein Verbrauchervertrag nach § 310 III vor, womit die Vermutung des § 310 III Nr. 1 greift. Die „Bedingungen für den Eigenheimbau" sind somit AGB i.S.d. § 305 I, womit die §§ 305 ff. anwendbar sind.

b) Einbeziehung in den Vertrag

Des Weiteren müssten die „Bedingungen für den Eigenheimbau" mitsamt der Vollmachtklausel Vertragsbestandteil geworden sein. Dies setzt voraus, dass die H auf die AGB hingewiesen hat (§ 305 II Nr. 1) und für Karl die Möglichkeit der Kenntnisnahme bestand (§ 305 II Nr. 2). Im Vertrag mit H wird ausdrücklich auf die AGB hingewiesen. Da Karl mit dem Lesen des Vertrages und vor dessen Unterzeichnung die Möglichkeit hatte, die AGB zu lesen, bestand auch die Möglichkeit der Kenntnisnahme. Fraglich erscheint nur, ob Karl nach § 305 II a.E. mit der Geltung der Vollmachtklausel einverstanden war, von der er tatsächlich keine Kenntnis hatte. Da nach einhelliger Meinung jedoch jede einzelne Klausel Vertragsbestandteil wird, sofern der Kunde der Geltung der AGB insgesamt nach der Möglichkeit der Kenntnisnahme nicht widersprochen hat, liegen die Voraussetzungen des § 305 II hier vor. Die AGB wurden folglich Vertragsbestandteil.

c) Ausschluss überraschender Klauseln

Etwas anderes könnte sich jedoch hier aus § 305c I ergeben. Danach wird eine Klausel trotz Einbeziehung nicht Vertragsbestandteil, wenn sie nach den Umständen, insbesondere dem äußeren Erscheinungsbild des Vertrages, so ungewöhnlich ist, dass der Vertragspartner mit ihr nicht zu rechnen braucht. Kriterien für diese Wertung können Vorstellungen und Erwartungen sein, die der Kunde aufgrund der Verhandlungen und des Zwecks des Vertrages von dessen Inhalt haben durfte.

Karl hat vorliegend mit H einen Vertrag über die schlüsselfertige Herstellung eines Eigenheims geschlossen, der sämtliche Bauleistungen umfasst. Sinn solcher „Bauträgerverträge" ist es, dem Bauherrn einen einzigen Vertragspartner zu verschaffen, an den er sich bei allen Schwierigkeiten und wegen aller Mängel wenden kann. Eine Klausel, die dem Bauträger eine Vollmacht einräumt, im Namen des Bauherrn Handwerker zu beauftragen, ist somit aus Sicht des Bauherrn vollkommen unnötig. Da sie eine Doppelverpflichtung des Bauherrn ermöglicht, widerspricht sie in eklatanter Weise dem Zweck eines Generalübernehmervertrages. Hinzu kommt, dass man gemeinhin eine solche Klausel nicht unter der Rubrik „Zahlungsmodalitäten" erwartet. Karl musste daher mit der Vollmachtklausel nicht rechnen. Sie ist überraschend und damit nach § 305c I nicht Vertragsbestandteil geworden.

d) Ergebnis zu 1.

Da Karl der H keine Vollmacht erteilt hat, trat diese gegenüber F als vollmachtlose Vertreterin auf. Da eine Vertretungsmacht der H auch nicht unter dem Gesichtspunkt eines Rechtsscheins in Betracht kommt, ist zwischen Karl und F kein Werkvertrag über Fliesenlegearbeiten zustande gekommen.

2. Ergebnis zu I.

F hat gegen Karl keinen Vergütungsanspruch aus § 631 I.

II. Anspruch aus GoA

F könnte gegen Karl einen Anspruch nach den Grundsätzen über die Geschäftsführung ohne Auftrag nach §§ 683 S. 1, 670 haben.

1. Geschäftsführung

Dazu müsste es sich hier um eine Geschäftsführung handeln. Da der Begriff der Geschäftsführung i.S.v. § 677 sehr weit zu verstehen ist, umfasst er jedwede Tätigkeit und somit auch das Fliesenlegen. Eine Geschäftsführung liegt damit vor.

2. objektiv fremdes Geschäft

Das Fliesenlegen im künftigen Haus Karls spielt sich in dessen Rechtskreis ab und ist daher für F zumindest insofern fremd, als er damit keine Verpflichtung gegenüber Karl erfüllen kann. Dies reicht aus.

3. Fremdgeschäftsführungswille

F müsste zudem den Willen gehabt haben, ein Geschäft für einen anderen zu besorgen. Vorliegend war F jedoch zumindest gegenüber H aus dem mit ihr vereinbarten Werkvertrag verpflichtet, die Fliesen zu verlegen. Er handelte damit also in eigenem Interesse (er wollte seine Verpflichtung aus dem Werkvertrag erfüllen). Da er jedoch mit Karl keine vertragliche Beziehung hatte, spricht man von einem „auch-fremden-Geschäft". Ein solches genügt nach h.M. dem Merkmal des Fremdgeschäftsführungswillens, sofern der Geschäftsführer nicht nur in Erfüllung dieser Pflicht, sondern auch im Hinblick auf den Geschäftsherrn gehandelt hat. Vorliegend hatte F zumindest auch den Willen, ein Geschäft für Karl zu besorgen. Damit liegt ein Fremdgeschäftsführungswille hier vor.

4. ohne Auftrag oder sonstige Berechtigung

F war, wie bereits festgestellt, nicht von Karl beauftragt worden, die Fliesen zu verlegen.

5. im Interesse Karls

Die Tätigkeit des F müsste im Interesse Karls gelegen haben. Wegen seines Vertragsverhältnisses mit H, welches den Innenausbau und damit das Fliesenlegen umfasste, hatte Karl jedoch kein Interesse an der Leistung des F.

6. Ergebnis zu II.

F hat keinen Anspruch gegen Karl aus §§ 683 S. 1, 670.

III. Anspruch aus ungerechtfertigter Bereicherung

F könnte jedoch möglicherweise einen Anspruch aus § 812 I 1 Alt. 1 gegen Karl haben.

Karl hat von F dessen Dienstleistung, also Fliesenlegearbeiten, erlangt. Dies müsste durch Leistung des F geschehen sein. Leistung ist die bewusste und zweckgerichtete Mehrung fremden Vermögens. Zwar liegt hier objektiv eine Mehrung von Karls Vermögen vor. Die Beurteilung hat jedoch aus der Sicht des Leistungsempfängers zu erfolgen. Aus Sicht Karls stellte sich die Tätigkeit des F als vertragliche Leistung der H dar, die diese in Erfüllung ihres Werkvertrages mit Karl erbringt. Es handelt sich damit für Karl nicht um eine Leistung des F, womit ein Bereicherungsanspruch aus § 812 I 1 Alt. 1 hier ausscheidet.

F hat keinen Anspruch wegen ungerechtfertigter Bereicherung gegen Karl.

> Der Fall ist einem Urteil des BGH nachgebildet (NJW-RR 2002, 1312).
>
> F hat hier nur Ansprüche gegen H, insbesondere gemäß § 179 I und II, da H als falscher Vertreter (*falsus procurator*) aufgetreten ist, ohne das Fehlen der Vertretungsmacht zu kennen. Zudem kann F gegenüber H auch einen Anspruch aus § 812 I 1 Alt. 1 geltend machen, weil die Ausführung der Fliesenlegearbeiten in dieser Hinsicht den vertraglichen Erfüllungsanspruch Karls gegenüber H erlöschen lässt, sodass H in Höhe des Wertes dieser Arbeiten bereichert wurde.

Löhnig/Gietl, Grundfälle zum Recht der Allgemeinen Geschäftsbedingungen, JuS 2012, 393 (Fortsetzung in JuS 2012, 494); *Lorenz/Gärtner*, Grundwissen – Zivilrecht: Allgemeine Geschäftsbedingungen, JuS 2013, 199

X. Fall 10: Lesen bildet

Der Onlinebuchhandel könnte gegen Karl Kopfball einen Anspruch auf Kaufpreiszahlung aus § 433 II haben.

I. Anspruch entstanden

Beide Parteien haben sich über die entgeltliche Veräußerung des Taktikbuches geeinigt und damit einen Kaufvertrag geschlossen. Dieser ist mangels gegenteiliger Angaben auch wirksam, womit der Kaufpreisanspruch entstanden ist.

> Wenn im Sachverhalt keine Probleme hinsichtlich des Vertragsschlusses auftauchen, müssen Sie auf diesen Punkt nicht näher eingehen, sondern können den wirksamen Vertrag schlicht bejahen.

II. Anspruch untergegangen

Möglicherweise ist der Anspruch jedoch aufgrund eines Widerrufs nach §§ 312 I, 312c I, 312g I, 355 I untergegangen.

1. Bestehen eines Widerrufsrechts

Dazu müsste Karl ein Widerrufsrecht zustehen. Sofern beide Parteien hier einen Fernabsatzvertrag geschlossen haben, könnte sich das Widerrufsrecht aus den §§ 312 I, 312c I, 312g I ergeben.

a) Anwendungsbereich

Die soeben genannten Vorschriften sind nach § 312 I nur auf entgeltliche Verbraucherverträge anwendbar. Entsprechend müsste nach der Legaldefinition des § 310 III ein Vertrag zwischen einem Unternehmer und einem Verbraucher vorliegen, der zudem entgeltlich ist. Als ehrenamtlicher Trainer handelte Karl bei der Buchbestellung als Verbraucher, während der Onlinebuchhandel gewerblich tätig und damit Unternehmer ist. Um das Buch zu erhalten, zahlte Karl einen Preis in Geld. Ein entgeltlicher Verbrauchervertrag liegt damit vor, womit der Anwendungsbereich eröffnet ist.

b) Fernabsatzvertrag

Der Buchkauf müsste ein Fernabsatzvertrag im Sinne des § 312c I sein. Fernabsatzverträge sind solche Verträge, bei denen der Unternehmer und der Verbraucher für die Vertragsverhandlungen und den Vertragsschluss ausschließlich Fernkommunikationsmittel verwenden. Nach § 312c II sind Fernkommunikationsmittel all solche Mittel, die zum Vertragsabschluss eingesetzt werden können, ohne dass beide Parteien körperlich anwesend sein müssen. Hier schlossen Karl und der Onlinebuchhandel den Vertrag über das Internet, womit eine ausschließliche Nutzung von Fernkommunikationsmitteln vorliegt. Ein Fernabsatzvertrag liegt damit vor.

c) Widerrufsrecht

Nach § 312g I steht Karl grundsätzlich ein Widerrufsrecht zu. Dieses ist hier auch nicht durch § 312g II Nr. 7 ausgeschlossen, da Bücher weder Zeitungen, noch Zeitschriften oder Illustrierte darstellen.

2. Erklärung des Widerrufs

Den Widerruf muss Karl dem Onlinebuchhandel auch erklärt haben.

a) konkludent durch Zurücksenden des Buches

Karl könnte den Widerruf durch das Zurücksenden des Buches konkludent erklärt haben. Fraglich ist indes, ob ein schlichtes Zurücksenden genügt, um den Widerruf zu erklären. Nach § 355 I 3 muss aus der Erklärung der Entschluss des Verbrauchers zum Widerruf des Vertrages eindeutig hervorgehen. Weil man der kommentarlosen Zurücksendung des Buches nicht entnehmen kann, ob Karl Nacherfüllung verlangt oder den Vertrag widerruft, ist gerade das hier jedoch nicht der Fall. Nach früherer Rechtslage genügte die kommentarlose Rücksendung zwar. Dies hat sich jedoch in Umsetzung der Verbraucherrechterichtlinie geändert. Die Erklärung konnte damit nicht konkludent durch Zurücksenden des Buches erfolgen.

b) „Kündigung" am Telefon

Möglicherweise liegt jedoch in der Aussage Karls am Telefon, er wolle den Vertrag aufkündigen, eine Widerrufserklärung. Zwar äußerte Karl nicht ausdrücklich, dass er den Vertrag widerrufen möchte. Indes kann von einem juristischen Laien nicht verlangt werden, dass er die richtigen Fachbegriffe verwendet. Entsprechend ist die Erklärung Karls nach §§ 133, 157 nach einem objektiven Empfängerhorizont auszulegen. Entscheidend ist folglich, wie ein verständiger Dritter die Äußerung Karls verstehen durfte. Da Karl deutlich macht, nicht mehr am Vertrag festhalten zu wollen, kommt hinreichend zum Ausdruck, dass Karl die Rechtswirkungen des Vertrages beseitigen möchte. Weil Karl kein Kündigungsrecht zusteht, durfte der Onlinebuchhandel Karls Äußerung am Telefon als Widerrufserklärung verstehen. Weil eine besondere Form nicht vorgeschrieben ist und eine Begründung nicht erforderlich ist, erfolgte die Widerrufserklärung Karls auch formgerecht. Eine Widerrufserklärung liegt damit vor.

3. Wahrung der Frist

Karl müsste den Widerruf innerhalb der vorgeschriebenen Frist von 14 Tagen ab Zugang des Buches erklärt haben, §§ 355 II 1, 356 II Nr. 1 a). Karl hat seinen Widerruf hier jedoch erst vier Wochen später erklärt. Die Frist ist damit nicht gewahrt. Etwas anderes kann sich auch nicht aus der fristgerechten Rücksendung des Buches ergeben, da dieser gerade kein Erklärungswert zukommt (s.o.).

4. Ergebnis zu II.

Der Anspruch auf Kaufpreiszahlung ist nicht untergegangen.

III. Ergebnis

Der Onlinebuchhandel kann von Karl die Zahlung des Kaufpreises nach § 433 II verlangen. Karl muss also den Preis des Buches zahlen.

> Selbstverständlich kann Karl das zurückgeschickte Buch wieder vom Onlinebuchhandel herausverlangen.

Lettl, Die wirksame Ausübung eines Widerrufsrechts nach §§ 312 ff. BGB und dessen Rechtsfolgen (§§ 355, 357 BGB), JA 2011, 9; *Stürner*, Der Widerruf bei Verbraucherverträgen, Jura 2016, 26; *Stürner*, Rechtsfolgen des Widerrufs bei Verbraucherverträgen, Jura 2016, 374

XI. Fall 11a: Segel setzen!

Karl kann von Udo die Reparatur der Winsch verlangen, wenn er einen darauf gerichteten Anspruch gegen Udo hat. Ein solcher Anspruch auf Nachbesserung könnte sich aus den §§ 439 I, 433 I 2, 434, 437 Nr. 1 ergeben.

<u>1. wirksamer Kaufvertrag</u>

Ein wirksamer Kaufvertrag zwischen Karl und Udo liegt vor. Bedenken hinsichtlich der Wirksamkeit bestehen nicht.

<u>2. Sachmangel</u>

Bei Gefahrübergang müsste ein Mangel vorgelegen haben. Wegen der kaputten Winsch könnte hier ein Sachmangel i.S.v. § 434 gegeben sein. Eine Beschaffenheitsvereinbarung nach § 434 I 1 haben Karl und Udo nicht getroffen. Beide vereinbarten jedoch im Kaufvertrag, dass Karl mit dem Boot sofort lossegeln kann. Damit vereinbarten sie eine bestimmte Verwendung des Bootes. Für das Vorliegen eines Mangels müsste das Boot sich folglich nicht für die vereinbarte Verwendung eignen, § 434 I 2 Nr. 1. Vorliegend funktioniert eine Winsch nicht korrekt, weshalb sich das Großsegel nicht trimmen lässt. Ohne die Trimmung lässt sich das Segel nicht korrekt in den Wind stellen, worunter der Vortrieb des Bootes leidet. Entsprechend eignet es sich nicht mehr zum Segeln, womit hier ein Sachmangel nach § 434 I 2 Nr. 1 gegeben ist. Die Gefahr geht nach § 446 im Zeitpunkt der Übergabe der Kaufsache auf den Käufer über. Da der Mangel zum Zeitpunkt der Übergabe bereits existierte, lag er auch bei Gefahrübergang vor.

<u>3. kein Ausschluss der Gewährleistungsrechte</u>

Die Gewährleistungsrechte dürften nicht ausgeschlossen sein. Ein vertraglicher Gewährleistungsausschluss wurde zwischen Karl und Udo nicht vereinbart. Da Karl den Mangel des Bootes nicht kannte, liegt auch kein Ausschluss der Gewährleistungsrechte nach § 442 I vor.

<u>4. Ergebnis</u>

Karl hat gegen Udo einen Anspruch auf Nachbesserung aus den §§ 439 I, 433 I 2, 434, 437 Nr. 1. Mithin kann Karl von Udo die Reparatur der Winsch verlangen.

XII. Fall 11b: Segel setzen! – zweiter Versuch

Karl kann von Udo die gezahlten 18.000 € Zug um Zug gegen Herausgabe des Segelbootes verlangen, wenn der Udo gegenüber erklärte Rücktritt wirksam ist und ihm demzufolge ein Rückgewähranspruch zusteht, §§ 346 ff., 433 I 2, 434, 437 Nr. 2, 440, 323.

Das für einen solchen Anspruch erforderliche Rücktrittsrecht kann entweder von den Parteien vertraglich vereinbart worden sein oder sich aus dem Gesetz ergeben, vgl. § 346 I. Vertraglich vereinbart wurde ein Rücktrittsrecht für Karl nicht. Entsprechend müsste ein gesetzliches Rücktrittsrecht vorliegen. Ein solches könnte sich aus dem kaufrechtlichen Mängelgewährleistungsrecht ergeben.

<u>1. wirksamer Kaufvertrag</u>

Der dafür erforderliche, wirksam zwischen Karl und Udo geschlossene Kaufvertrag liegt vor (s.o.).

<u>2. Sachmangel</u>

Überdies müsste das Leck im Boot einen Sachmangel darstellen. Da das Boot durch das Leck Schlagseite bekommt und somit nicht segeltauglich ist, eignet es sich nicht für die nach dem Vertrag vorausgesetzte Verwendung. Bei dem Leck handelt es sich daher um einen Sachmangel i.S.v. § 434 I 2 Nr. 1. Dieser lag, wie die fehlerhafte Winsch auch, bereits bei Gefahrübergang vor.

<u>3. Fristsetzung</u>

Karl müsste Udo erfolglos eine Frist gesetzt haben, § 323 I BGB. Das Fristerfordernis ist Ausdruck des Vorrangs der Nacherfüllung (Recht der zweiten Andienung). Erst nachdem der Verkäufer seine Chance zur Nacherfüllung hat verstreichen lassen, soll ein Rücktritt des Käufers möglich sein.

Vorliegend hat Karl sofort nach Feststellung des Lecks Udo um die Reparatur gebeten und damit Frist zur Nacherfüllung gesetzt. Udo seinerseits hat das Leck jedoch stets repariert. Folglich war die Fristsetzung Karls nicht erfolglos. Damit wäre eine weitere Nachfristsetzung erforderlich.

Möglicherweise ist diese jedoch nach § 440 entbehrlich. § 440 S. 1 legt fest, dass die Fristsetzung dann nicht erforderlich ist, wenn die dem Verkäufer zumutbare Nacherfüllung fehlgeschlagen ist. Gemäß § 440 S. 2 gilt die Nachbesserung nach dem zweiten erfolglosen Versuch als fehlgeschlagen, sofern sich nicht aus der Art der Sache oder des Mangels oder den sonstigen Umständen etwas anderes ergibt. Vorliegend hat Udo das Leck stets repariert, allerdings beide Male ohne Erfolg. Mithin sind zwei Versuche fehlgeschlagen. Da sich aus der Art der Sache oder des Mangels und den Umständen nichts anderes ergibt, gilt die Nacherfüllung als fehlgeschlagen. Damit ist eine weitere Nachfristsetzung entbehrlich.

4. Rücktrittserklärung

Gemäß § 349 erfolgt der Rücktritt durch Erklärung gegenüber der anderen Partei. Karl hat Udo den Rücktritt erklärt, nachdem das Leck erneut an der gleichen Stelle aufgetaucht ist. Da dies unter Anwesenden geschah, ging die Rücktrittserklärung auch sofort zu.

5. keine Ausschlussgründe

Ausschlussgründe sind weder in Bezug auf die Gewährleistung noch hinsichtlich des Rücktritts ersichtlich.

6. Rechtsfolge

Gemäß § 346 I haben Karl und Udo die jeweils empfangenen Leistungen zurück zu gewähren.

7. Ergebnis

Karl kann von Udo die gezahlten 18.000 € Zug um Zug gegen Herausgabe des Segelbootes verlangen, §§ 346 ff., 433 I 2, 434, 437 Nr. 2, 440, 323.

XIII. Fall 12: Auf zum Nürburgring!

Karl und Dieter könnten von H Ersatz der eingedellten Rohre verlangen, wenn sie einen entsprechenden Anspruch haben. Ein solcher könnte sich aus § 439 I ergeben.

I. Anspruch entstanden

1. wirksamer Kaufvertrag

Voraussetzung eines solchen Anspruchs ist zunächst ein wirksamer Kaufvertrag zwischen Karl/Dieter und H. Karl und Dieter kauften bei H die Teile für einen Überrollkäfig. Ein wirksamer Kaufvertrag liegt vor.

2. Sachmangel

Weiterhin müsste die Kaufsache mangelhaft sein. Die Mangelhaftigkeit bestimmt sich nach § 434. Nach § 434 I 1 ist eine Sache mangelhaft, wenn sie nicht die vereinbarte Beschaffenheit hat. Vorliegend wurde keine Beschaffenheit vereinbart. Gemäß § 434 I 2 ist in diesem Falle die Sache mangelhaft, wenn sie sich nicht für die nach dem Vertrag vorausgesetzte Verwendung eignet. Als Karl und Dieter die Teile für den Überrollkäfig bei H kauften, sprachen sie mit ihm darüber, wofür sie die Teile brauchen. Entsprechend setzten sie voraus, dass die Teile sich für den Bau eines Überrollkäfigs eignen. Eingedellte Rohre weisen eine verminderte Stabilität auf und sind deshalb ungeeignet für den Bau eines Überrollkäfigs, dessen Zweck es ist, möglichst stabil zu sein. Ein Mangel lag damit vor.

3. bei Gefahrübergang

Dieser Mangel müsste bereits bei Gefahrübergang vorgelegen haben. Ob dies der Fall war, lässt sich hier nicht mehr feststellen. Grundsätzlich muss der Käufer beweisen, dass der Sachmangel bereits bei Gefahrübergang vorliegt. Dies können Karl und Dieter aber nicht. Möglicherweise ist dies aber auch gar nicht nötig, sofern hier die Vorschriften über den Verbrauchsgüterkauf, insbesondere § 477 Anwendung finden. Dazu müsste es sich bei H um einen Unternehmer und bei Karl und Dieter um Verbraucher handeln. H geht seiner gewerblichen Tätigkeit als Händler nach und ist damit nach § 14 Unternehmer. Karl und Dieter handeln jeweils ausschließlich zu privaten Zwecken und sind damit Verbraucher nach § 13. Ein Verbrauchsgüterkauf liegt damit vor, entsprechend ist § 477 anwendbar. Damit wird vermutet, dass ein Mangel, der innerhalb der ersten sechs Monate nach Gefahrübergang auftritt, bereits bei Gefahrübergang vorlag. Da H seinerseits nicht beweisen kann, dass der Mangel zu diesem Zeitpunkt noch nicht vorlag, greift die Vermutung des § 477, womit der Mangel auch bei Gefahrübergang vorlag.

4. Nacherfüllungsverlangen

Karl und Dieter müssten ihrem Nacherfüllungsverlangen Ausdruck verliehen haben. Indem sie von H verlangten, die eingedellten Rohre zu ersetzen, erklärten beide, Nacherfüllung (hier: Nachlieferung) zu verlangen.

5. Ergebnis zu I.

Der Anspruch auf Nacherfüllung nach § 439 I ist entstanden.

II. Anspruch untergegangen/durchsetzbar

Dieser Anspruch ist nicht untergegangen und durchsetzbar.

III. Ergebnis

Karl und Dieter können von H Ersatz für die eingedellten Rohre verlangen.

XIV. Fall 13: Frikadellenfranchising

Die Kündigung der F wäre wirksam, wenn ihr keine rechtlichen Bedenken entgegenstünden.

F stützt ihre Kündigung auf ein Sonderkündigungsrecht aus dem Franchisevertrag. Dieses gestattet eine fristlose Kündigung, wenn der Franchisenehmer das vorgeschriebene Verfahren zur Erwärmung der Fischfrikadellen nicht einhält. Diese Klausel des Franchisevertrages müsste Vertragsbestandteil geworden sein und dürfte nicht unwirksam sein.

1. Vorliegen von AGB

Zu klären ist zunächst, ob es sich hier um AGB handelt. AGB sind nach § 305 I 1 für eine Vielzahl von Verträgen vorformulierten Vertragsbedingungen, die eine Vertragspartei der anderen Vertragspartei bei Abschluss eines Vertrags stellt. Vorliegend hat die F zur Vorbereitung ihrer Franchiseaktivitäten ein Franchisepaket zusammengestellt, in dem alle Rahmenbedingungen festgehalten wurden. Das dazugehörige Vertragswerk umfasst damit Bedingungen, die für eine Vielzahl von Verträgen vorformuliert sind. Entsprechend handelt es sich um AGB.

2. Einbeziehung

Diese AGB müssten auch Vertragsbestandteil geworden sein. Ob die Voraussetzungen des § 305 II hier eingehalten wurden, lässt sich nicht feststellen. Da es sich vorliegend jedoch sowohl bei F als auch bei Ronny um Unternehmer handelt, ist diese Feststellung entbehrlich. Nach § 310 I 1 findet § 305 II nämlich keine Anwendung auf AGB, die gegenüber einem Unternehmer verwendet werden. Die AGB wurden damit wirksam einbezogen.

3. Inhaltskontrolle

Zwar ist der Prüfungsmaßstab nach § 310 I 1 eingeschränkt, dennoch findet § 307 Anwendung. Die Klausel muss folglich einer Inhaltskontrolle standhalten.

a) Natur des Franchisevertrages

Nach § 307 II kommt es bei der Beurteilung, ob eine unangemessene Benachteiligung vorliegt auf das gesetzliche Leitbild (Nr. 1) und die Natur des Vertrages (Nr. 2) an. Einen Franchisevertrag kennt das BGB jedoch nicht. Typischerweise handelt es sich bei Franchiseverträgen um gemischt-typische Geschäftsbesorgungsverträge. Sie umfassen Elemente aus dem Dienstleistungs- und Kaufrecht, aber auch aus dem Pacht- und Werkvertragsrecht. Während der Franchisenehmer sich verpflichtet, den Absatz eines Produktes zu fördern, erhält er dafür die Beratung und das Know-how des Franchisegebers.

Ein einzelnes, ausschlaggebendes Element kann nicht festgestellt werden. Entsprechend kann nur anhand einer konkreten Fragestellung über die Bedeutung der vertraglichen Abreden zwischen Ronny und F entschieden werden.

Für die Zulässigkeit der Kündigung durch F kommt es wesentlich auf den Charakter des Franchisevertrages als Dauerschuldverhältnis an. Ein solches setzt regelmäßig beiderseitige Loyalitätspflichten voraus: So unterstützt und berät der Franchisegeber den Franchisenehmer, während dieser das Konzept des Franchisegebers umsetzt und fördert. Damit verbunden ist auch die einheitliche Zubereitung der angebotenen Speisen. Jeder einzelne Franchisenehmer trägt dafür Rechnung, dass ein Kunde der F im gesamten Bundesgebiet gleich zubereitete Speisen erhält, die einheitlichen Qualitätsanforderungen genügen. Zu prüfen ist daher, ob das Sonderkündigungsrecht des Franchisevertrages wesentlich von der gesetzlichen Regelung der Kündigung eines Dauerschuldverhältnisses aus wichtigem Grund abweicht.

b) gesetzliche Regelung des § 314 I 1

§ 314 I 1 gestattet die fristlose Kündigung eines soeben dargestellten Dauerschuldverhältnisses aus wichtigem Grund. Die Wirksamkeit des Sonderkündigungsrechts des Franchisevertrages hängt damit davon ab, ob die fehlerhafte Erwärmung der Fischfrikadellen einen wichtigen Grund im Sinne des § 314 I 2 darstellt. Für die Annahme eines wichtigen Grundes spricht schon die zentrale Stellung der Loyalitätspflicht jedes einzelnen Franchisenehmers. F hat Ronny auf die Gefahr von Gesundheitsschäden hingewiesen und kann nur dann für einheitliche Qualitätsstandards sorgen, wenn sie bei Zuwiderhandlungen das Vertragsverhältnis ohne Frist beenden kann. Die Kündigung wegen Verstoßes gegen die Franchisebedingungen ist damit ein wichtiger Bestandteil des Franchisekonzepts, womit die Kündigungsbefugnis des Franchisevertrages nach §§ 307, 310 wirksam ist.

3. Abmahnung

Da der wichtige Grund hier in der Verletzung einer Pflicht aus dem Franchisevertrag besteht und im Übrigen keine Regelungen durch den Franchisevertrag zur Ausgestaltung bekannt sind, findet § 314 II 1 ergänzend Anwendung. Bevor gekündigt werden kann, muss also zunächst eine Abhilfefrist gesetzt oder erfolglos eine Abmahnung ausgesprochen worden sein. F hat Ronny hier mehrfach wegen seines Verstoßes gegen das vorgeschriebene Erwärmungsverfahren abgemahnt. Damit ist auch die Voraussetzung des § 314 II 1 erfüllt.

4. Verwirkung des Kündigungsrechts

Möglicherweise hat F ihr Kündigungsrecht jedoch verwirkt. Ronny hat nach den Abmahnungen seine Geräte korrekt eingestellt und sich vertragsgemäß verhalten.

Gleichwohl hat F den Franchisevertrag unter Berufung auf das Sonderkündigungsrecht gekündigt. Das Recht zur außerordentlichen Kündigung kann allerdings nach § 314 III nur innerhalb einer angemessenen Frist ausgeübt werden, nachdem der Berechtigte vom Kündigungsgrund Kenntnis erlangt hat. Aus diesem Grund hätte F sich nach dem festgestellten letzten Verstoß entscheiden müssen, ob sie diesem ein derartiges Gewicht beimisst, dass eine Kündigung aus wichtigem Grund unerlässlich ist. Dies hat sie jedoch offensichtlich nicht getan. Mehrere Monate nachdem der Kündigungsgrund behoben ist, ist es der F nun verwehrt, sich noch auf diesen zu berufen.

5. Ergebnis

Die Kündigung der F ist unwirksam.

XV. Fall 14: Rettung in höchster Not

Karl könnte von Heinz die Kosten für die Behandlung der Katze ersetzt verlangen, wenn ihm ein entsprechender Anspruch gegen Heinz zustünde. Da beide keine vertraglichen Abreden getroffen haben und auch kein vorvertragliches Schuldverhältnis vorliegt, kommt hier ein Aufwendungsersatz nach den Regeln über die Geschäftsführung ohne Auftrag in Betracht, §§ 683 S. 1, 670.

1. Geschäftsbesorgung

Zunächst müsste eine Geschäftsbesorgung vorliegen. Die Geschäftsbesorgung umfasst jede Tätigkeit des Geschäftsführers und Rechtsgeschäfte. Vorliegend hat Karl die Katze zum Tierarzt gebracht und die Behandlungskosten gezahlt. Eine Geschäftsbesorgung liegt damit vor.

2. fremdes Geschäft

Bei der Geschäftsbesorgung müsste es sich um ein fremdes Geschäft gehandelt haben. Ein fremdes Geschäft ist jede Angelegenheit, die nicht ausschließlich eine solche des Geschäftsführers selbst ist, sondern zumindest auch in den Sorgebereich eines anderen fällt (objektiv fremdes Geschäft).[109] Die Katze zum Tierarzt zu bringen und die entstandene Rechnung zu begleichen wäre eigentlich Heinz als deren Eigentümer zugefallen und läge damit in seinem Sorgebereich. Die Geschäftsbesorgung durch Karl war also ein fremdes Geschäft.

3. Fremdgeschäftsführungswille

Karl hatte auch den Willen und das Bewusstsein, die Angelegenheit eines anderen zu besorgen, als er die Katze zum Tierarzt brachte und die Rechnung zahlte, womit auch der notwendige Fremdgeschäftsführungswille gegeben ist.

4. im Interesse und Willen des Geschäftsherrn

Zuletzt müsste die Geschäftsbesorgung dem Interesse und dem wirklichen oder mutmaßlichen Willen des Heinz entsprochen haben, § 683 S. 1. Hier ist davon auszugehen,

---

[109] NJW-RR 2001, 1282 (1284).

dass es dem Willen des Heinz entspricht, dass seine Katze nicht ihren Verletzungen erliegt. Entsprechend liegt auch diese Voraussetzung vor.

5. Ergebnis

Karl kann von Heinz die Kosten für die Behandlung der Katze als Aufwendungsersatz nach den Regeln über die Geschäftsführung ohne Auftrag, §§ 683 S. 1, 670 verlangen.

> *Kupfer/Weiß*, Geschäftsführung ohne Auftrag, JA 2018, 894; *Lorenz*, Grundwissen – Zivilrecht: Geschäftsführung ohne Auftrag (GoA), JuS 2016, 12

XVI. Fall 15: Undercut

I. Bereicherungsanspruch Mia – Friseur, § 812 I 1 Alt. 1

Mia könnte gegen den Friseur einen Anspruch auf Herausgabe der gezahlten 80 € nach § 812 I 1 Alt. 1 haben.

1. etwas erlangt

Dazu müsste der Friseur etwas erlangt haben. Erlangt hat der Friseur jenen Vorteil, der ihm rechtsgrundlos zugeflossen ist. Hier sind das die von Mia gezahlten 80 €.

2. durch Leistung Mias

Dies müsste durch Leistung Mias geschehen sein. Leistung meint die bewusste zweckgerichtete Mehrung fremden Vermögens. Mia hat dem Friseur 80 € gezahlt, weil sie von einer Leistungspflicht aufgrund des mit dem Friseur geschlossenen Vertrages ausging. Sie mehrte damit das Vermögen des Friseurs bewusst und bezweckte damit die Erfüllung der aus ihrer Sicht bestehenden Leistungspflicht.

3. ohne Rechtsgrund

Der Friseur müsste die Leistung ohne Rechtsgrund erlangt haben. Weil Mia minderjährig ist, ist sie lediglich beschränkt geschäftsfähig nach § 106. Da sie sich durch Abgabe ihrer auf das Haareschneiden gerichteten Willenserklärung zur Zahlung von 80 € verpflichtet, erlangt sie nicht lediglich einen rechtlichen Vorteil, sodass das Rechtsgeschäft der Einwilligung ihres gesetzlichen Vertreters bedarf, § 107. Gesetzlicher Vertreter ist hier Karl als alleinerziehender Vater. Er hat in das Geschäft nicht vorab eingewilligt. Der Vertrag ist damit nach § 108 I schwebend unwirksam und hängt von der Genehmigung Karls ab. Aus dem Umstand, dass Karl gar nicht begeistert von Mias Friseurbesuch ist, ergibt sich, dass er die Genehmigung nicht erteilen wird. Damit ist das Rechtsgeschäft nicht wirksam, womit der Friseur die 80 € ohne Rechtsgrund erlangt hat. Eine Wirksamkeit des Vertrages ohne Zustimmung Karls nach § 110 kommt nicht in Betracht, da Mia das Geld verwendet hat, das Karl ihr zum Kauf von Schulsachen gegeben hat.

4. Rechtsfolge: Herausgabe des Erlangten

Der Friseur ist nach § 812 I 1 Alt. 1 zur Herausgabe des Erlangten verpflichtet. Er hat daher die 80 € herauszugeben.

5. Ergebnis

Mia hat einen Anspruch gegen den Friseur auf Herausgabe der 80 € nach § 812 I 1 Alt. 1.

II. Bereicherungsanspruch Friseur – Mia, § 812 I 1 Alt. 1

Umgekehrt könnte der Friseur gegen Mia einen Anspruch auf Wertersatz nach §§ 812 I 1 Alt. 1, 818 II haben, da Mia mit dem Haarschnitt und dem zuvor festgestellten Anspruch auf Herausgabe der gezahlten 80 € eine eigentlich entgeltliche Dienstleistung unentgeltlich erlangt hat. Die Voraussetzungen für einen derartigen Anspruch sind gegeben, da Mia einen – mangels anderweitiger Hinweise korrekt ausgeführten – Haarschnitt und damit einen vermögenswerten Vorteil durch eine Leistung des Friseurs (das Haareschneiden und Färben) erlangt hat und dafür kein Rechtsgrund bestand (s.o.). Da das Erlangte nicht in natura herausgegeben werden kann, hätte Mia den Wert des Haarschnitts zu ersetzen. Würde man nun allerdings den Minderjährigen dazu verpflichten, Wertersatz für eine rechtsgrundlose Leistung zu zahlen, würde man das Minderjährigenrecht aushöhlen. Aus diesem Grund ist Wertersatz nur dann zu leisten, wenn der Minderjährige Kosten erspart hat, deren Entstehung dem Willen des gesetzlichen Vertreters entsprach. Da Karl seiner Tochter wohl nicht gestattet hätte, sich eine derartige Frisur schneiden zu lassen, entsprach die Kostenentstehung hier nicht dem Willen des gesetzlichen Vertreters. Mia ist damit nicht ersatzpflichtig.

> *Musielak*, Einführung in das Bereicherungsrecht, JA 2020, 161; *Thöne*, Die Grundprinzipien des Bereicherungsrechts, JuS 2019, 193

XVII. Fall 16: Überschwängliche Freude

Der Eigentümer des anderen Fahrzeugs (künftig: E) könnte einen Anspruch auf Ersatz für den Außenspiegel gegen Karl nach § 823 I haben.

1. Rechtsgutsverletzung

Dazu müsste zunächst ein Rechtsgut des E verletzt worden sein. Vorliegend wurde der Außenspiegel vom Fahrzeug des E abgerissen und damit das Eigentum des E verletzt.

2. Verletzungshandlung

Die dichte Vorbeifahrt des Karl am Fahrzeug des E stellt eine Verletzungshandlung dar.

3. haftungsbegründende Kausalität

Die Vorbeifahrt am Fahrzeug des E müsste zur Verletzung des Eigentums des E geführt haben. Durch die zu dichte Vorbeifahrt touchierte Karls Fahrzeug das des E, sodass der Außenspiegel abriss. Die Vorbeifahrt führte damit zur Eigentumsverletzung und war folglich kausal.

4. Rechtswidrigkeit

Die Rechtswidrigkeit wird durch Vorliegend des Tatbestandes indiziert. Rechtfertigungsgründe liegen nicht vor.

5. Verschulden

Karl müsste schuldhaft gehandelt haben. Dies wäre der Fall, wenn er vorsätzlich oder fahrlässig gehandelt hätte, § 276 I. Eine vorsätzliche Handlung Karls scheidet aus. Er könnte jedoch fahrlässig zu dicht am Fahrzeug des E vorbeigefahren sein. Fahrlässig handelt, wer die im Verkehr erforderliche Sorgfalt außer Acht lässt, § 276 II. Vorliegend hat Karl aus Unachtsamkeit keinen ausreichend großen Sicherheitsabstand zum Fahrzeug des E eingehalten. Damit hat er die im Verkehr erforderliche Sorgfalt außer Acht gelassen und folglich fahrlässig gehandelt. Ein Verschulden Karls liegt damit vor.

6. Schaden

E müsste ein Schaden entstanden sein. Nach § 249 I hat der Schuldner den Zustand herzustellen, der bestehen würde, wenn das schädigende Ereignis nicht eingetreten wäre. Wäre Karl nicht zu dicht am Fahrzeug des E vorbeigefahren, wäre dessen Außenspiegel nicht abgerissen. Folglich ist dieser Zustand wiederherzustellen. E ist daher ein Schaden in Höhe der zur Reparatur des Fahrzeugs notwendigen Kosten entstanden.

7. haftungsausfüllende Kausalität

Die Rechtsgutsverletzung müsste zum Schaden geführt haben. Wäre das Eigentum des E nicht beschädigt worden, hätte er keine Vermögenseinbuße durch die Reparatur erlitten. Die Rechtsgutsverletzung war damit kausal für den Schaden.

8. Ergebnis

E kann von Karl Ersatz für den Außenspiegel nach § 823 I verlangen.

Lorenz, Grundwissen – Zivilrecht: Deliktsrecht – Haftung aus § 823 I BGB, JuS 2019, 852

XVIII. Fall 17: Nachgesetzt

I. Ausgangsfall

Mia handelte dann rechtmäßig, wenn es ihr erlaubt war, dem Dieb die Handtasche mit Gewalt wieder abzunehmen. Denkbar wäre eine Rechtfertigung der Handlung Mias nach § 859 II durch die sog. *Besitzkehr*.

<u>1. bewegliche Sache</u>

Bei der Handtasche handelte es sich um eine bewegliche Sache.

<u>2. Besitzentziehung durch verbotene Eigenmacht</u>

Der Dieb müsste Mia den Besitz an der Handtasche mittels verbotener Eigenmacht entzogen haben. Verbotene Eigenmacht liegt nach § 858 I vor, wenn jemand dem Besitzer ohne dessen Willen den Besitz entzieht, ohne dass das Gesetz die Entziehung gestattet. Zum Zeitpunkt der Wegnahmehandlung durch den Dieb übte Mia die von einem entsprechenden Willen getragene tatsächliche Sachherrschaft über die Handtasche aus. Diese Sachherrschaft entzog der Dieb Mia dadurch, dass er die Handtasche von ihrer Schulter riss. Weil Mia nicht wollte, dass ihr jemand die Handtasche wegnimmt, geschah die Besitzentziehung nicht nur ohne, sondern sogar gegen den Willen Mias.

> Achten Sie an dieser Stelle auf eine genaue Formulierung: Das Gesetz verlangt nicht, dass die Besitzentziehung gegen den Willen des vorherigen Besitzers geschieht, sondern lediglich ohne dessen Willen erfolgt.

Eine gesetzliche Gestattung liegt nicht vor, sodass ein Fall der verbotenen Eigenmacht gegeben ist.

<u>3. nach der Tat verfolgt</u>

Erforderlich ist zudem die Wahrung eines Zeitelements: Die Wiederinbesitznahme muss in unmittelbarem zeitlichem Zusammenhang zu der verbotenen Eigenmacht nach Beendigung des Besitzes erfolgen (vor Beendigung: Besitzwehr nach § 859 I). Der vormalige Besitzer darf nur dem auf frischer Tat betroffenen oder verfolgten Täter die Sache mit Gewalt wieder abnehmen. Vorliegend nimmt Mia unmittelbar nach der Wegnahmehandlung die Verfolgung des Diebes auf, sodass der zeitliche Zusammenhang gegeben ist.

<u>4. Maß der gestatteten Gewalthandlung</u>

Rechtsfolge der Besitzkehr ist die Anwendung von Gewalt zur Wiederinbesitznahme der beweglichen Sache. Dabei muss sich das Maß der gestatteten Gewalthandlung an der Erforderlichkeit orientieren: Mildere Mittel, mit denen der Besitz wiedererlangt werden kann, sind vorzuziehen. Mia hat hier den Dieb zu Boden gebracht, um ihm anschließend die Handtasche wieder abzunehmen. Dieses Stoppen des Diebes dürfte das mildeste Mittel gewesen sein, um die Handtasche wieder an sich zu nehmen und begegnet daher keinen Bedenken.

5. Ergebnis

Mia handelte rechtmäßig.

II. Abwandlung

Selbst wenn Mia die im Besitz ihrer Mitschülerin befindliche Handtasche einwandfrei als die ihrige erkennt, darf sie sie der Mitschülerin nicht einfach wegnehmen. Da bereits zwei Tage vergangen sind und die Wegnahmesituation beendet ist, fehlt es für eine Rechtfertigung nach § 859 am erforderlichen zeitlichen Zusammenhang. Nimmt Mia ihrer Mitschülerin die Tasche ohne das entsprechende Einverständnis weg, handelt sie selbst mit verbotener Eigenmacht. Ist die Mitschülerin also nicht damit einverstanden, die Handtasche an Mia zu übergeben, muss Mia über § 861 I Wiedereinräumung des Besitzes verlangen.

Lorenz, Grundwissen – Zivilrecht: Besitzschutz, JuS 2013, 776; *Omlor/Gies*, Der Besitz und sein Schutz im System des BGB, JuS 2013, 12; *Sparmann/Röthel*, Besitz und Besitzschutz, Jura 2005, 456

XIX. Fall 18: Ein toller Freund

Karl wäre noch immer Eigentümer des Fahrrades, wenn er dieses nicht an Fritz, Detlef oder Uwe verloren hat.

1. Eigentumserwerb durch Fritz

Ein Eigentumserwerb durch Fritz scheidet von vornherein aus, da Fritz und Karl lediglich eine Leihe vereinbart haben.

2. Eigentumserwerb durch Detlef nach § 929 S. 1

Detlef könnte das Eigentum an dem Fahrrad nach § 929 S. 1 von Fritz erworben haben.

a) Einigung

Die dazu erforderliche Einigung zwischen Detlef und Fritz liegt vor.

b) Übergabe

Fritz hat Detlef das Fahrrad auch übergeben und ihm so den unmittelbaren Besitz daran verschafft, ohne dass eine Besitzposition des Fritz verblieben wäre.

c) Berechtigung des Fritz

Fritz müsste zur Verfügung über das Eigentum an dem Fahrrad berechtigt gewesen sein. Vorliegend hatte Fritz das Fahrrad nur von Karl geliehen. Er war folglich nicht Eigentümer und auch nicht von Karl zur Veräußerung des Fahrrades berechtigt. Fritz handelte damit als Nichtberechtigter.

d) Ergebnis zu 2.

Detlef hat das Eigentum an dem Fahrrad nicht nach § 929 S. 1 erworben.

3. Eigentumserwerb durch Detlef nach §§ 929 S. 1, 932

Möglicherweise hat Detlef das Eigentum an dem Fahrrad jedoch gutgläubig nach den §§ 929 S. 1, 932 von Fritz erworben. Die notwendigen Voraussetzungen für einen Eigentumsübergang mit Ausnahme der Berechtigung liegen vor (s.o.). Zudem müsste Detlef gutgläubig gewesen sein. Fraglich ist hier, wie sich das Wissen Detlefs um die fehlende Eigentümerstellung des Fritz auswirkt. Nach § 932 II fehlt es am guten Glauben, wenn dem Erwerber bekannt ist, dass die Sache nicht dem Veräußerer gehört. Dies ist hier der Fall, weshalb ein gutgläubiger Erwerb des Fahrrades durch Detlef ausscheidet.

4. Eigentumserwerb durch Uwe

Karl könnte sein Eigentum an dem Fahrrad jedoch durch einen Eigentumserwerb des Uwe verloren haben. Da auch Detlef nicht zur Verfügung über das Fahrrad berechtigt war, scheidet ein Erwerb nach § 929 S. 1 aus. Möglich ist aber ein gutgläubiger Erwerb Uwes nach §§ 929 S. 1, 932. Eine Einigung über den Eigentumsübergang zwischen Detlef und Uwe liegt vor, ebenso wie die Übergabe des Fahrrades. Uwe wusste nicht, dass Detlef nicht Eigentümer des Fahrrades war. Folglich war er nach § 932 gutgläubig und hat das Eigentum an dem Fahrrad nach §§ 929 S. 1, 932 erworben. § 935 ist nicht anwendbar, da Karl das Fahrrad ursprünglich an seinen Freund Fritz verliehen hat und es damit nicht gestohlen wurde oder abhandengekommen ist.

5. Ergebnis

Karl hat sein Eigentum an dem Fahrrad an Uwe verloren. Er ist nicht mehr Eigentümer des Fahrrades.

> Bedenken Sie an dieser Stelle jedoch, dass Karl Schadensersatzansprüche geltend machen kann.

> *Loose*, Sachenrecht kompakt – ein Überblick für Studienanfänger zum dritten Buch des BGB, JA 2016, 808; *Lorenz*, Grundwissen – Zivilrecht: Der gutgläubige Erwerb, JuS 2017, 822; *Mohamed*, Der rechtsgeschäftliche Erwerb an beweglichen Sachen gemäß §§ 929 ff. BGB im Überblick, JA 2017, 419

XX. Fall 19: Her damit

Karl kann das Fahrrad von Elsa nach § 985 herausverlangen, wenn er einen entsprechenden Anspruch gegen Elsa geltend machen kann.

1. Karl = Eigentümer des Fahrrades

Erforderlich dazu ist zunächst, dass Karl als Anspruchsteller Eigentümer des Fahrrades ist. Ursprünglich war dies der Fall. Karl könnte jedoch sein Eigentum an dem Fahrrad verloren haben.

a) Eigentumserwerb durch den Dieb

Da der Dieb das Fahrrad aus Karls Keller gestohlen hat, kann er kein Eigentum an dem Fahrrad erworben haben.

b) Eigentumserwerb durch Lisa

Möglicherweise hat Lisa jedoch das Eigentum an dem Fahrrad nach § 929 S. 1 vom Dieb erworben. Der Dieb und Lisa haben sich über den Eigentumsübergang geeinigt. Auch die Übergabe des Fahrrades an Lisa ist erfolgt. Allerdings war der Dieb nicht zur Eigentumsübertragung berechtigt, sodass ein Eigentumserwerb nach § 929 S. 1 scheitert.

Auch ein gutgläubiger Erwerb nach §§ 929 S. 1, 932 scheitert hier, da ein gutgläubiger Erwerb des Eigentums an einer gestohlenen Sache nicht möglich ist, § 935.

c) Eigentumserwerb durch Elsa

Auch Elsa hat das Eigentum an dem Fahrrad nicht erworben. Sie hat das Fahrrad lediglich von Lisa geliehen.

d) Ergebnis zu 1.

Karl ist noch immer Eigentümer des Fahrrades.

2. Elsa = Besitzerin des Fahrrades

Da Elsa aktuell die von einem entsprechenden Willen getragene tatsächliche Sachherrschaft über das Fahrrad ausübt, ist sie Besitzerin des Fahrrades.

3. kein Recht zum Besitz

Elsa dürfte kein Recht zum Besitz des Fahrrades haben. Zwar hat sie das Fahrrad von Lisa geliehen und damit ihr gegenüber ein Recht zum Besitz aus dem Leihvertrag. Dieser wirkt aber nur zwischen den Vertragsparteien (*inter partes*). In Bezug auf Karl kann sich Elsa nicht auf ein Recht zum Besitz berufen.

4. Ergebnis

Karl kann von Elsa das Fahrrad nach § 985 herausverlangen.

XXI. Fall 20: Ehe oder nicht Ehe?

Die Ehe zwischen Fiona und Karl wäre aufhebbar, wenn ein Aufhebungsgrund existierte und die Aufhebung nicht ausgeschlossen wäre, § 1313 ff.

1. Aufhebungsgrund

Als Aufhebungsgrund käme vorliegend § 1314 II Nr. 5 in Betracht. Fiona und Karl waren sich einig, keine Verpflichtungen nach § 1353 I begründen zu wollen. Entsprechend wäre ihre Ehe aufhebbar.

2. Ausschluss der Aufhebung

Die Aufhebung könnte jedoch ausgeschlossen sein, wenn Fiona und Karl nach der Eheschließung als Ehegatten miteinander gelebt haben, § 1315 I Nr. 5. Fiona und Karl haben mehrere Jahre lang wie ein Ehepaar zusammengelebt und damit Verpflichtungen nach § 1353 I begründet. Entsprechend ist hier die Aufhebung ausgeschlossen.

3. Ergebnis

Die Ehe zwischen Fiona und Karl ist nicht aufhebbar. Der Anwalt wird Fiona antworten, dass zur Beendigung der Ehe eine Scheidung nach § 1564 notwendig ist.

XXII. Fall 21: Was wäre, wenn...

Fiona könnte gegen Karl im Falle einer Scheidung einen Anspruch auf Zahlung eines Zugewinnausgleichs gemäß § 1378 I haben. Da die Scheidung den Güterstand der Zugewinngemeinschaft zu Lebzeiten beendet, vollzieht sich der Ausgleichsanspruch nach den §§ 1373 – 1390.

1. Zugewinngemeinschaft

Voraussetzung für einen derartigen Anspruch ist zunächst, dass beide im gesetzlichen Güterstand der Zugewinngemeinschaft leben. Nach § 1363 I ist dies der Fall, wenn nicht durch Ehevertrag etwas anderes vereinbart wurde. Fiona und Karl haben keinen Ehevertrag geschlossen, sodass sie im gesetzlichen Güterstand leben.

2. Höhe des Ausgleichsanspruchs

Der Zugewinn Karls müsste den Zugewinn Fionas übersteigen, sodass Fiona von Karl die Hälfte des Überschusses als Ausgleichsforderung verlangen kann, § 1378 I.

a) Zugewinn Karls

Karl müsste einen Zugewinn erzielt haben. Nach § 1373 ist Zugewinn der Betrag, um den das Endvermögen eines Ehegatten dessen Anfangsvermögen übersteigt. Zu ermitteln sind daher zunächst Anfangs- und Endvermögen, um diese sodann miteinander zu vergleichen und den Zugewinn ermitteln zu können.

aa) Anfangsvermögen

Das Anfangsvermögen entspricht nach § 1374 I dem Vermögen, das einem Ehegatten nach Abzug der Verbindlichkeiten beim Eintritt des Güterstandes gehört. Relevanter Stichtag für den Eintritt der Zugewinngemeinschaft ist hier die Eheschließung.

Bei Eheschließung war Karl Eigentümer eines Hausgrundstücks am Markkleeberger See im Wert von 500.000 €. Weiterhin besaß er Gesellschaftsanteile der Saßnitzer Frischfisch GmbH im Wert von 200.000 €. Sein übriges Vermögen hatte zu diesem Zeitpunkt einen Wert von 50.000 €. Für den Hausbau hatte Karl ein Darlehen aufgenommen, der bei Eheschließung mit 300.000 € valutierte.

Aktiva		Passiva	
500.000 €	Hausgrundstück	300.000 €	Darlehen
200.000 €	Gesellschaftsanteile		
50.000 €	sonstiges Vermögen		
750.000 €		300.000 €	

Nach Abzug der Verbindlichkeiten verfügte Karl damit über ein Anfangsvermögen in Höhe von 450.000 €.

> 💡 Karls Lottogewinn ist kein privilegiertes Anfangsvermögen nach § 1374 II, weil es sich nicht um keinen der dort aufgezählten Fälle handelt. Im weiteren Verlauf der Berechnung geht der Lottogewinn im sonstigen Vermögen Karls auf.

bb) Endvermögen

Nach § 1375 I ist das Endvermögen das Vermögen, das einem Ehegatten nach Abzug der Verbindlichkeiten bei der Beendigung des Güterstandes gehört. Relevanter Stichtag im Falle einer Scheidung ist nach § 1384 der Zeitpunkt der Rechtshängigkeit des Scheidungsantrags.

> 💡 Rechtshängig wird ein Verfahren mit Erhebung der Klage – oder in diesem Fall der Antragstellung – bei Gericht und ihrer Zustellung an den Beklagten, §§ 253 I, 261 I ZPO.

Da es sich vorliegend um eine lediglich hypothetische Scheidung handelt, ist das aktuelle Vermögen maßgeblich.

Aktuell ist Karl Eigentümer des mittlerweile 600.000 € wertvollen Hausgrundstücks am Markkleeberger See und verfügt über ein Bankguthaben in Höhe von 50.000 €. Seine Geschäftsanteile an der Saßnitzer Frischfisch GmbH sind noch 150.000 € wert, der Hauskredit valutiert noch mit 200.000 €.

Aktiva		Passiva	
600.000 €	Hausgrundstück	200.000 €	Darlehen
150.000 €	Gesellschaftsanteile		
50.000 €	sonstiges Vermögen		
800.000 €		200.000 €	

Nach Abzug der Verbindlichkeiten beträgt Karls Endvermögen 600.000 €.

cc) Zugewinn

Karls Zugewinn beträgt damit 600.000 € - 450.000 € = 150.000 €.

b) Zugewinn Fionas

aa) Anfangsvermögen

Fiona war bei Eheschließung Eigentümerin eines Ford Focus im Wert von 10.000 €. Ihr weiteres Vermögen betrug 5.000 €. Nach Eintritt des Güterstandes erbte sie ein mit einem Miethaus bebautes Grundstück im Wert von 800.000 €. Dieses Vermögen erfüllt die Voraussetzungen des § 1374 II (nach Eintritt des Güterstandes von Todes wegen erworben) und ist damit als privilegiertes Anfangsvermögen dem Anfangsvermögen Fionas hinzuzurechnen.

Aktiva		Passiva	
10.000 €	Ford Focus		
5.000 €	sonstiges Vermögen		
800.000 €	Hausgrundstück		
815.000 €		0 €	

Fionas Anfangsvermögen betrug 815.000 €.

bb) Endvermögen

Aktuell beträgt Fionas Kontostand 10.000 € und sie ist noch immer Eigentümerin des mittlerweile 900.000 € wertvollen Hausgrundstücks. Zudem gehört ihr ein VW ID.3 im Wert von 40.000 €.

Achtung: Der Verkauf des Ford Focus ist irrelevant für die Berechnung des Endvermögens. Fiona hat zwar für das Fahrzeug Geld erhalten. Entscheidend ist jedoch der Stichtag zur Berechnung des Endvermögens. Zu diesem Zeitpunkt ist ungewiss, was aus dem Erlös aus dem Verkauf des Ford Focus geworden ist.

Aktiva		Passiva	
10.000 €	sonstiges Vermögen		
40.000 €	VW ID.3		
900.000 €	Hausgrundstück		
950.000 €		0 €	

Fionas Endvermögen beträgt 950.000 €.

cc)

Fiona hat damit einen Zugewinn in Höhe von 135.000 € erzielt.

c) Ergebnis zu 2.

Karls Zugewinn in Höhe von 150.000 € übersteigt den Zugewinn Fionas in Höhe von 135.000 € um einen Betrag von 15.000 €. Die Hälfte dieses Überschusses steht Fiona als Ausgleichszahlung zu. Ihr Anspruch auf Zugewinnausgleich nach § 1378 I beläuft sich damit auf eine Summe von 7.500 €.

3. Ergebnis

Fiona kann von Karl im Falle der Scheidung eine Zahlung von 7.500 € als Zugewinnausgleich verlangen.

XXIII. Fall 22: Hier kommt Kurt!

Nach § 1592 Nr. 1 ist der Ehemann der Mutter aus rechtlicher Sicht Vater des Kindes. Weil Fiona und Karl zum Zeitpunkt der Geburt miteinander verheiratet waren, ist also Karl aus rechtlicher Sicht Vater von Kurt.

Als Vater von Kurt kann Karl nach § 1598a I Nr. 1 von der Mutter und vom Kind verlangen, dass diese in eine genetische Abstammungsuntersuchung einwilligen und die Entnahme einer für die Untersuchung geeigneten genetischen Probe dulden.

XXIV. Fall 23: Ende im Gelände

[Handschriftliches Stammbaum-Diagramm: Karl ⚭ Fiona; Kinder: Mia, Luisa, Kurt]

Erben sind hier:

- Karls Ehefrau Fiona zu $\frac{1}{2}$ nach §§ 1931 I 1, 1371 I

sowie

- Karls Sohn Kurt und seine Töchter Mia und Luisa zu jeweils $\frac{1}{6}$ nach §§ 1924 I, IV.

Alle Erben sind nach § 1923 I erbfähig.

Lorenz, Grundwissen – Zivilrecht: Das gesetzliche Erbrecht des überlebenden Ehegatten bzw. Lebenspartners, JuS 2015, 781

Stichwortverzeichnis

Angegeben sind die jeweiligen Seitenzahlen.

Abschlussfreiheit 61
Abschlusszwang 61
absoluten Fixgeschäft 83
Absolutheitsprinzip 140
Abstammung 163
Abstraktionsprinzip 40
Abtretung 100
AGB 92
Akzessorietät 120, 147, 149
Allgemeine Geschäftsbedingungen 92
    Unwirksamkeit 94
Aneignung 146
Anfall der Erbschaft 166
Anfangsvermögen 159
    privilegiertes 159
Anfechtung 58
    Frist 59
    Schadensersatzpflicht 60
Angebot 62
Annahme 62
Anspruchsaufbau 31
Arglistige Täuschung und
    widerrechtliche Drohung 58
auch-fremdes Geschäft 123
Auflassung 146
Aufrechnung 78
Aufwendungsersatz 91, 108, 112
Auslegung 24
    europarechtskonforme 27
    nach dem Wortlaut 25
    nach der Historie 26
    nach der Systematik 25
    nach Sinn und Zweck 27
Auslegungsmethoden 24
Ausschlagung der Erbschaft 166
Bereicherungsrecht 125
    Rechtsfolge 129
Besitz 141
    mittelbarer 141
Besitzdiener 142
Besitzkehr 143
Besitzmittlungsverhältnis 141
Besitzschutz 142
Besitzwehr 142
Bestimmtheitsgrundsatz 140
Bringschuld 82
Bruchteilseigentum 144
Bürgschaft 119
    selbstschuldnerische 120
c.i.c. 89

cessio legis 101
Condictio indebiti 126
Condictio ob causam finitam .. 126, 128
Condictio ob rem 126, 128
culpa in contrahendo 89
Dienstvertrag 113
Dreißigster 174
EBV 148
Ehe
    Beendigung 163
    Begriff 152
    Eingehung 154
Ehename 155
Eheverbot 154
Ehevertrag 157
Ehewirkungen 155
Eigenschaftsirrtum 58
Eigentum 143
    nach Bruchteilen 144
Eigentümer-Besitzer-Verhältnis 148
Eigentumserwerb
    beweglicher Sachen 144
    gesetzlicher 145
    rechtsgeschäftlicher 145
    unbeweglicher Sachen 146
    vom Berechtigten 144, 146
    vom Nichtberechtigten 145, 146
eigenübliche Sorgfalt 156
Einreden 32
Eintrittsprinzip 167
Einwendung
    rechtshemmende 32
    rechtshindernde 32
    rechtsvernichtende 32
Endvermögen 160
Entreicherungseinwand 129
Erbfolge
    gesetzliche 167
    gewillkürte 171
Erbrecht
    des Ehegatten 170
Erbschaft
    Anfall 166
    Ausschlagung 166
Erbvertrag 173
Erfüllung 78
Erfüllungsinteresse 60
Erfüllungsschaden 60
Erklärungsbewusstsein 53
Erklärungsirrtum 58

Erlass 78
Ersitzung 146
essentialia negotii 62
ex tunc 59
Factoring 116
Fahrlässigkeit 79
Fahrnispfandrecht 150
falsus procurator 66
Faustpfandrecht 150
Fernabsatzvertrag 96, 98
Form 57
Formfreiheit 57
Franchising 117
Fremdgeschäftsführungswille 122
Fristen 67
    Ereignisfrist 68
    Fristende 69
    Verlaufsfrist 68
Garantie 79
Garantievertrag 121
Gattungsschuld 82
Gefährdungshaftung 136
Gegenleistungspflicht
    Erlöschen 86
Generalklausel 131
    große 131
    kleine 131
Gesamthandseigentum 144
Gesamtrechtsnachfolge 166
Gesamtschuld 102
Gesamtschuldnerausgleich 102
Geschäft für denjenigen, den es angeht
    65
Geschäftsbesorgung 122
Geschäftsfähigkeit 49
    beschränkte 50
Geschäftsführung ohne Auftrag 121
    unberechtigte 124
Geschäftsunfähigkeit 49
Geschäftswille 53
Gestaltungsfreiheit 61
Gläubiger 75
Gläubigermehrheit 102
Gläubigerverzug 87
Gläubigerwechsel 100
GoA 121
Gradualprinzip 169
Grundbuch 146
Grundpfandrecht 149
Grundschuld 149
Grundstückskaufvertrag 146
Gutachtenstil 29
Gütergemeinschaft 162
Güterstand 156
Gütertrennung 162
Haftung des Kfz-Fahrers 136
Haftung des Kfz-Halters 136
Haftungsmilderung 79
Haftungsverschärfung 79
Handlungsbewusstsein 53
Handlungswille 52
Hauptleistungspflicht 76
Haushaltsführung 155
Haustürgeschäft 97
Herausgabeanspruch 147
Hinterlegung 78
Holschuld 82
Hypothek 149
Inhaltsirrtum 58
Inhaltskontrolle 94
invitatio ad offerendum 62
juristische Person 43, 44
    des öffentlichen Rechts 45
    des Privatrechts 44
Kappungsgrenze 161
Kaufvertrag 104
    Inhalt 104
    Zustandekommen 104
Kausalität
    haftungsausfüllende 134
    haftungsbegründende 133
Klammerprinzip 36
Klauselverbot 94
Kondiktionssperren 129
Konfusion 78
Konkretisierung 82
Kontrahierungszwang 61
Körperlichkeit 139
Körperschaft
    öffentlich-rechtliche 45
    privatrechtliche 44
Kreditsicherheit 119, 149
Kündigung 112
Leasing 115
Leistung 127
Leistungsgefahr 82
Leistungskondiktion 125
Leistungspflicht 76
Leistungsstörungsrecht 78
letztwillige Verfügung 171
Linienprinzip 168
Mangel 104
Mängelgewährleistungsrecht
    kaufrechtliches 106
    kaufvertragliches 104
    mietvertragliches 111
    werkvertragliches 114
Mietvertrag 109
    Beendigung 112
    Inhalt 110
    über Wohnraum 113
    Zustandekommen 110
Minderung 108, 112
Mitverschulden 92

modifizierte Zugewinngemeinschaft 158
Motivirrtum 59
Mutterschaft 163
Nacherfüllung 106
Naturalkomputation 68
Naturalrestitution 92
natürliche Person 43, 44
Nebenleistungspflicht 76
Nebenpflicht 77
Nebenpflichtverletzung 78, 88
negatives Interesse 60
Nichtehe 154
Nichtleistung 78, 79
Nichtleistungskondiktion 125, 128
Notstand 72
Notwehr 71
Numerus clausus 140
Obliegenheit 77
Offenkundigkeitsgrundsatz 140
Offenkundigkeitsprinzip 65
Ordnung 167
Parentelsystem 167
Patronatserklärung 121
Personalsicherheit 119
Personengesellschaft 47
Pfandrecht 149, 150
positive Vertragsverletzung 88
positives Interesse 60
Primäranspruch 76
Privatautonomie 38
Produkthaftung 135
Publizitätsprinzip 140
Realsicherheit 119
Rechtsbindungswille 52
Rechtsfähigkeit 46
  juristischer Personen 47
  natürlicher Personen 46
Rechtsgeschäft 49, 52
  Form 57
  gewillkürte Form 57
  höchstpersönliches 171
Rechtsgutsverletzung 132
Rechtsmangel 104
Rechtsnorm
  Aufbau 20
  Auslegung 24
  Darstellung 18
Rechtsobjekt 43, 139
Rechtsscheinträger 146
Rechtssubjekt 43, 139
Rechtswidrigkeit 133
Rentenschuld 150
Repräsentationsprinzip 167
Rücktritt 78, 107
Sache 139
  einfache 139, 140
  zusammengesetzte 139, 140

Sachgesamtheit 139
Sachmangel 104
Schadensersatz 86, 90, 108, 112
  Art und Umfang 91
Schadensersatzpflicht 90
Scheingeschäft 56
Scherzerklärung 56
Schickschuld 82
Schlechtleistung 78, 88
Schlüsselgewalt 156
Schmerzensgeld 92
Schönheitsreparaturen 110
Schuldner 75
Schuldnermehrheit 102
Schuldnerverzug 87
Schuldübernahme 101, 119
Schuldverhältnis 75
  Beendigung 78
  Entstehung 75
  Inhalt 76
Schutzpflicht 77
Sekundäranspruch 76, 78, 84
Selbsthilfe 73
Selbsthilferecht 71
Sicherungsübereignung 150
Spezialitätsprinzip 140, 147
Stammesprinzip 167
stellvertretendes commodum 87
Stellvertretung 63
  gesetzliche 63, 66
  gewillkürte 63, 66
  organschaftliche 63
Stichtagsprinzip 159
Stückschuld 82
Synallagma 76
Taschengeldparagraf 51
Tatbestandsmerkmal 20
  ungeschriebenes 22
Teileigentum 144
Teilschuld 102
Testament 171
  eigenhändiges 172
  öffentliches 172
Testierfähigkeit 171
Testierwille 171
Trennungsprinzip 39
Treu und Glauben 39
Treuepflicht 77
Typenfixierung 140
Typenzwang) 140
Übergabesurrogat 144
Übermittlungsirrtum 58
Unerlaubte Handlung 130
Ungerechtfertigte Bereicherung . 125
  Rechtsfolge 129
Universalsukzession 166
Unmöglichkeit 78, 79

faktische	83	Vertriebsformen	96
objektive	80	Verwandtschaft	163
persönliche	84	Vindikation	147
subjektive	80	Vindikationslage	147
tatsächliche/rechtliche	80	Vollmacht	66
Unterlassungsanspruch	142	Vonselbsterwerb	166
Unternehmer	47, 93	Voraus des Ehegatten	173
Urteilsstil	31	Vorausklage	120
Vaterschaft	164	Vormerkung	147
Anerkennung	164	Vorsatz	79
Verarbeitung	145	Vorsätzliche, sittenwidrige Schädigung	135
Verbindung	145	Werkvertrag	114
verbotene Eigenmacht	142	Abgrenzung	114
Verbraucher	47, 93	Widerruf	78, 96
Verbrauchsgüterkauf	108	Frist	99
Verfügung über Vermögen im Ganzen	157	Rechtsfolge	99
Verfügung von Todes wegen	171	Widerrufsrecht	98
Verfügungen über Haushaltsgegenstände	157	Willenserklärung	52
Verfügungsbeschränkung	157	Abgabe	54
Verjährung	70	Auslegung	56
regelmäßige	70	äußerer Tatbestand	52
Ultimo-Verjährung	71	empfangsbedürftige	54
Verletzung eines Schutzgesetzes	134	innerer Tatbestand	53
Verletzungshandlung	132	nicht empfangsbedürftige	54
Verlöbnis	154	Zugang	55
Vermächtnis	173	Willensmängel	55
Vermieterpfandrecht	111	Wohnraummiete	113
Vermischung	145	Zession	100
Verschulden	79, 133	Zivilkomputation	68
Verschuldenshaftung	136	Zugewinn	160
Vertrag	61	Zugewinnausgleich	158, 160
Vertragsfreiheit	61, 103	Abdingbarkeit	161
Vertrauensinteresse	60	Berechnung	159
Vertrauensschaden	60	pauschalierter	158
Vertretenmüssen	78	Zugewinngemeinschaft	156
		modifzierte	158